21 世纪全国高等院校旅游专业现代应用型系列教材

总 主 编 叶骁军
副总主编 丁乙欣

导游服务实务教程

主　编　叶骁军
副主编　李　晓　丁乙欣　曹灿明
参　编　马洪元　刘　华　高雯雯
　　　　叶抒韵

南开大学出版社
天　津

图书在版编目(CIP)数据

导游服务实务教程 / 叶骁军主编. —天津：南开大学出版社，2015.10
21世纪全国高等院校旅游专业现代应用型系列教材
ISBN 978-7-310-04823-6

Ⅰ.①导… Ⅱ.①叶… Ⅲ.①导游－旅游服务－高等学校－教材 Ⅳ.①F590.63

中国版本图书馆 CIP 数据核字(2015)第 244753 号

版权所有　侵权必究

南开大学出版社出版发行
出版人：孙克强
地址：天津市南开区卫津路 94 号　　邮政编码：300071
营销部电话：(022)23508339　23500755
营销部传真：(022)23508542　　邮购部电话：(022)23502200

*
天津午阳印刷有限公司印刷
全国各地新华书店经销
*

2015 年 10 月第 1 版　　2015 年 10 月第 1 次印刷
230×170 毫米　16 开本　19.5 印张　352 千字
定价：40.00 元

如遇图书印装质量问题，请与本社营销部联系调换，电话:(022)23507125

21世纪全国高等院校
旅游专业现代应用型系列教材
编撰指导委员会

（按姓氏笔画排列）

卜复鸣	丁乙欣	马洪元	于德珍	王　冰	王仲君
王建平	王雅红	叶骁军	邓　辉	田克勤	任昕竺
刘晓航	华国梁	朱俊彪	沈鸿秋	刘庆友	李　岫
李　晓	邢夫敏	陆　锋	沙　润	肖　飞	单鹏飞
康　泰	俞晓红	喻学才	黄震方	蒋亚奇	鲁　斌
臧其林	魏向东				

21世纪全国高等院校
旅游专业现代应用型系列教材
编写组

总 主 编 叶骁军
副总主编 丁乙欣

叶骁军	刘晓航	王建平	马洪元	单鹏飞	于德珍
邢夫敏	柯　英	李　晓	黎宏宝	谢　佳	李雪冬
陈建军	吴　捷	吴新宇	曹灿明	王雅红	刘　华
许云华	蔡军伟	王辉晖	杨传明	范轶琳	黄　玮
丁乙欣	顾秀玲	高雯雯	秦　璐	韩　燕	马　敏

总前言

旅游,最时尚的活动。

旅游,最让人钟情的积极休闲方式。

当旅游成为一种产业,而且是世界最大的产业的时候,关于她的研究,关于她的人才培养——专业教育,便纷至沓来……中国的旅游业离不开世界的土壤,中国的旅游教育是世界旅游教育的有机组成部分。中国最初的旅游教材主要是在借鉴国外教材的基础上编撰的。最初的教材,她们,是中国旅游教材的弹词开篇;她们,是中国旅游教育的奠基石;她们,是国产旅游教材的阶梯……其后,旅游教材如雨后春笋,茁壮成长。

旅游科学是理论与实践密切结合的科学。中国高等教育已进入大众化时代,它要求每一个大学毕业生必须既具有高度的理论基础,也必须具备实际的工作能力。旅游教材应跟上现代社会的发展,告别一支粉笔一本书的时代,告别仅给教师一本书让教师自己制作 PPT 的时代,告别学生纸上写作业的时代,进入电脑网络教学的时代,通过现代教学手段实现理论与实践教学密切结合。

我们这套教材是为适应高等教育大众化时代,要求本科教育培养现代化应用型人才的大趋势而产生的。它是由国内多所高等院校旅游类专业的资深教师联合编撰的最新旅游类专业新概念系列教材。

本教材适合旅游类专业(包括旅游管理、饭店管理、导游、餐饮与烹饪等专业)本科使用,同时也适合广大的旅游爱好者及相关培训使用。

教材具有以下特点:

1.系统性。全套教材每本约 25 万字,包括旅游理论、旅游资源、旅行社管理、酒店管理、财会管理等模块。

2. 时效性。它采用了 21 世纪最新的体系、理论、观点、数据、资料和案例。

3. 统一性。全套教材体例统一,教学要素完整,章节层次脉络清楚。各章节有内容提要和练习。其他教学要素如教学大纲、重要概念、图片、表格、阅读材料、资料卡片等编制在光盘中。

4. 实践性。重视实践活动,有书面及电子实训和练习,可用电脑与网络进行作业和实训。

5. 方便性。为了方便教师课堂教学和学生课后学习的需要,随书附有与教材相配套的网页式虚拟辅教光盘。虚拟光盘采用 Frontpage 软件制作(部分教材增加 PPT 课件),版面活泼,色彩丰富,使用方便。内容包括课程教学大纲、全书各级目录、主要内容、重要概念、图片和表格、练习和思考,以及超级链接:扩展知识面的阅读材料、资料卡片等,生动、形象、直观,可与纸质教材相互配合使用。此材料用智能手机从书末南开教育云网站二维码扫描即可。辅教光盘大幅度减轻教师负担,特别是基本免除教师板书之劳。

"21 世纪全国高等院校旅游类专业现代应用型系列教材"一套十余本,自 2008 年 6 月出版以来,受到较好的评价,这也是对我们的一种鼓励和鞭策。

为了更好地适应新的形势,在南开大学出版社的提议和支持下,我们开始陆续对第一版教材进行修改。这次修改,总的框架和体例保持不变,主要是根据旅游界最新的研究成果和变化的现状更新数据和材料,抽换部分章节,内容上进行了部分增删,并更加强调了教材的现代教学手段,一些教材增加了电子作业。部分教材虚拟光盘中增加了 PPT 课件,以方便教师应用。这些修改,目的是使教材能与时俱进。

由于我们水平和学识所限,本套教材一定存在不少缺陷和疏漏。我们衷心希望,使用本教材的院校和师生提出宝贵建议与意见。

总主编邮箱:yxjsz2012@163.com

编者

2014 年 12 月

内容简介

本书是国内多所高等院校旅游专业联合编写的纳入出版规划的旅游专业全国通用系列教材之一,它采用了 21 世纪最新的体系、理论、观点、数据和案例。导游实务是本专科旅游专业必开课程之一,本书根据近年来的实际情况,定名为《导游服务实务教程》。全书分上中下三编。上编:导游服务理论,阐述导游服务的基本理论;中编:导游服务实务,着重讲授关于导游服务的基本能力,地陪、全陪、海外领队的服务程序和规范,旅游故障的预防和处理;下编:导游服务知识,介绍了与导游服务相关的如出入境知识、国际与外事礼仪知识、国际金融知识、卫生检疫知识等。

本书的特点是,注重理论知识和实际运用相结合,以增强该课程的生动性和实用性。书中每章都有案例,本书各种实训程序和实用性表格使学生学完本课程不仅可以轻松通过导游资格证考试,而且具备了基本的带团能力。本书适合作为本科、高职高专学生的教材使用,同时也适合广大的旅游爱好者及相关培训使用。

为了方便教师课堂教学和学生课后学习的需要,在南开教育云网站挂有与教材相配套的辅教虚拟光盘,内容包括教学大纲、全书各级目录、主要内容、重要概念、丰富的图片和表格、练习和思考、模拟试卷。超级链接:扩展知识面的阅读材料、资料卡片等,生动、形象、直观,可与纸质教材相互配合使用,免除教师板书之劳。

目　　录

上编　导游服务理论

第一章　旅行社与导游服务……………………………………………（3）
　第一节　旅行社的基本业务与组织结构………………………………（3）
　第二节　导游服务的性质与特点………………………………………（13）
　第三节　旅游者的心理动机和心理特征………………………………（20）
　第四节　旅游者的旅游行为……………………………………………（25）

第二章　导游员……………………………………………………………（33）
　第一节　导游员的概念与分类…………………………………………（33）
　第二节　导游员的素质…………………………………………………（41）
　第三节　导游员形象与礼仪……………………………………………（45）
　第四节　导游员管理……………………………………………………（49）

第三章　导游语言艺术……………………………………………………（57）
　第一节　导游语言的特点与作用………………………………………（57）
　第二节　导游讲解方式与原则…………………………………………（64）
　第三节　导游方法和技巧………………………………………………（68）
　第四节　导游讲解风格…………………………………………………（73）

中编　导游服务实务

第四章　导游服务艺术……………………………………………………（83）
　第一节　导游服务体系与相互关系……………………………………（83）

第二节　导游带团理念与能力 …………………………………… (87)
　　第三节　导游与旅游者相处的能力与方法 …………………… (96)
　　第四节　导游器具使用规范 …………………………………… (99)
　　第五节　导游对现场旅游投诉的处理 ………………………… (101)
第五章　导游服务程序与规范 ……………………………………… (109)
　　第一节　地方陪同导游服务程序与规范 ……………………… (109)
　　第二节　全程陪同导游服务程序与规范 ……………………… (129)
　　第三节　海外领队服务程序与规范 …………………………… (135)
　　第四节　定点导游服务程序与规范 …………………………… (143)
　　第五节　散客导游服务程序与规范 …………………………… (144)
第六章　旅游故障的预防与处理 …………………………………… (156)
　　第一节　旅游故障的类型及其成因 …………………………… (156)
　　第二节　旅游故障处理的基本原则与程序 …………………… (159)
　　第三节　社会和技术性旅游故障的预防与处理 ……………… (162)
　　第四节　自然灾害性旅游故障的预防与处理 ………………… (178)
第七章　旅游者要求的处理 ………………………………………… (202)
　　第一节　旅游者要求的处理原则 ……………………………… (202)
　　第二节　旅游者各项要求的处理 ……………………………… (204)

下编　导游服务知识

第八章　在旅游饭店的服务 ………………………………………… (213)
　　第一节　在旅游饭店的服务程序 ……………………………… (213)
　　第二节　旅游饭店服务故障与缺陷的处理方法 ……………… (222)
第九章　出入境知识 ………………………………………………… (228)
　　第一节　出入境证件 …………………………………………… (228)
　　第二节　通关与边防检查 ……………………………………… (244)
第十章　其他知识 …………………………………………………… (247)
　　第一节　交通运输知识 ………………………………………… (247)
　　第二节　邮电通信知识 ………………………………………… (260)
　　第三节　货币金融知识 ………………………………………… (264)
　　第四节　卫生急救知识 ………………………………………… (268)
思考与练习 …………………………………………………………… (271)
参考文献 ……………………………………………………………… (292)
附录 …………………………………………………………………… (294)
后记 …………………………………………………………………… (298)

上编　导游服务理论

上海 · 常德路寓所

第一章 旅行社与导游服务

本章提要

本章论述旅行社和导游服务的基本知识。要求掌握旅行社的概念、类型和旅行社的组织机构,熟悉业务流程,掌握旅行社的主要业务,了解旅行社的营销和组团程序。掌握导游服务的性质、特点和原则,了解不同旅游者的心理特征和旅游行为表现。

第一节 旅行社的基本业务与组织结构

一、旅行社的概念与主要业务

旅行社的发展是社会经济发展到一定阶段的产物,是人类旅游活动发展的必然结果。就世界范围而言,人类历史上第一家旅行社产生于19世纪40年代,当时工业革命的成功为旅行社的产生奠定了坚实的物质基础,旅游需求普遍化和社会化的形成为旅行社的产生提供了现实的可能性,市场经济的发展为旅行社的产生创造了必要的社会条件。1845年英国人托马斯·库克正式开办了商业性的旅行代理业务,组织了世界上第一次团体观光旅游活动,从莱斯特到利物浦,参加人数为350人,成为近代旅行社业务正式开始的标志。1865年,库克正式在伦敦开办了自己的旅游办事处——托马斯·库克父子公司,标志着世界上第一个以营利为目的的向社会大众提供专业化旅游服务的机构正式成立。

中国旅行社创建于1923年,最初为上海商业储蓄银行下设的一个旅行部,到1927年正式成为独立的中国旅行社。

（一）旅行社的概念

1.国外关于旅行社的定义

世界旅游组织将旅行社定义为,"零售代理机构向公众提供关于可能的旅行、居住和相关服务,包括服务酬金和条件的信息。旅行组织者或制作商或批发商在旅游需求提出前,以组织交通运输、预订不同方式的住宿和提出所有其他服务为旅行和旅居做准备"（[法]罗贝尔·朗加尔.旅游经济.北京:商务印刷馆,1998)。

欧洲是现代意义的旅行社的发源地,在欧洲人看来,"旅行社是一个以持久营利为目标,为旅客和旅游者提供有关旅行及居留服务的企业。这些服务主要是出售或发放运输票证;租用公共车辆,如出租车、公共汽车;办理行李托运和车辆托运;提供旅馆服务、预订房间,发放旅馆凭证或牌证;组织参观游览,提供导游、翻译和陪同服务以及提供邮递服务。它还提供租用剧场、影剧院服务;出售体育盛会、商业集会、艺术表演等活动的入场券;提供旅客在旅行逗留期间的保险服务;代表其他驻国外旅行社或旅游组织者提供服务"（[法]罗贝尔·朗加尔.国际旅游.北京:商务印刷馆,1998)。这一定义是有关旅行社最为完整的有法律依据的定义之一,这在西方有关向旅行社和旅游经营商发放许可证的许多法律文件中都可以找到依据。

另外,日本、欧美等国家和地区对旅行社的定义也并不完全相同。

2.中国关于旅行社的定义

按照2009年2月国务院颁布的《旅行社条例》第一章第二条规定:"旅行社,使之从事招徕、组织、接待旅游者等活动,为旅游者提供相关旅游服务,开展国内旅游业务、入境旅游业务或者出境旅游业务的企业法人。"

2013年4月颁布并在同年10月1日正式实施的《中华人民共和国旅游法》（以下简称《旅游法》)第四章第二十九条规定,旅行社可以经营下列业务:

(1)境内旅游;

(2)出境旅游;

(3)边境旅游;

(4)入境旅游;

(5)其他旅游业务。

同时,根据《旅行社条例》第三章第二十一条规定:"外商投资旅行社适用本章规定;本章没有规定的,适用本条例其他有关规定。"

《旅行社条例》第二十三条规定,外商投资旅行社不得经营中国内地居民出国旅游业务以及赴香港特别行政区、澳门特别行政区、台湾地区的旅游业务,但是国务院决定或者与我国签署自由贸易协定,和内地与香港、澳门关于建立更紧密经贸关系的另有规定的除外。

3.设立旅行社的程序与条件

申请设立旅行社,经营国内旅游业务和入境旅游业务的,应当向所在地省、自治区、直辖市旅游行政管理部门或者其委托的设区的市级旅游行政管理部门提出申请,并提交符合《旅行社条例》第六条规定的相关证明文件。受理申请的旅游行政管理部门应当自受理申请之日起20个工作日内作出许可或者不予许可的决定。

《旅行社条例》第六条规定,申请设立旅行社,经营国内旅游业务和入境旅游业务的,应当具备下列条件:有固定的经营场所;有必要的营业设施;有不少于30万元的注册资本。

旅行社取得经营许可满两年,且未因侵害旅游者合法权益受到行政机关罚款以上处罚的,可以申请经营出境旅游业务。

申请经营出境旅游业务的,应当向国务院旅游行政主管部门或者其委托的省、自治区、直辖市旅游行政管理部门提出申请,受理申请的旅游行政管理部门,应当自受理申请之日起20个工作日内作出许可或者不予许可的决定。予以许可的,向申请人换发旅行社业务经营许可证,旅行社应当持换发的旅行社业务经营许可证到工商行政管理部门办理变更登记;不予许可的,书面通知申请人并说明理由。

(二)旅行社的基本业务

旅行社的业务从旅游者产生旅游动机到旅游活动结束,贯穿于旅游决策和消费的全过程。在旅游者旅游动机的形成阶段,旅行社主要通过市场调研及时了解旅游者的旅游动机,并根据旅游者的旅游动机有针对性地设计旅游产品。在旅游者根据自己的旅游动机搜集相关的旅游信息时,旅行社会适时地以多种方式进行旅游促销活动,尽可能提供最新、最全的旅游信息,并能使旅游者方便地获取。旅游者经过对大量信息的评价与判断后,会有选择地向相关旅行社进行咨询,此时旅行社可以通过网络、面对面等多种渠道向旅游者提供真实有效的优质咨询服务。旅游者通过对其咨询结果的比较而做出最终的决策,向其满意的旅行社付费购买旅游产品,这对于旅行社而言就意味着旅游产品的销售服务,这一服务环节是与旅行社的采购服务密切相连的。旅游者实际旅游活动的开始,同时也就意味着旅行社接待服务的开始;而当旅游者旅游活动结束后,旅行社则提供相应的售后服务,以解决旅游者各种可能的问题,并保持与旅游者的联系,为下一次旅行社业务的开展奠定良好的基础。

在市场经济条件下,所有旅游服务与产品的供给都是为了满足特定的旅游消费需求。与旅游者的消费流程相对应,旅行社将会顺次开展市场调研与旅游产品组织设计、促销、咨询服务、销售、采购、接待和售后服务等业务流程。

我们可以将其归纳为旅行社的三项基本业务:
(1)旅游产品开发业务(含市场调研、组织、设计与采购等业务);
(2)旅游产品市场营销业务(包括促销与销售等业务);
(3)旅游接待业务(包括咨询、接待与售后服务等业务)。

旅行社所起的作用与其他行业的大多数零售商不同,因为旅行社并不购买产品以转售给其顾客,只有在一个顾客决定购买旅游产品的时候,旅行社才代表该顾客向其委托人采购。因此,旅行社从不携带"库存"的旅游产品进行推销。可以说,旅行社的主要作用是为旅游产品的销售和购买提供一个便利的场所或条件,其中介组织的特征是非常典型的。

二、旅行社的业务类型

为了与日益多样化的各种旅游形态相适应,根据旅行社业务的不同,我们把旅行社业务作以下分类:

(一)按经营范围划分

根据旅行社经营范围的不同可以把旅行社业务分为国际旅行业务和国内旅行业务。

(二)按服务形式划分

按服务形式可以分为组团旅行业务和接团旅行业务。

组团旅行业务是预先制定包括旅游目的地、日程、交通或住宿服务内容、旅游费用的旅游计划,通过广告等推销方式招徕旅游者,组织旅游团队,为旅游者办理签证、保险等手续,并通过接待计划的形式与接团旅游业务进行衔接。

接团旅行业务是指根据旅游接待计划安排,为旅游者在某一地方或某一区域提供翻译导游,安排旅游者的旅行游览活动,并负责订房、订餐、订票及各旅游目的地的联络等,为旅游者提供满意的综合服务。

组团旅游业务的特点是生产并推销旅游产品,具有组织能力和创造能力;接团旅游业务的特点是实现旅游产品向旅游商品的转化,即通过旅游接待服务,实现旅游商品价值。

（三）按业务分工划分

旅行社业务按分工可分为旅游经营业务、旅游批发业务、旅游零售业务、特殊旅游业务和旅游代理业务。

1. 旅游经营业务

旅游经营业务是指根据旅游资源和旅游设施提供的实际可能和旅游者的实际需求及不同消费水平，制定出若干不同的项目、日程和价格的旅游线路，并通过各种销售渠道在旅游市场上推出。

2. 旅游批发业务

旅游批发业务是指专门从事各种旅游供给的组合。其本身并不制定旅游线路，而是根据获得的各种旅游线路的份额，通过零售网络或航空公司向公众进行广告等各种宣传以招徕旅游者。

3. 旅游零售业务

旅游零售业务是指接待旅游者或者代理旅游批发业务去完成组织旅游者的业务，直接为旅游者提供有关旅游目的地、旅游线路、交通工具、餐饮、住宿、观光以及其他旅游项目服务，并从中获得利润。

4. 特殊旅游业务

特殊旅游业务是指专门从事奖励旅游、会议旅游、展销会和博览会等特殊旅游项目的组织业务，特点是业务专业化。

5. 旅游代理业务

旅游代理业务是指代表客源国（地区）进行旅游销售业务。双方一般订有正式的书面合同，规定合作方式、期限与其他有关条件。

（四）按组织形式划分

旅行社业务按组织形式可以分为团体旅游业务和散客旅游业务。

团体旅游业务是指以团体为单位，通常设有导游或陪同。散客旅游业务是指以个人或少数人为单位，通常不设陪同。

三、旅行社的组织与运行

旅行社的组织结构相对于其他企业而言，其组织层级结构一般都比较简单。多数旅行社通常只有总经理、部门经理、员工三个层次。管理跨度（即一个管理者能够直接有效管理的下属数量）差别很大，有些旅行社的某些部门人员较多，但多数旅行社人员的管理跨度较小。一些旅行社传统的组织机构模式是按照旅行社内部业务分工进行部门设置的。这种组织结构，也被称为直线式组织结构。在这种结构模式中，除去人事部和财务部等职能部门以外的各业务部门的分工情况如图1-1所示。

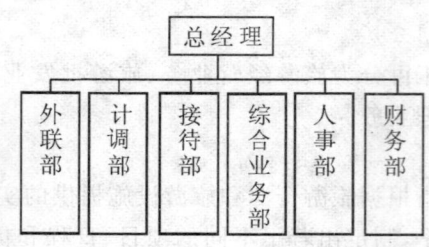

图 1-1　旅行社的直线式组织结构

（一）外联部

有很多旅行社的外联部被叫做市场部、销售部或市场营销部。外联部的主要业务就是设计和销售旅行社产品。外联，也就是对外联络，开始之所以有个"外"字，除了强调与外界联络之外，大概主要是因为中国旅游业发展之初侧重发展国际入境旅游的缘故，有对国外进行宣传招徕之意。现在很多旅行社已不使用这一名称了，即使仍然沿用这一名称，意义也有了变化。在很多时候，外联业务只是业内一种约定俗成的说法而已，旅行社的营销管理在旅行社的经营管理中占有举足轻重的地位。

（二）计调部

计调部全称为计划调度部，是旅行社接待业务的调度中心，主要职责是负责接待服务的计划工作和一切关系的调度工作。由于旅行社提供的是综合性的服务，各方面、各环节之间的协调与配合就显得尤为重要。计调工作是旅行社接待工作的保障。

（三）接待部

接待部由不同语种的导游员为主体组成，主要负责具体接待计划的制定与落实，为旅游团（者）提供接待和陪同服务。

（四）综合业务部

综合业务部是旅行社多功能的、带有拓展业务性质的综合部门，它同时具有某些职能部门的特征。主要承担散客旅游业务和票务工作，许多旅行社的行李业务也由综合业务部负责。旅行社的所有部门中，综合业务部的业务范围最广。

（五）人事部

人事部负责旅行社人力资源调配、考核等管理工作的部门。

（六）财务部

财务部是负责旅行社财务（如资金和财产）管理工作的部门。

这种组织结构在中国旅行社行业中长期以来一直居于主导地位，是比较传统的一种结构方式。改革开放初期，中国几乎所有旅行社都采用这种方式。这样的划分,看起来结构较为简单,但由于旅行社业务本身具有连续性与不可分性,这种人为的划分使部门之间的协调难度加大,各部门往往会因为部门利益而忽视企业的整体利益,而且,各部门容易由于业务分工的不同而产生利益分配上的矛盾。因此,许多旅行社转而采用另一种组织结构,也就是按照细分市场来进行组织机构设置,由各部门分别针对各自的目标市场执行原有的外联、计调、接待等职能,减少了部门间的冲突,提高了工作效率(参见图1-2)。

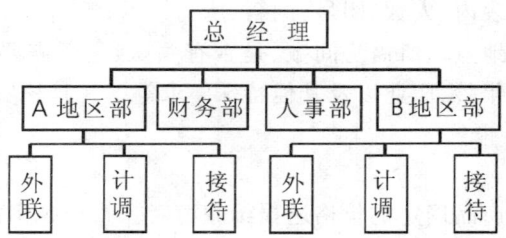

图1-2 按市场职能设置的旅行社组织结构

此外,在中国旅行社企业中,也有采用混合设部方式的,如图1-3所示。这种方式对于各个市场部没有明确的地域划分,有利于在旅行社内部引入竞争机制,但是增加了管理难度。

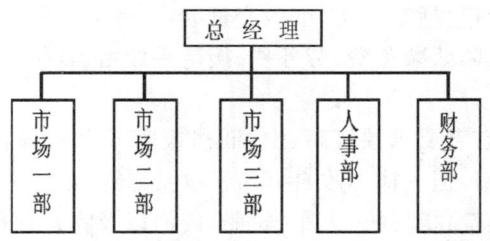

图1-3 混合设部的旅行社组织结构

四、旅行社的营销与组团

(一)旅行社的营销

旅游销售程序主要包括询价函电处理、编制日程草纲、报价、核价、确认、拟写接待文件和发文、建档、签证等内容。

1. 询价函电处理

询价是指旅游者、旅行社、旅游公司等为获得某地的有关旅游信息,并有去旅游的愿望而向本旅行社提出的咨询,包括旅游线路、旅游资源、旅游住宿、旅游价格、旅游交通和所需时间以及气候状况等有关信息。对旅游者的询价电传、电话或函件要考察其可行性,弄清询价团(者)的国籍或地区、人数、服务标准(标准A、B或豪华等)、路线(前往本地的)以及特殊要求等。

2. 编制日程草纲

确定路线,拟出日期,安排饭店和活动项目,排出具体日程,算出每人所需的费用,并充分估计交通的可行性,然后交给主管业务审核。一旦所提供线路符合旅游者的需要,便函电将其编入团队并给予团号以便联络。编制日程草纲可将下列内容编入日程表内:人数、团号、国籍、所需语种、饭店级别、旅游日程及时间(包括抵离境时间、地点)、所需房间数、是否有领队、是否需要全程陪同,以及团队成员姓名、性别、年龄、职业以及其他特殊要求等。一旦核实确认后,即给对方草算报价。

3. 报价

报价是把旅游产品确定的价格通报给旅游者。报价拟出后,即向对方报价,说明所包括的费用及项目,以及具体日程,并要求对方立即确认。境外报价是根据国家旅游局的价格规定,按日程及特殊需要项目收取的费用,以人民币计价,选择比较稳定的外币折算后向客户或旅游者报价。

在具体报价中,一般采取把利润分开,分别加在每一成本费用项目中,再对外报价的方式。这种旅游产品价格一般由以下四部分组成:

(1) 综合服务费:包括餐饮费、市内交通费、杂费(游览点门票、娱乐票、行李搬运、途中饮料等)、领队减免费、劳务费、接待手续费、宣传推广费、公差费、销售手续费。

(2) 房费:按旅游者要求预订高、中、低档饭店或由旅游者自订房、委托代订房和委托代订指定房,但一律加收自订房手续费。

(3) 城市间交通费:指飞机、火车、轮船、内河以及古运河船和汽车客票价格,因受到人民币汇率、供求关系以及设施改善等各方面因素的影响,每年都要做出相应的调整。

(4) 专项附加费:包括汽车超公里费、游江游湖费、特殊游览点门票费、风味餐费、专业活动费、旅游保险费、不可预见费、加收文娱费等。

4. 核价

核价是为了严格控制对外报价,采用审核价格的方式减少价格差错,提高服务水平和质量。核价的内容包括:旅游团(者)人数,服务等级,在华日期,各地抵离航班、车次及其他,运输手段及时间,参观的城市和附加项目、节目,各地饭店实际逗留天数,总对外汇率的折算,变更及其他。

5. 确认

确认是对客户或旅游者提出的某项要求表示接受,即认可,并给予答复,包括对旅游产品价格和内容的确认,确认后就要对所确认的内容负责。一般以客户或旅游者发来的传真、电传、电话记录以及信函等为依据。按照惯例,只有通过确认的才具有法律效力。进行实质性再确认是指客户或旅游者来函表示完全接受的工作。再确认后即开始正式制订接待计划。

6. 拟写接待文件和发文

待对方确认后立即做出接待计划,并核查计划是否与询价要求一致,然后发文。把接待计划发给有关接团社,并将计划留底,一份留旅行社存档,一份交财务,另一份给保险公司。

7. 建档

团队运作时的往来函文应归于该团档并及时处理,每件文函必须有人签收、处理并做记录;团队出境后,文档应归于运行完毕档,以供财务结账和统计,团队账务结清后归于各客户档,由财务和接待部负责,以便考察对方的资信状况和团队运行状况;每团自询价开始都有专门记载,组团完毕要填写自组团登记册,包括人数、日期、所经路线、总收入、加收项目、报价等,每团在询价之日起就给予编号,团号命名应通俗易记、一目了然,以便工作顺利进行。举例如下:

CFT	0518	JT	12	S	A
①	②	③	④	⑤	⑥

①三个英文字母一般代表旅游团的英文缩写,就像一个人的姓氏一样是不变的,本例中的 CFT 代表中国家庭旅游团。

②四位数字代表团体的出发日期,前两个数字代表月份,后两个数字代表日期,本例即 5 月 18 日出发的团体。

③此处的英文字母代表前往旅游目的地国家的缩写,不同的地区和国家采用不同的字母缩写,在本例中 JT 代表日本东京。

④此处的数字代表此团体的天数,即 12 天的行程,因为有的团体虽然前往的国家或地区的行程相同,但停留的天数未必相同,故以此作为区别。

⑤此处的英文字母 S 代表特别团的意思,也说明了本团不属于正常运作的年度定位团,其内容可能有所差异。

⑥A 或 B:如果第一至第四项不变,而在第四项后出现 A 或 B,即表示此团有两个以上的团体,因此在业务上有所区别。

运用这种方法对公司各线不同的产品都能编制出所有团体的团号(此种团体均为年度订位的标准行程,其内容基本上是一致的),再按时间顺序整理,就能编制出每月的各类团体明细出团表,也就是公司年度订团的基本资料。

上例只是建档编号方法之一,还有多种其他的编号方法,只要简明易记、便于使用即可。

8. 签证

境外来华需要签证的团队,应立即通知我驻外大使馆。一般团队应如期入境。拥有签证权的旅行社,在旅游者入境前20天携带客方来华申请书和确认书的原件(或影印件)、日程表一式两份,注明团号、人数、名单、路线、航班、车次及旅游者签证点,到旅游局办理手续,并按人收取手续费,然后由旅游局或委托分社通知我相关驻外使馆。签证办妥后,旅游时要求签证分离、延期的,由各接待社、旅游公司出具上面说明,由公安机关外管部门准予办理;要求到未开放城市或自然保护区去旅游的,需要到公安机关办理特殊旅游证。

(二)旅行社的组团

1. 组团过程操作规范

(1)回答客户询价

客户询价是对外销售工作的开始。接受顾客询价后,承接者应该立即对该团开始立卷,并以标准价格为基础,计算该团的对外报价,开列正式报价单发给客户,随后将所有原始件归档,准备根据客户要求随时修改日程和价格。

(2)接受客户申请件

收到客户申请件后,如同意客户申请,则按报价程序进行;如不同意客户申请,则要尽快答复客户,说明原因,并致歉意。

(3)填发签证邀请函

收到客户确认函后,询价团即成为预订团,承接者要为其进行计划日程设计,并编写签证邀请函发给客户及我国相关驻外使领馆。

(4)编印接待计划通知

接待通知包括旅游者住宿、就餐、游览日程、交通工具等,尽可能周密、详尽,满足旅游者要求。接待计划通知打印后尽快下发。

(5)填写预算账单

根据旅游团报价单填写预算账单,并发给客户。

2. 组团变更处理操作规范

(1)客户询价后出现变更

接到客户发来的变更通知后,要根据团号将变更内容及时修改并入档,打印变更后的报价单,同时以传真方式回复客户,得到同意后发正式报价单。

(2)签证内容的变更

旅游团入境前客户提出旅游线路和人数变更时,要及时向客户复发签证邀请函,并通告入境口岸接待单位。

(3)接待通知下达后出现变更

接到客户发来的变更通知后,要及时修改接待计划,并以传真方式向客户发同意变更函,向接待单位发修改通知。

（4）旅游团入境后出现变更

接外方(客户、领队、随员)提出的变更意见后,要尽可能满足旅游者要求,尽快修改接待通知,并迅速通知有关接待单位。

（5）旅游团取消

接客户提出的旅游团取消通知后,如接待通知尚未下发,即可取消团队预订,停止一切安排,如接待通知已经发送,应尽快通知取消一切预订和接待工作。

（6）紧急团处理

客户发来的日期与该团入境日期间隔不足10天者可视为紧急团。接客户确认件后,应立即向客户用传真方式发出签证邀请函,并书写接待计划发给国内各接待单位,事后应签发正式接待计划打印件。以上各件需加盖"紧急"字样,并要求内容简明扼要、正确无误。

第二节 导游服务的性质与特点

一、导游服务的概念

导游,顾名思义是引导他人旅行游览。从内涵上讲,导游一词通常包含两层含义：第一层含义是导游业务或服务；第二层含义是导游工作人员。导游服务是指导游员代表被委派的旅行社,接待或陪同旅游者旅行、游览,按照组团合同或约定的内容和标准向旅游者提供的旅游接待服务。

从导游服务的概念中可以看出,它有以下几层含义：

1.导游员是旅行社委派的,可以是专职的,也可以是兼职的。但未受旅行社委派的导游员,不得私自接待旅游者。

2.导游员的主要业务是从事旅游者的接待工作。

3.导游员向旅游者提供的接待服务,对于团体旅游者必须按组团合同的规定和导游服务质量标准实施,对于散客必须按事前约定的内容和标准实施。

本概念强调三点：

1.必须是导游提供的服务。

2.核心业务是接待旅游者。

3.必须按合同或约定的内容和标准提供服务。

简言之,导游服务是指接受旅行社委派,按合同或约定的内容和标准向旅游者提供的接待服务。

二、导游服务的性质和特点

(一)导游工作的性质

导游工作的性质在不同的国家有不同的提法,在同一国家不同的时代也会有不同的提法,这是由社会制度、思想意识、经济水平、民族文化和旅游业发展不同阶段的差异所致。但无论国度、各国不同时期情况有何差异,对导游工作的社会性、经济性、文化性、服务性、涉外性的认识基本是一致的。

1. 社会性

导游的社会性是指导游工作作为一种社会职业被社会认可。从导游发展过程来看,目前导游工作已成为一种社会服务广泛存在,成为旅游活动不可缺少的组成部分。正如人们所说"没有导游的旅游是没有灵魂的旅游"。

2. 经济性

导游工作是一种社会职业,导游员通过向旅游者提供导游服务而获取报酬,而且导游员受旅行社或相关组织的委派,是作为旅行社或相关组织的代表为旅游者提供服务的,为有关企业获利做出贡献;在服务过程中还可以通过科学的安排,为有关企业节省开支。与此同时,为国家建设创收创汇。导游员还可以在促销旅游商品、扩大客源和促进经济交流等方面发挥重要作用。

3. 文化性

旅游者的旅游动机是为了寻求高层次的物质和文化享受,在观光、度假、娱乐等旅游活动中充分体现了文化内容。导游员向旅游者提供具有一定文化内容的、有特色的产品和优质的服务,满足旅游者的需求,帮助旅游者实现其完美的旅游愿望。同时表现了旅游目的地国家或地区的文化水平,起着双向沟通和传播精神文明的作用。国内旅游蓬勃发展使中国人通过旅游去体验和感受中国悠久的历史和大自然的壮丽美景,从而提高审美情趣、道德修养,更加热爱伟大的祖国。

4. 服务性

导游工作首先是一种服务,它与第三产业的其他服务一样,属非生产性劳动,是一种通过提供一定的劳务活动,如导游讲解或翻译、旅行生活服务等,来满足旅游者旅行、游览的需要。但导游服务不同于其他服务,导游员需要有丰富的专业知识,良好的口才,强烈的服务意识,各种文体活动的组织能力,独立处理突发事件的能力等。因此,导游工作综合了多项工作所必须的知识和技能,是脑力与体力相结合的复杂工作。

5.涉外性

在国际旅游接待活动中,导游员应帮助海外旅游者正确了解和认识中国,寓政治与对外宣传于导游讲解、日常交谈和游览、娱乐中。有时应旅游者要求,要举行报告会、座谈会,必然涉及国家各项方针政策;有时要解答旅游者各式各样甚至非善意或敌意的提问。要想解答得好,导游员不但要有广博的知识、较高的外语水平,还要有鲜明的政治立场、较高的政策水平。与此同时,"内外有别"是每一位涉外工作人员必须遵守的纪律。因此,导游员在与海外旅游者交往时,必须严格遵守有关保密纪律,绝不能随心所欲地说话和行动。导游讲解既要遵守外事纪律,又要保持热情友好的态度,不卑不亢、有理、有利、有节,求同存异,绝不能无理、无礼,乃至丧失人格、国格。导游员为中国公民提供出境陪同服务,要充分了解对象国的概况、社会动态、风俗民情、宗教信仰、生活方式、礼节习俗等,向出境中国公民讲解清楚,作为中国的代表,在国外展示中国人良好的精神风貌和素质也是在搞好对外宣传。

导游的涉外性还表现在民间外交上。在国际旅游方面,由于旅游是不同国度、不同宗教、不同信仰以及不同生活方式的人们直接交往的手段,因而良好的导游服务有助于增进国际间的了解,加强国与国之间的和平友好关系。人们通过旅游彼此相互了解。事实证明,各国人民之间的交往常常会起到官方外交起不到的作用,特别是在国家之间尚未建立正式外交关系时,旅游便成为各国人民之间互相交往的重要途径。旅游活动的大众性、广泛性和灵活性,使其成为民间外交的一种重要形式,并引起各国政府的重视,他们纷纷采取种种措施,参与世界旅游促销工作,注重树立国家整体形象,并简化手续,方便旅游者。由于旅游者在目的地旅游过程中对该国情况的了解都属第一手材料,因而可信性较大,外界很少有人对他们的介绍表示怀疑。不仅如此,旅游者访问接待国的观感和体会还会通过他们的亲友传递到更大范围。所以,旅游在这些方面所起的作用比传统的外交和宣传手段要有效得多,导游员起到了"民间大使"的作用。正如1980年9月马尼拉世界旅游大会指出的"旅游可以成为世界和平的重要力量,并为国际间的了解和相互依靠提供精神与知识上的基础"。

(二)导游工作的特点

导游服务工作复杂,其工作特点可归纳如下:

1.工作涉及面广,情况复杂多变

导游服务的对象是旅游者,他们来自五湖四海,国籍、民族、宗教信仰不同,职业、性别、年龄各异,而且接待的每一批旅游者又各不相同,旅游者需求必然多种多样。导游员在按接待计划安排和落实旅游者旅游过程中的食、住、行、游、购、娱基本活动时,要同宾馆、餐馆、旅游点、商店、交通、娱乐等部门的人员接洽,协调内勤、外勤、领队、其他陪同等各种人员之间的关系,起到沟通上下、内外、左右关系的作用。导游员还有责任满足旅游者提出的合理的个别要求,以及处理旅游中随时会出现的情况和问题,如会见亲友、旅游者证件丢失等。导游工作涉及面广,若工作中出现微小疏漏或差错,就会影响各个方面,造成不良后果。

2. 知识面广,工作量大

导游工作是一项脑力劳动和体力劳动高度结合的服务性工作。由于旅游者千差万别,旅游活动丰富多彩,这就要求导游员具有丰富而广博的知识。除掌握导游工作的程序以外,导游员还必须具有一定的历史、地理、天文、政治、经济、宗教、民俗、建筑、医疗、卫生、心理学等方面的基本知识,必须了解我国当前的大政方针以及与旅游有关的政策、法规,掌握旅游目的地主要游览点、旅游线路的基本知识,以及客源国的基本情况等。导游员在进行导游讲解、解答旅游者的问题、处理突发事件时,都要运用所掌握的知识和智慧来应付,这是一种艰苦而复杂的脑力劳动。同时,导游员的体力消耗也很大,特别是在旅游旺季,导游员往往整日在外奔波,既要讲解,又要带领旅游者走路、爬山,常常无法正常地学习和生活。

3. 政治性、思想性强

这一特点包含两层意思:一是指导游员时刻面临着如宣传和贯彻执行党和国家各项方针政策的考验;二是导游员随时面对各种诱惑的考验。对海外旅游者而言,导游员是中国形象的代表,导游员在向海外旅游者提供导游服务的过程中,担负着向旅游者宣传社会主义物质文明和精神文明的职责,使之对中国的历史、文化、社会制度和建设成就有较深入的了解,消除有些旅游者的疑虑和误解。这就要求导游员了解国家的方针政策,具有较高的政治觉悟和政策水平,同时又要讲究策略和方法,不能光喊政治口号。导游员在同海内外旅游者的正常交往中,经常要面对各种物质诱惑和精神污染,处在这种氛围中的导游员需要有较高的政治思想水平,高度的责任感,坚强的意志和清醒的头脑,自觉抵制不正当的诱惑和精神污染。

4. 独立性强

导游工作需要导游员能独挡一面。在与旅游者相处的整个过程中,导游员独立地根据旅游计划组织活动,带领旅游者参观游览,与各方面人士打交道,提供和协助提供各项服务,尤其是出现问题时,导游员常常要当机立断,合情合理地进行处理,事后向领导和有关方面汇报。导游员的导游讲解也具有相对的独立性。即使是同一旅游线路或旅游景点,导游员也要根据具体的对象、不同的年龄特点、文化层次以及不同的情趣,及时调整讲解内容,以满足不同旅游者的需要,圆满完成导游任务。这是导游员的主要任务,必须独立完成,其他人无法替代。

三、导游服务的原则

（一）"宾客至上"原则

"宾客至上"是导游服务的座右铭。导游服务是旅游接待服务的一种，旅游者是旅游服务业生存、发展的前提和保证。如果没有旅游者，导游员就失去了主要服务对象，也就失去了本身存在的必要。导游员必须明白，旅游团的每一个成员都是旅游者，都是服务的对象，都是发展旅游业的希望所在。所以，导游员始终要将旅游者放在心上，时时处处关心旅游者。这一原则要求导游员在带团时要理解旅游者，在某种意义上说就是对旅游者要尊重。要求导游员宽以待人：旅游者出门旅游，有懒散和不拘小节的表现，导游员应予以宽容和谅解；对于旅游者的闪失，导游员要善于体谅和关心。当然，对旅游者的理解，并不排斥对旅游者的提醒、劝说和善意的批评。对于个别旅游者的无理取闹和挑衅，导游员不能一味迁就，要不失原则地加以指正。理解旅游者还应求同存异，要尊重他们的意见和习惯，可以这样认为，"宾客至上"原则既是导游员的一条服务准则，也是导游员在处理问题时的出发点，更是圆满解决问题的前提。

（二）AIDA原则

AIDA原则是商界的市场推销原则，它是由下列四个英文单词或词组的首字母组成。

Attention （通过有趣的、尽可能具体的形象介绍）引起谈话对象对所推销商品的注意力。

Interest （通过进一步展开已经引起对方注意的谈话）激起谈话对象对商品的兴趣。

Desire to Act 促使谈话对象希望进一步了解情况，获得启示，激起购买商品的欲望。

Action 继续努力，促使谈话对象采取购买行为。

导游员可以运用这一原则推销附加游览项目，不得已变更游览活动内容时使旅游者能够接受替代项目，或在调整旅游者情绪、调整与旅游者的关系、营造旅游团的友好气氛时，这个原则往往能起到重要作用。

（三）正当可行的原则

正当可行原则既是导游服务原则，也是导游员处理具体问题、满足旅游者要求的依据和准绳。满足旅游者的需要应成为导游工作的出发点，但旅游者外出旅游一般都会产生求全心理，往往会把旅游活动理想化，常常会对旅游活动和安排按照自己的意愿提出超出合同的要求，少数人还一味挑剔，近乎苛求。能否处理好旅游者的要求、意见以及少数人的指责、挑剔，关系重大，有时会影响到整个导游服务的效果与成败，导游员不能等闲视之。导游员应针对旅游者提出的要求，综合考虑其是否合理，是否可能实现。凡是合理的又有可能实现的，对旅游者有益的而且是正当的，导游员就应该努力去做，如果没有做好就应改正，给予弥补。对不合理或不可能实现的要求，导游员要向旅游者耐心解释，晓之以理，使旅游者心悦诚服。导游员决不能对旅游者的要求置之不理，更不能断然拒绝、严厉驳斥。

7月的一天，公司交给老马一个台湾团，全团24人中，65岁以上的有17人，其余均是这些老人的子女。这些老年人都是慕名来"天堂"旅游的。但不可思议的是，旅游团行程安排极紧，计划是这天上午9：30从上一站抵达杭州，次日上午10：00即飞往另一个城市。可老天不帮忙，飞机抵达杭州时已是当天下午16：00。当老马接到旅游团时，旅游者们个个拉长了脸。大家议论纷纷，责怪航空公司者有之，斥骂领队者有之，要求更改行程者有之。领队是位二十来岁的年轻小伙子，他一声不吭，满脸不高兴。老马毕竟从事导游工作多年，看到这种情况，他心里立即有了谱：旅游团一定是因航班耽搁了杭州的行程而不满。于是，在旅游者全部上车后，他拉着领队来到离车六七米远的地方，向领队了解情况。听了领队的叙述，老马立即拿出了自己脑袋中萌发的行程安排，征求领队的意见。领队听了，那忧郁的眼神也变亮了，并连声道谢。上了车，老马拿起话筒，在致了简短的欢迎辞后，说："各位台湾朋友，此次能来杭州观光旅游，是你们的福分，也是杭州的骄傲。虽然因天气原因延误了各位在杭州的观光，但是请大家放心，我已经和领队作了协商，我们将挽回各位的损失，使各位在杭州不但不虚此行，还要锦上添花。"老马双眼扫视了一下整个车厢，只见大家都已由原先耷拉着脑袋变得全神贯注了，尤其是那些老人的子女，个个都把目光投向了他。老马接着说："下面，我把行程安排告诉大家，同时也想听听大家还有没有更好的建议。为了节省时间，我们的旅游车现在将直接驶往岳王庙，第一站是瞻仰家喻户晓的民族英雄岳飞；晚餐后，我们将去夜游西湖，大家可以一边品尝著名的龙井茶，一边领略璀璨灯光下西湖的丰韵神姿；游完西湖，我们再去逛杭州的夜市，大家可以在夜市上选购一些杭州的特产；明天早上6：00，各位带上我们特地让饭店准备的精美早餐，到灵隐寺去体会佛国的幽寂静谧。"老马还未讲完，旅游者热烈的掌声已经在车厢里响起……

分析：

老马所接的这团旅游者在杭州旅游的确是一趟"珍贵"的旅行，因为旅游团中有相当一部分人年事已高，而且他们都是慕杭州之名而来。依照常规，下午16：00飞抵杭州而次日上午10：00又将飞离，该团在杭州只能是睡上一觉了。

最多也只是浏览一个小时的景点而已。如果老马按这样的常规去提供服务，那么留给旅游者的可能是终身的遗憾。然而，老马没有这样做，他凭借多年积累的工作经验，细心观察旅游者的言行举止、表情神态的变化，以自己热情周到、超常规的服务，赢得了旅游者的尊敬，赢得了领队的赞许。（范黎光.导游业务.北京：机械工业出版社，2003）

（四）等距离交往原则

尊重人是人际关系中的一项基本原则。无论旅游者来自境外还是境内，是来自东方国家还是西方国家，无论旅游者的肤色、宗教、信仰、消费水平如何，导游员都应一视同仁地尊重他。导游员不应对某些旅游者表现出偏爱，导游员的片面行为会造成旅游团队内部关系的紧张。导游员应采取的态度是：与每位旅游者保持等距离接触，对每一位旅游者都要友好、礼貌。

（五）规范化服务与个性化服务相结合的原则

规范化服务即标准化服务，它是由国家或行业主管部门制定并发布的服务工作应达到的统一标准，要求从事服务的工作人员必须在规定的时间内按标准进行服务工作。但是规范化服务只是对服务提出了最基本的要求，还没有达到优质的服务的要求。个性化服务是相对规范化服务而言的，也可以称之为特殊服务，它是导游员在执行标准服务和合同约定的同时，针对旅游者个别需要或要求而提供的服务，是一种超值服务。只有标准化服务与个性化服务相结合，才有可能让旅游者满意，成为优质服务。

（六）履行合同的原则

导游员带团要以契约为基础，按旅游合同或约定的内容不折不扣地执行，一方面，要按合同规定的相关服务内容与等级要求进行服务；另一方面，要科学合理地计算相关成本，在维护旅游者合法权益的基础上，不损害旅行社的利益。

春节前夕，北京一旅行社接待境外一批旅游者。按合同规定，该批旅游者在北京参观游览四天，旅行社的接待计划是：第一天参观游览故宫；第二天参观游览颐和园；第三天参观游览长城；第四天安排购物及自由活动，晚上离境。谁知该旅行社导游员小王把第三天参观游览长城的内容擅自改为第四天的内容。当时旅游者曾提出质疑，领队也问小王：为何道理？但小王不作任何解释，只是说："景点不会少你们的。"当旅游团傍晚回宾馆时，下起了大雪。第四天旅游车开到半道上，交通警察已经采取封路措施，无奈，旅游车只得返回市区，旅游者们十分不满，于是该团领队通过手机向旅行社投诉，并要求赔偿旅游者的经济损失。

分析：

导游员小王在带团过程中擅自变更旅游接待计划，这么做的害处有许多。

它既违反了《导游员管理条例》中的有关规定,又破坏和打乱了旅行社的接待计划,更重要的是违反了组团社与旅游者签订的合同,同时也造成了旅游者的经济损失。导游员小王必须承担其赔偿责任。(蒋炳辉.旅游案例分析与启示.北京:中国旅游出版社,2003)

第三节 旅游者的心理动机和心理特征

心理学研究表明,人的行为具有目的性,而目的源于动机,动机又产生于需要。一个人有什么样的需要,为了满足这种需要,就会产生相应的动机,从而有不同的行为表现。旅游者需要不同,旅游动机会不同,从而会产生不同的心理特征和旅游行为。为了更好地为旅游者提供恰到好处的服务,需要研究旅游者的心理动机和心理特征。

一、旅游者的心理动机

旅游动机是由旅游需要直接推动的一个人进行旅游活动的内在动因或动力。旅游动机的产生与人类其他行为动机一样,都是来自个人的需要。人们为了健康的需要到异地去疗养,为了扩大眼界、增长见识去异地游览风景名胜,为了缓解疲劳、暂时避开紧张的现实到一个地方去度假等,都是为了满足某方面的需要。旅游需要多种多样,旅游动机也形形色色,千差万别。

心理学家从动机性质的角度,将人的行为动机分为两类,即生理动机和心理动机。生理动机产生于生物需要,它是人体处于某种生理状态下所产生的固有的原始动力。例如,人对氧气、水、食物、衣物的需要,产生这类需要的动机是与生俱来的。如前所述,旅游需要也包含着生理需要。虽然生理动机主要由生物方面的因素决定,然而有时也受社会文化因素的影响。例如,医疗健身旅游主要是由人们的身体疾病所驱使,但在选择何种医疗方法时则受社会文化的制约,如海外旅游者到我国选择针灸或中药治疗。它属于我国传统医疗技术,带有明显的社会文化因素。

心理动机产生于人们生活的社会环境所促成的需要。这种动机一般是后天学习得来的。人一生下来不久就开始了学习,然后是接受家庭、学校、社会的教育和影响。一般说来,人们旅游需要的产生主要属于心理动机,尤其是在现代旅游中,越来越多的人追求旅游的文化内涵、地方特色和民族特色,以满足其求奇、求异、求知的需要。

随着人们生活的日益多样化和复杂化，人们出游的动机也丰富多样起来。旅游专家们对旅游动机的分类也不完全一致。主要有以下几种分类方法：

罗伯特·麦金托什和沙西肯特·劳鲁特在其合著的《旅游的原理、体制和哲学》一书中认为，人们出游有四种基本动机：

生理动机，包括休息、参加体育运动、海滨休养、娱乐、治疗等，这一类动机是从维护身体健康出发的。

文化动机，即了解和欣赏异地的文化、艺术、风俗、语言、宗教等，这一类动机表现的是人们求知的欲望。

交际动机，包括在异地结交新朋友、探亲访友、逃避单调的日常生活和家庭邻里环境等。这类动机表现的是人们对熟悉东西的一种厌倦和反感，以暂时避开现实的压力，借旅游来调节生活和变换环境的愿望。

地位和声望的动机，包括考察、交流、参加会议、探险以及个人研究等，以达到被人承认、引人注目、施展才能、受人赏识和博得良好声誉的目的。

日本学者田中喜一在其所著《旅游事业论》一书中，将人的出游动机归纳为如下四类：

心情的动机，即思乡心、交友心和信仰心；

身体的动机，即治疗需要、保养需要和运动需要；

精神的动机，即知识需要、见闻需要和欢乐需要；

经济的动机，即购物目的和商业目的。

分析和研究旅游动机，对于预测人们的旅游行为、开发旅游产品、提供相应的旅游设施和做好导游服务工作具有重要意义。应注意的是，在实际旅游活动中，一些旅游者的出游可能是由某一旅游动机推动的，另一些旅游者可能含有多种旅游动机，还有的旅游者出游前出于某一旅游动机，而在旅游途中由于受各种因素的影响，可能又产生新的其他方面的动机。

二、一般旅游者的心理特征

人们出外旅游，到达一个自己不了解、不熟悉的环境中，其心态同生活在惯常环境中将会有很大的不同。一方面，他对来到一个新的地方感到兴奋，抱着期待的心情希望自己出游的目标能够实现；另一方面，对一个完全不熟悉的环境感到陌生、紧张，甚至恐惧。虽然不同的旅游者情况可能不同，但一般说来，这两种情况在旅游者身上会有不同程度的反映（重游者除外）。旅游者的一般心理特征主要有：

(一)求安全、求顺利心理

求安全、求顺利是人们出外旅游的基本心理。安全、顺利不仅是人们出游前的憧憬和期盼,而且贯穿于旅游全过程。安全要求旅游中不发生意外事故,顺利则希望旅游的行程和每项活动都能按计划或想法进行,不发生阻滞和不愉快的事情。总之,希望整个旅程是美好的,事事如意,万事如愿。旅游者这种心理的产生主要来自对异地陌生环境缺乏预知性。旅游者初到一地,人生地疏,许多情况对他(她)来说都是未知的,因而不可避免地会产生种种担忧。求安全、求顺利便成为每位旅游者的普遍心理。

(二)求优、求全心理

求优、求全既是人们对旅游目的地旅游服务的一种期望,也是人们在旅游过程中的需要。求优是指人们期望在所到之地能观赏到最佳景观,能住进舒适的饭店,能品尝到美味可口的菜肴,能乘坐便捷、舒适的交通工具等。求全是指人们期望在旅游目的地享受到全方位的各种旅游设施和相关社会服务设施的服务。总之,希望旅游目的地供给不仅有保证,而且质量高。旅游者求优、求全心理源于人们普遍的价值观念,如同人们购买其他消费品一样,总是期望所购之物是质优价廉的,另一方面也同旅游目的地和旅游企业宣传促销中将旅游产品描绘得尽善尽美有关。

(三)求新、求奇、求异、求名心理

现代社会,随着教育的发展和信息传播手段的发达,人们对各种事物了解的增多,在收入水平和余暇时间增多的情况下,人们热切希望到其他地方走走,亲自观赏和体验区别于本地的新、奇、异、名的事物和情景。求新是指人们变换其惯常的生活环境和生活内容,到一个新的生活环境中尝试新的生活内容;求奇是指人们对世界其他地方带有传奇色彩的奇特的人和事物的追求;求异是指到异国他乡体验有别于本地的社会风貌和民俗风情;求名是指在异国他乡能游历到那些给其带来荣誉感的著名胜地和景观,下榻知名的酒店,品尝到驰名的菜肴,购买到贵重或款式新颖的商品等。总之,求新、求奇、求异、求名是多数旅游者的旅游心理,它们分别从不同角度反映了旅游者对所访旅游目的地的企盼。旅游者的这种心理来源于对新奇事物的追求,以满足其求知的需要。

(四)求尊重、求友情心理

旅游就其本质来说,是一种社会文化活动,而活动是通过人与人之间的接触、交往来实现的。从这个意义上说,旅游是一种社会交际活动,并且是一种超出本地区之外的社会交际活动。在这种社会交际活动中,人们不仅相互接触,互相传递信息,而且也伴随着情绪状态的交换,即在相互接触中的情感交流,以得到相互尊重和友情。由此可见,希望在旅游目的地时时受到尊重,处处得到友好

相待，也是旅游者的共同心理。旅游者的这种心理主要来源于人们对建立一个和谐的、友善的社会环境的需要。

一般说来，虽然不同的旅游者在心理反应程度上存在着差别，但上述四种心理对于多数旅游者来说都是共同的，具有普遍性。导游员在提供服务过程中要认真研究旅游者的这些心理，从旅游活动的总体安排到每一项具体服务，直至导游员的一言一行都应周详考虑，妥善处置。只有这样，导游服务才能贴近旅游者，提高旅游者的满意度。

导游小钟带的旅游者曾对小钟说，到了西安，一定要增加品尝"羊肉泡馍"这道风味食品。可是到了西安，小钟把这事给忘记了。等到了桂林，旅游者又提起这件事，小钟吓了一跳，赶紧向旅游者道歉，并表示要增加其他节目做补偿。小钟担心，旅游者还是会有意见。没想到，旅游者却安慰小钟一番。按道理说，旅游者肯定会有意见。旅游者怎么会对小钟这么好呢？原因是，团队入境不久，小钟做了两件让旅游者非常感动、非常佩服的事。

第一件事是在上海外滩游览的时候，一个小偷偷了旅游者的提包，小钟发现后纵身从高台上往下一跳，截住了小偷的去路。那提包是一对夫妇的，里面除了钱和证件之外，还有去欧洲参加一个会议的机票，散团之后他们就要从香港去欧洲，一天也不能耽搁。这对夫妇自然是对小钟感激不尽，全团的旅游者也都赞叹不已，说是看见小钟从那个高台上往下跳的时候，都吓呆了。

第二件事是在苏州寒山寺，那天，在运河边上拍照的几个老外中的一位老先生，一不小心掉进河里去了，在场的人一下愣在那里了，小钟的车正好在那边下客。小钟见此情景，把公文包朝地陪一扔，就跳进运河救人，等船工把救生圈扔过来的时候，小钟已经把那位老先生从水里扶起来了。小钟团里的旅游者都让小钟赶快回酒店，说有地陪在这里就行了，让他尽管放心。

分析：

导游忘订"羊肉泡馍"尽管是全陪的失误，不过，旅游者还要看全陪是有心的还是无心的。像小钟这样，在上海就做了一件见义勇为的好事，紧接着在苏州又是一次见义勇为，旅游者肯定觉得他是一个好人！使旅游者在游览时有安全感，同时也满足了旅游者求顺利、求尊重的心理。（阎纲．导游实操多维心理分析案例 100．广东：广东旅游出版社，2003）

三、不同旅游者的心理特征

由于旅游者的年龄、性别、职业、宗教信仰、文化水平的不同以及性格、兴趣、爱好的差异，人们的旅游需要也多种多样，反映需要的心态也不尽相同。除了上

述列举的四种基本相同的心理之外,不同的旅游者还会怀有不同的心理。归纳起来,主要有如下几种:

(一)求知心理

虽然求新、求奇、求异的心理也包含着求知的成分,但主要侧重于增长人们的阅历和见识。这里的求知不仅包括扩大知识领域,而且包括从专业发展出发的对某一专业领域的较深入的探索和研究。因此,在旅游中,怀有这种心理的旅游者不满足于一般的走马观花,而是为了在扩大知识领域的同时,寻觅与其专业相关的信息,探讨专业发展的路子和一些专门问题。各种学习旅游(如出外进修、培训)、专项旅游(如医生旅游团、律师旅游团)、专业会议旅游均是满足这种需要的具体体现。怀有这种心理的旅游者往往在旅游中不仅要求参观与专业发展相关的旅游项目,而且希望同所访之地的同行进行交流。这类旅游者一般文化水平较高,其中不乏专家、学者。

(二)求乐心理

求乐是从个人兴趣爱好出发,在参与性旅游活动中寻求愉快和乐趣的心理。随着经济的发展,人们生活水平的提高,人们在旅游中对参加各种娱乐活动的兴趣也在增加。娱乐的类型也越来越多,活动内容也越来越丰富。除了各种形式的夜生活之外,一些专项娱乐旅游活动也很受旅游者的欢迎,如自行车旅游、钓鱼旅游、潜水旅游等。持这种心理的旅游者大多是青年人,也包括一部分成年人,他们以参加这类旅游活动为目的,并将其作为提高生活质量的内容。

(三)求美心理

求美是指人们在旅游过程中对自然和社会中具有美感事物的主动追求,求美心理是一种促使人们进行旅游审美活动的动力。随着经济的发展,文化的繁荣,人们的审美意识在不断变化,对旅游中接触的事物和参与活动的审美价值要求也不断提高,从客房的色彩、家具的陈设、餐厅的光线、菜肴的装饰直至景观的动态和质感等都甚为注重。爱美之心虽然人皆有之,但是不同的旅游者,其求美、审美的心理不仅在程度上有较大差异,而且侧重的方面也可能不同。有的人偏好观赏自然美,有的人注重体察社会美(如伦理道德、节日习俗、服饰打扮等),有的人热衷追求艺术美(如绘画、戏剧、书法等),有的人则乐于享受饮食美(如风味餐、名烟、名酒等)。这种心理的旅游者一般文化素养较高,出游的目的之一是满足他们不同的审美心理。

(四)求实心理

求实是指人们对于购买的旅游产品或所购物品的使用价值的追求,即购买的旅游产品或所购物品应"物有所值"。虽然人们的收入水平在提高,然而旅游对一些人来说,仍然是较高档的消费品甚至是奢侈品,并非所有旅游者都是富翁。对那些花去几年积蓄进行一次旅游的人来说,旅游产品的"价廉物美""经济实惠"仍是其衡量旅游产品价值的准绳。持这种心理的旅游者多为中下阶层的工农大众、一般职员和青年学生。他们在旅游中,关心的是各项旅游活动和服务能否对上自己的"口味",是否能满足其兴趣和爱好。

(五)求胜心理

求胜是指在旅游中或通过旅游来展现个人志向和能力的心理。怀有这种心理的情况比较复杂,除了那些不畏艰难险阻到很少人去,甚至无人去过或体验过的地方进行探险、科考旅游的情况外,还包括在旅游中常常炫耀自己阅历广、知识丰富、比别人懂得多、待人处事精明干练、适应能力强的情况。持有这种心理的旅游者可分为两类,一类是有志向、有抱负的人,他们为成就感所驱使,勇于探索,积极进取;另一类是好胜心强的人,他们不甘人后,总爱显示自己比他人略胜一筹,以免被别人看低。这种心理一方面反映了人们的竞争本能,另一方面也是社会激烈竞争在人们心理的反映。有这种心理的旅游者多为企业家、商人、事业有成者和年轻人。

(六)寻宗返祖心理

寻宗返祖是指通过旅游以实现访问故土、寻踪祖迹的心理。这种心理以故地重游为主要目的,即去祖先居住的地方或父辈或自己曾经居住或工作过的地方。海外华侨、外籍华人、在华工作或居住过的外国人或其后代来华旅游,港、澳、台同胞回大陆探亲以及国内旅游中的走访亲友都属于这种心理。尤其是侨居国外的炎黄子孙以及港、澳、台同胞,他们有着强烈的爱国心、民族感和归属感。正是这种强烈的爱国心、民族感和归属感将他们与伟大的祖国和中华民族紧紧地联系在一起。正像一位台胞所写的"流亡在外孤凄凄,梦魂夜夜赴桥西。千山万水飞不到,醒来枕头半边湿"的诗那样,充分表达了他们对祖国、对家乡的深切思念。

第四节 旅游者的旅游行为

人们的旅游需要和旅游动机在旅游过程中所表现出的各种各样的行为方式具有重要的作用。从心理学和行为学的角度说,人们的行为是其心理动机的外在表现,而心理动机又是在内外因素的作用下产生的。人们的旅游行为也是在旅游需要和旅游动机的作用下产生的。而旅游需要则是经济、文化、社会等外部因素与个人的人口特征(年龄、性别、职业、受教育程度和健康状况等)和个人心理因素共同作用下形成的。并且,人们的旅游行为,即对旅游产品的消费行为,无论是积极的反应(对旅游活动感到满意)还是消极的反应(对旅游活动感到不满意)都会对其下一轮的旅游需要产生影响。

行为主义心理学家认为,人们的行为是外部刺激作用的结果。如果外部刺激是正向的,人们的行为会做出正面反应,如果外部刺激作用是反向的,人们的行为可能做出消极的反应。旅游者在旅游过程中,会接受到旅行社和旅游目的地接待单位多方面因素的作用,如旅游团的行为规范、旅游目的地的接待设施、旅游目的地提供的各项服务以及包括导游员在内的旅游从业人员的言行、旅游目的地居民的态度以及其他旅游者的反应等均会对其心理产生影响或刺激作用,使之在行为上做出反应。

旅游者的行为方式同人类其他行为方式一样。首先,它具有指向性,即针对刺激因素做出反应。例如导游员过多地安排购物,旅游者可能出言反对或采取敷衍态度,在商店转一圈空手而返。其次,具有连续性。如果导游员不顾旅游者意见继续安排购物,旅游者便可能拒绝下车,甚至提出抗议或投诉。

一、旅游者的一般行为表现

(一)从旅游者个性来看的旅游行为

心理学家在对人的个性的研究中,将人的个性进行了多种分类,其中最著名、最常用的一种分类方法是根据人的性格将其分为内倾性格和外倾性格,这两种性格的人均处于人的个性的两端,且人数较少,大多数人则位于这两个极端之间,其中一部分人靠近内倾,另一部分人靠近外倾,余下的为中间型,它们呈正态分布。

两种性格倾向的人在旅游消费行为上存在着明显的不同特点。内倾性格的旅游者往往选择到熟悉的旅游目的地去,主要目的是为了休息和消遣,旅游活动日程也不要太紧张,各项旅游服务要周全、舒适。这种性格的旅游者一般属于安乐小康型。在旅游过程中,他们较多地顺从目的地导游的安排,在行为取向上趋附于其他旅游者,尤其是旅游团中具有影响的旅游者。外倾性格的旅游者常常选择到那些比较偏僻、不太为人所知的地方去旅游,主要目的是为了寻求刺激和获得新的经历,对旅游服务和设施要求不高,希望在旅游安排上留有较多的余地和灵活性,以便发挥自己的潜能,寻求自己的乐趣和欢愉。这种性格的旅游者一般属于追新猎奇型。在旅游过程中,他们的行为表现为随意和放任,不愿接受过多的限制和约束,常常不遵守约定的时间,往往离团自行其是。

(二)从旅游过程来看旅游者的旅游行为

从旅游者角度来说,旅游过程包括出游前的准备阶段、在旅游目的地的旅游阶段和旅游结束后的返回阶段。从导游服务看,旅游者的旅游过程仅表现为在旅游目的地这一阶段。这一阶段正是旅游者出外旅游的实质阶段,它关系到旅游者的旅游需要和动机能否得到圆满实现。并且,这一阶段也是旅游者的旅游行为表现得最为充分的阶段。为了更好地分析和把握这一阶段旅游者的行为表现,根据旅游者的心理和环境的变化可将其分为几个小的阶段。

1. 到达目的地初期阶段

旅游者到达旅游目的地初期,面对的是一个完全陌生的环境,他所接触的人(包括导游员在内)和事都是生平第一次,有举目无亲之感,不仅人地生疏、风土人情不懂,而且可能有语言不通(尤其是外国旅游者)、气候、饮食不适等,这种情况一方面使其有好奇、惊讶、兴奋之感,另一方面又有一些不可名状的不安之感。这时,旅游者的行为表现复杂,有的东张西望,有的低声细语,有的沉默寡言,有的指指点点,有的把目光和希望寄托在导游员身上,希望导游员能够理解他们的心情,能帮助他们认识这个陌生的环境,使他们有一个愉快、顺利和安全的旅游生活。

2. 开始熟悉阶段

在这一阶段,随着旅游者开始对导游员逐渐熟悉,对目的地情况有所了解和对环境逐步适应,旅游者的心情开始慢慢放松,思想也逐渐活跃起来,其行为表现主要有两个方面,一是游兴较浓,对参观和游览的那些自然景观、文物古迹、现代建筑和民俗风情表现出较大的热情。二是发问开始增多,急于了解目的地的有关情况以及所见所闻的人和事。诸如外国旅游者经常问到的中国人口问题、生育政策问题、失业问题、交通问题、环境问题、社会保险问题等。

3. 旅游中期阶段

随着时间的推移,旅游者对目的地情况有了基本了解,同导游员也比较熟悉,旅游者的心理负担已基本消除,初到时的拘束、谨慎、陌生之感已不复存在,其个性表露比较充分。所以,这一阶段主要的表现有:第一,对其旅游目标的实现更为关注。尤其是那些希望通过旅游来对某一方面有更深入了解的旅游者,他们提出的问题会更深更广,甚至会提出各种各样合理的和不合理的要求,希望能帮助他们圆满实现,而对其中不合理或虽合理但难以满足的要求则表露出来。第二,在言行上比较放任。由于旅游者在这个阶段的心态比较轻松,容易在精神上产生麻痹感,使得他们的记忆力、思考力有意无意地会发生分散或转移,游览中对导游员的讲解不像以前那样全神贯注,平时健忘的人更容易丢三落四,平时散漫的人更容易缺乏时间观念,平时活泼的人会变得更加随意自由。

4.旅游结束阶段

在旅游目的地旅游即将结束之前,旅游者的心理活动又开始复杂起来,会出现与到达目的地初期类似而又不同的紧迫感和不安感,在行为表现上也多种多样。有的人急于要求导游员帮助他(她)解决没有满足的要求;有的人思乡思家心切,盼望尽早同家人团聚;有的人急于上商店购物,用作纪念和馈赠亲友;有的人担心行李超重;有的人忙于给亲友发短信、打电话,报告旅游归程日期。总之,在这个阶段,旅游者的思绪甚为分散,忙于个人事情的大大增多。

二、不同特征旅游者的行为表现

按照人口统计标准,旅游者可根据性别、年龄、职业、受教育程度、社会阶层、国籍等进行分类。不同特征的旅游者不仅其旅游需要和旅游动机存在差异,而且旅游行为表现也不尽相同。

(一)不同性别旅游者

不同性别旅游者有不同的特征,在行为方式上形成了较大的差异。

1.男性旅游者

男性旅游者一般比较开朗,不太计较小事和由此引起的不愉快,比较理智;他们考虑问题比较实际,对旅游产品质量甚为关注,尤其是涉及旅游计划的变更,往往要究其原因;他们比较富于探索,在旅游中常常对导游员讲解的问题和旅游目的地的情况发问。但是,他们在言行上往往比较随便,不太注意生活细节,爱出风头,好表现自己,最怕丢面子和尊严受损。

2.女性旅游者

女性旅游者一般行为比较谨慎,能比较自觉地遵守旅游团的纪律,听取导游员的告诫;在旅游中,她们注意倾听导游员的介绍,对导游讲解中的故事和风趣幽默的笑话兴趣较浓;她们感情丰富,喜欢同目的地的人员接触,了解一些有关社会、妇女和生活上的事情;她们喜好购物,对商品的质量、价格、包装比较注重。但是,她们比较胆怯,易受他人的影响,自控力较弱,往往喜怒溢于言表。

(二)不同年龄旅游者

年龄不同,体力和精力不同,阅历和经验也不同,从而在旅游行为表现上也存在着明显的差异。

1.青年旅游者

青年旅游者精力旺盛,不怕艰苦,对设施和服务要求不高;他们富于幻想,对旅游有浓厚兴趣,喜欢追新猎奇,喜好娱乐和运动;他们好表现,希望自己的行为能引起他人的注意和重视,而不被当做未成年人对待。但是,他们初涉社会,阅历少,处事能力差,把旅游想象得极为美好;他们的情绪不太稳定,易冲动,遇事不够冷静,经受不住挫折和打击。

2. 中年旅游者

中年旅游者阅历较广,一些人曾多次出游,旅游经验较丰富,待人处事比较谨慎,对旅游中出现的问题能泰然处之;他们在旅游中,比较讲究实际,对旅游产品和服务质量要求较高,对通过旅游要实现的目标甚为关注。但是,正因为他们老成持重,在旅游中注重看、听和问,一般较少表示自己的意见和看法,一旦表示出来,往往有一定的分量。

3. 老年旅游者

老年旅游者由于年龄和身体原因,在旅游中一般行动迟缓,节奏较慢,对旅游安全甚为关注;他们在旅游中,主要以观赏自然景观和文物古迹为主,对异地的老年人生活、家庭和社会福利事业也很有兴趣;他们思古怀旧心情较重,对访问故地、会见老朋友或其亲友情有独钟;他们虽然食量小、睡眠少,但要求饮食可口,住得舒适;他们一般顺从旅游安排,很少发表意见。

(三)不同职业的旅游者

世界各国对职业的划分存在着较大差异。我国对海外来华旅游者的职业划分为:专业技术人员、行政管理人员、办事员、商人、服务人员、农民、工人、其他职业人员和无职业人员。职业不同,意味着人们在社会中的地位、工作性质和生活经历不同,从而使人们在旅游中的行为表现也产生一定的差异。

下面将简要叙述几种主要职业的旅游者的行为表现:

1. 专业技术人员

专业技术人员具有一定的专业知识,他们在旅游中除了一般的观赏旅游景点外,更加关注本专业或技术领域的情况,希望参观该领域的有关单位、设施,会见该领域的有关人员,并进行交流。因此,对涉及其领域的事情,他们提问较多。他们对旅游服务也比较注重,对导游员要求较高。

2. 行政管理人员

行政管理人员由于来自权力机构,社会地位较高,在旅游中他们往往从管理、质量、效率角度来看待问题,对旅游活动的组织安排、服务质量、服务效率要求较高。他们对导游员、接待单位的服务人员乃至管理人员的行为不足之处常存有看法,有时也溢于言表。此外,他们对服务设施和环境的舒适度也比较讲究。

3. 商人

商人在海外来华旅游者中占有相当比重。商人包括商务人员和企业界人士,他们虽然多数情况下以散客身份旅游,但也有不少人参加旅游团。即使以散客身份旅游,有时也需要入住高级饭店,乘坐高级轿车,要求精美饮食。在旅游中,他们喜欢了解有关经济、法律和商务情况,处事比较慎重,较少表示意见。

4.工人

由于从事的工作性质,工人在旅游中有较强的群体观念,他们一般顺从导游安排,对参观游览和娱乐活动有兴趣;他们一般心直口快,对旅游中存在的缺陷容易发牢骚;在旅游中他们比较关心一些带有普遍性的社会问题,诸如物价、失业、犯罪和子女教育等;他们对旅游设施和服务要求不高。

5.农民和在城市的务工者

传统的农民比较纯朴节俭,对旅游生活质量要求不高,在购物时讲究经济实惠。在旅游中,除一般的参观游览外,比较关心了解当地农民的生产经营和生活状况。新一代在城市的务工者已经接触到了现代社会,对旅游质量要求和购物等已经有较高的要求。

(四)不同文化程度的旅游者

文化程度往往同人们的职业密切相关。一般说来,从事专业或管理工作的人,文化程度较高,而从事体力工作的人文化程度较低。人们文化程度上的差异不仅会对出游和目的地选择产生影响,而且也对人们在旅游中的行为发生作用。

1.受过高等教育的旅游者

受过高等教育的旅游者由于知识面较广,对世界其他地区的情况有一定了解,因而游兴较浓,对异国他乡的环境适应能力较强。在旅游中,为进一步丰富知识,他们一般提问较多,愿与他人攀谈。对旅游设施和服务要求较高。

2.受过中等教育以下的旅游者

接受中等教育以下的旅游者容易对所访之地产生陌生感,其适应能力较弱;在旅游中,他们顺从安排,很少发表意见,对旅游设施和服务要求不高;他们以游乐为主。

(五)不同社会阶层的旅游者

社会阶层是根据经济地位、社会声望、价值观和生活方式等来划分的社会中相对稳定的人的集团。任何社会都存在不同的社会阶层,每个人根据上述标准都分属于一定的社会阶层。属于同一社会阶层的人在价值观和行为方式上有较大的相似性,而不同社会阶层的人在这些方面则存在着明显的差异性。在旅游中情况也是如此,属于社会上层的人乘飞机多坐头等舱或商务舱,住宿多下榻豪华饭店,购物多购买古玩或名贵物品,处处都显示出其地位与众不同;而其他社会层次的人乘飞机多坐经济舱,下榻经济型饭店,购物以纪念性为主。

(六)不同国家的旅游者

不同国家、地区和民族的旅游者,由于长期受本国、本地、本民族传统文化、风俗习惯和生活方式的影响,到异国他乡旅游时,其行为方式不可能不带有本国、本地区、本民族的文化特色。对某一相同的问题,东方人与西方人不仅在询问或处理方式上不同,而且可能涉及禁忌。同样,我国南方人同北方人、汉族同其他少数民族在性格、行事方式及禁忌上也有一些差异。

下面简述一下我国一些主要客源国旅游者的性格和行为表现。

1. 日本旅游者

日本人勤奋好学,好胜心强,注重实际,讲求实效,在旅游中喜欢结伴出行,集体观念和时间观念较强;日程确定后,不得更改,即使时间很紧也要按照日程安排走马观花看一遍;旅游中一般不表示自己意见,即使表示,态度也比较暧昧;喜爱购物,易受同伴影响。但是,他们安全防范意识差,导游员需反复提醒注意人身、财物安全。

2. 美国旅游者

美国人一般比较开朗,举止大方,喜好新奇,注重实利,喜爱交谈,行为随意。在旅游中,他们常常从个人喜好出发,不顾其他人,想什么就说什么;提问、提要求较多,不顾影响。

3. 英国旅游者

英国人一般比较矜持、冷静,少言寡语,有绅士派头,讲礼貌,尊重女性。在旅游活动中,多看、多听、少语,不主动表示自己的意见,但比较守时、守纪律,遵从活动安排。

4. 法国旅游者

法国人一般比较爽朗、热情,不拘小节,喜欢与人交谈,比较乐观,热爱生活,重视自由。在旅游活动中,他们比较活跃,行为无拘无束,喜好自由活动。

5. 德国旅游者

德国人一般比较勤勉,有朝气,守纪律,好清洁,爱音乐。在旅游中重合同讲信用,要求较高的服务质量。

6. 韩国旅游者

韩国人自尊心较强,注重礼仪,讲究礼节。在旅游活动中,与之交谈要注意尊重他们,避免损害其自尊心。

7. 俄罗斯旅游者

俄罗斯旅游者十分注重仪表,自尊,对女性非常尊重,爱喝烈性酒。在旅游活动中,他们遵守时间,喜好购物。交谈时,注意不要打听他们个人的私事,不要谈论其国内政治、经济、民族、宗教和独联体关系等问题。

(七) 不同旅游目的的旅游者

人们出游都是在一定的旅游动机推动下进行的,旅游动机体现为旅游目标或旅游目的,它是动机激发行为的追求结果。目标或目的对旅游者的旅游行为起着直接的制约作用。旅游过程中的行为围绕着旅游目标或目的的实现而展开。根据世界旅游组织的分类,把旅游者按旅游目的分为六大类,即观光、娱乐、度假类,商务、专业访问类,探亲访友类,宗教/朝拜类,医疗、健康类和其他。每一类中又分为若干种。每种旅游目的的旅游者在旅游过程中的主要行为表现会有较大不同。

第二章 导游员

本章提要

本章论述导游员的概念、分类、职责和导游员的条件。要求熟悉导游员的概念,了解导游员从各个不同角度的分类。掌握导游员的基本职责,以及不同类别导游员的主要职责。掌握当今导游员应具备的各种条件。了解导游服务范围和导游员的技术等级以及导游员导游服务仪态规范。

第一节 导游员的概念与分类

一、导游员的概念

导游一词源于英语 Tour Guide,按照美国威斯康星大学哲学博士查理斯·梅特尔卡在《住宿、旅行和旅游辞典》中的解释是:"领有执照并受雇带领旅游者在当地观光旅行的人。"

我国旅游界所用的导游一词,通常既指导游服务,又指导游员。

按照我国《导游员管理条例》的规定,导游员"是指取得导游证,接受旅行社委派,为旅游者提供向导、讲解及相关旅游服务的人员"。

要取得导游证,必须参加全国导游员资格考试,该考试由国家旅游局或省、自治区、直辖市旅游行政部门组织。

具有高级中学、中等专业学校或者以上学历,身体健康,具有适应导游需要的基本知识和语言表达能力的中华人民共和国公民,可以参加导游员资格考试;经考试合格的,由国务院旅游行政部门或者国务院旅游行政部门委托省、自治区、直辖市人民政府旅游行政部门颁发导游员资格证书。

取得导游员资格证书的,经与旅行社订立劳动合同或者在导游服务公司登记,方可持所订立的劳动合同或者登记证明材料,向省、自治区、直辖市人民政府旅游行政部门申请领取导游证。

具有特定语种语言能力的人员,虽未取得导游员资格证书,旅行社需要聘请临时从事导游活动的,由旅行社向省、自治区、直辖市人民政府旅游行政部门申请领取临时导游证。

有下列情形之一的,不得颁发导游证:
(1)无民事行为能力或者限制民事行为能力的;
(2)患有传染性疾病的;
(3)受过刑事处罚的(过失犯罪的除外);
(4)曾被吊销导游证的。

取得了导游证,导游员才有资格从事导游活动。导游证的有效期为3年。导游证持有人需要在有效期满后继续从事导游活动的,应当在有效期届满3个月前,向省、自治区、直辖市人民政府旅游行政部门申请办理换发导游证手续。临时导游证的有效期限最长不超过3个月,并不得展期。导游活动是指导游员受旅行社委派,陪同旅游者旅行、游览,为旅游者提供向导、讲解和其他旅途服务。导游员从事导游活动,必须经旅行社委派。未经旅行社委派,不得从事导游活动。

导游员进行导游活动时,应当佩戴导游证。

二、导游员的分类

导游员由于业务范围、业务内容的不同,服务对象和使用的语言各异,其业务性质和服务方式也不尽相同。即使是同一个导游员,由于从事的业务性质不同,所扮演的社会角色也随之变换。并且,世界各国对导游员类型的划分也不尽相同,因而很难用一个世界公认的统一标准对导游员进行分类。下面是从中国的实际情况出发,分别从不同角度对中国导游员进行的分类。

(一)按业务范围划分

按业务范围划分,导游员分为海外领队、全程陪同导游员、地方陪同导游员和景点景区导游员。

海外领队是指经国家旅游行政主管部门批准可以经营出境旅游业务的旅行社的委派，全权代表该旅行社带领旅游团从事旅游活动的工作人员。

全程陪同导游员（简称全陪）是指受组团旅行社委派，作为组团社的代表，在领队和地方陪同导游员的配合下实施接待计划，为旅游团（者）提供全程陪同服务的工作人员。

这里的组团社或组团旅行社是指接受旅游团（者）或海外旅行社预订，制定和下达接待计划，并可提供全程陪同导游服务的旅行社。

这里的领队是指受海外旅行社委派，全权代表该旅行社带领旅游团从事旅游活动的工作人员。

根据《旅游法》规定，"取得导游证，具有相应的学历、语言能力和旅游从业经历，并与旅行社订立劳动合同的人员，可以申请取得领队证"。

地方陪同导游员（简称地陪）是指受接待旅行社委派，代表接待社实施接待计划，为旅游团（者）提供当地旅游活动安排、讲解、翻译等服务的工作人员。

这里的接待社或接待旅行社是指接受组团社的委托，按照接待计划委派地方陪同导游员负责组织安排旅游团（者）在当地参观游览等活动的旅行社。

景点景区导游员亦称讲解员，是指在旅游景区景点，如博物馆、自然保护区等为旅游者进行导游讲解的工作人员。

总之，从业务范围看，海外领队是率领中国公民到海外旅游并为其提供全程导游服务的工作人员；全程陪同导游员是率领海外来华旅游者或中国旅游者在中国境内旅游并为其提供全程导游服务的工作人员；地方陪同导游员是接待海外来华旅游者或中国旅游者在其工作的地区旅游并为其提供当地导游服务的工作人员；景点景区导游员是指接待海外来华旅游者或中国旅游者在其工作的景区景点旅游并为其提供该景区景点导游服务的工作人员。前两类导游员的主要业务是进行旅游活动的组织和协调。第三类导游员既有当地旅游活动的组织、协调任务，又有进行导游讲解或翻译的任务。第四类导游员的主要业务是从事所在景区景点的导游讲解。

（二）按职业性质划分

按职业性质划分，导游员分为专职导游员和兼职导游员。

专职导游员是指在一定时期内以导游工作为其主要职业的导游员。目前这类导游员一般为旅行社的正式职员，他们是当前我国导游队伍的主体。

兼职导游员亦称业余导游员，是指不以导游工作为其主要职业，而利用业余时间从事导游工作的人员。目前这类人员分为两种：一种是通过了国家导游资格统一考试取得导游证而从事兼职导游工作的人员；另一种是具有特定语种语言能力受聘于旅行社,领取临时导游证而临时从事导游活动的人员。

在西方国家,还有一种导游员,他们以导游为主要职业,但不是某家旅游公司的正式雇员,而是通过签订合同为多家旅行社服务,他们是一批真正意义上的"自由职业导游员"。他们构成了西方大部分国家导游队伍的主体。这类导游员已经在中国出现,人数还不多,但很可能是一种发展方向。

(三)按导游使用的语言划分

按导游使用的语言划分,导游员分为中文导游员和外语导游员。

中文导游员是指能够使用普通话、地方话或者少数民族语言,从事导游业务的人员。目前这类导游员的主要服务对象是国内旅游中的中国公民和入境旅游中的港、澳、台同胞。

外语导游员是指能够运用外语从事导游业务的人员。目前这类导游员的主要服务对象是入境旅游的外国旅游者和出境旅游的中国公民。

在华东等旅游业特别发达的地区,交通食宿和景区游览都非常方便,旅行社往往采取全陪和地陪合一的导游体制,即指派的导游承担全陪和地陪双重任务,称为段陪。

三、导游员的技术等级

导游员的技术等级分为初级导游员、中级导游员、高级导游员和特级导游员。

(一)初级导游员

获导游员资格证书一年后,就技能、业绩和资历对其进行考核,合格者自动成为初级导游员。

(二)中级导游员

获初级导游员资格两年以上,业绩明显,考核、考试合格者晋升为中级导游员。他们是旅行社的业务骨干。

(三)高级导游员

取得中级导游员资格四年以上,业绩突出,水平较高,在国内外同行和旅行商中有一定影响,考核、考试合格者晋升为高级导游员。

(四)特级导游员

取得高级导游员资格五年以上,业绩优异,有突出贡献,有高水平的科研成果,在国内外同行和旅行商中有较大影响,经考核合格者晋升为特级导游员。

四、导游服务的范围

导游服务的领域就是导游服务的范围。从时间上说,一般说来它包括旅游者自抵达之日起至离开最后一站为止所需要的各种服务。但是,有些旅游者在离站时还遗留一些事宜,需导游员继续为其提供后续服务。从服务的类别上说,导游服务包括向导服务、讲解服务、翻译服务、旅行生活服务、安全服务、信息服务和咨询服务以及其他服务。

(一)向导服务

向导原意为引路或引路的人。在古代的旅行中,向导主要起指引道路的作用。在现代旅游中,向导服务则主要起带领旅游者旅行和参观游览的作用。导游员要做好向导服务,除了要掌握必要的旅行知识(如气象知识、交通客运知识、旅行急救知识等)外,还要熟悉各参观点、游览点的规模、地形和景观分布情况,以便设计最佳旅行路线。虽然有些参观点、游览点导游员去过几十次,甚至上百次,但对旅游者来说,很可能是第一次,或一生中的一次,因此导游员应站在旅游者的立场上,把每一次的向导服务做好。何况有一些游览点在不断推出新的项目,向导服务也有一个不断熟悉新事物、更新导游线路的问题。

(二)讲解服务

讲解服务是指导游员就旅游目的地国家或地区的情况以及参观游览的景区、景点的情况与相关知识向旅游者进行的介绍和解说。它是导游服务中的一项主要工作。讲解服务可分为面上讲解、线上讲解、点上讲解和即兴讲解四种。

1. 面上讲解

面上讲解又称概况介绍,即介绍旅游目的地国家或地区的历史、地理、人口、文化、社会以及经济、政治等概况,目的是使旅游者对旅游目的地国家或地区有一个初步的概略性了解,也为其他的讲解和某些旅游者对某些问题的进一步了解奠定基础。面上的讲解比较枯燥,可分次、分段进行。讲解时,应针对旅游者的兴趣与喜好,因时、因人而异。

2. 线上讲解

线上讲解又称途中讲解,即对行车时沿途的人、事和景物的解说。一方面,它可以增加旅游者对沿途所见所闻事物的了解,满足旅游者追新猎奇的心理;另一方面,又可进一步丰富和深化旅游者对旅游目的地的知识和认识。线上讲解要收到好的效果,不能单纯就事论事,而要以点带面的解说。例如,车行上海外滩时,除了介绍外滩的各主要建筑物及其现时用途外,应将解说引申到新中国成立前的外滩和今天外滩的比较上,这样不仅会给旅游者留下难以忘怀的记忆,而且也给旅游者留下了思考的空间。

3. 点上讲解

点上讲解是指参观游览景点时的导游讲解。讲解的内容包括景点的历史背景、主要特色、所处地位和现时价值等。讲解中,除了讲述重点内容外,还应介绍与景点特色相关的知识,以引导旅游者观赏。例如,游览江南园林时,除讲述该园林的主要内容外,还可根据旅游者的情况适当介绍中国园林建造的有关知识,如在我国传统的园林建造中如何将山、水、建筑、花木四大要素进行分隔构造,使之师法自然、融于自然、顺应自然、表现自然,体现古代中华民族的文化传统——"天人合一"的艺术风格。此外,景点讲解还可介绍有关景物的保护或环境保护所采取的措施。要注意的是,景点讲解应根据旅游者的不同情况,繁简适度。

4. 即兴讲解

即兴讲解又称应答讲解。一般是在旅游者提出话题或问题时,导游员顺势进行的应对。应对中可根据旅游者的需要进一步延伸和发挥。讲解的内容必须是健康的,讲解中涉及的不同观点可以互相保留。即兴讲解的特点是:第一,它是无定式的,即讲解的问题是由旅游者提出的,问题的范围可能涉及面较广,有可能是具体的人、物或事情,如某些伟人、名人、特产、商品、节庆、习俗等,也可能是涉及政治、经济、法律和政策方面的诸如人口问题、环保问题、失业问题、教育问题、青少年犯罪问题乃至台湾问题和一些国际热点问题等;第二,它是随机性的,即导游员可能毫无准备,并且有些问题的应答可能难度较大。因此,即兴讲解不仅需要导游员平时注意搜集和积累广博的知识,熟悉党和国家的有关方针政策,而且还需要导游员具有灵活机敏的应对能力。

总之,面上讲解、线上讲解、点上讲解和即兴讲解构成了导游讲解一个完整的体系。它们的关系是:面上讲解为旅游者了解旅游目的地国家或地区奠定一定基础,线上讲解进一步增进旅游者对目的地的了解,点上讲解是丰富旅游者关于目的地历史文化知识的主体,即兴讲解则对旅游者关于目的地有关知识起补充和深化作用。

(三) 翻译服务

翻译服务有时也是导游服务的内容之一,特别是在接待有语言障碍或专业性较强的旅游者时常有发生。导游服务中的翻译服务主要是口译,即将一种语言的意义在口头上用另一种语言表达出来。它包括方言与普通话、方言与方言、古代语与现代语、外语与中文的翻译。对于导游员来说,做好口译服务最重要的是如实、准确,即将一种语言的含义准确地用另一种语言表达出来。

(四) 旅行生活服务

旅行生活服务又称旅途生活照料,是指适应旅游者在旅游过程中的各种旅行生活需要而提供的服务。它既包括旅游者旅行需要的各种服务,如接送服务、行李服务、票证服务等,又包括人们日常的生活服务,如住宿服务、饮食服务、娱乐服务、购物服务等。旅行生活服务也是导游服务的重要内容之一。做好旅行生活服务不仅关系到旅游者的生理需要,为其旅游活动的顺利进行创造条件,而且也是整个旅游活动的必要组成部分。当然,在提供这些服务时,有的需要导游员身体力行,有的只需进行安排和照料。

(五)安全服务

安全服务是为旅游者在旅游过程中提供人身和财物安全保障的服务。虽然按照国家规定,旅行社要为旅游者旅行期间购买意外保险,然而旅游者的人身和财物一旦出了事故不仅对旅游者造成了损失,而且会影响旅游目的地和旅行社的形象以及旅游活动的顺利进行。因此,导游员在带领旅游者旅游的过程中,如何防止意外事故的发生,确保其人身和财物的安全也是导游服务的重要组成部分。安全服务包括预防性服务、防范性服务、急救性服务和善后服务。

1. 预防性服务

预防性服务是指在旅游者的人身和财物安全未出现意外之前进行的劝告。在旅游过程中,导游员要经常提醒旅游者注重安全,随身携带和保管好自己的物品。如下榻饭店时,提醒旅游者将贵重物品存放在前厅服务台保险柜,不要将房号随便告诉陌生人,不要让陌生人或自称饭店的维修人员随便进入房间;参观游览时要提醒旅游者带好随身钱物,雨雪天走路时注意路滑,到热闹、拥挤的场所或购物时注意保管好钱包和提包;离开时要反复告诫旅游者仔细检查是否有物品、证件遗忘在饭店等。

2. 防范性服务

防范性服务是指导游员为确保旅游者人身和财物安全进行的必要防备。在导游服务中,导游员要有安全防范意识,确保行车和参观游览中旅游者的安全,如提醒司机不要饮酒,阻止司机酒后开车,阻止非本车司机开车;提醒司机不要超速行驶,遇上天气不好、交通拥挤、路况不好等情况要注意安全,谨慎驾驶;遇有途中拦车者不要停车,不要让陌生人搭车;到达游览参观点时,待旅游者下车后,要关好车窗、车门;游览时,要经常留心旅游者的动向和观察周围情况,防止旅游者走失和不测事情的发生。

3. 急救性服务

急救性服务是指在参观游览过程中旅游者突然患病或受伤所进行的急救和护理。俗话说,"不怕一万,就怕万一"。在导游服务中,导游员学习和掌握一些急救和护理知识十分必要。例如,旅游者心脏病猝发时,切忌将其抬着或背着送医院,而应将其头部略垫高就地平躺,然后请领队或其他旅游者在其口袋中寻找备用药品让其服下,或找医生前来救治;旅游者发生骨折,应先替其止血、包扎和上夹板,然后送往医院救治等。

4.善后服务

善后服务是指旅游者的人身或财物发生意外之后所进行的处理和处置。一旦意外发生,导游员应立即报告旅行社,根据领导的意见或协助领导和有关方面进行妥善处理。

(六)信息服务

信息服务是指导游员在旅游过程中向旅游者提供或应旅游者要求提供的有关信息。在当今信息时代,人们对于信息的关心是必然的,尤其是出门在外,日程安排较紧的情况下,了解信息的心情更加迫切。导游员向旅游者提供的信息主要有两个方面,一是与旅游有关的信息,如当日或次日旅游活动的具体安排、当日天气预报、时差等;二是旅游者关心的有关信息,如国内外重大新闻、股市行情、重大体育比赛等。

(七)咨询服务

咨询服务是指导游员应旅游者要求所提供的参考意见。旅游者来自异国他乡,对旅游目的地许多情况不了解、不熟悉,因此,他们在一些自行活动时常把导游员当做可以信赖的朋友,愿意征询导游员的意见。例如,出外用餐、出外购物时请求导游员介绍餐馆、商店,购买商品时,往往也请导游员当参谋。导游员在提供咨询服务时,一要如实介绍,二要严格自律,不得同商家联合向旅游者兜售商品。

(八)其他服务

其他服务即上述七项服务中未包括的服务,如委托服务。旅游者在离开旅游目的地时,有时有些未了之事请求导游员帮其办理。例如,要求导游员帮其托运物品、转递物品、信件或资料等。

若代理托运物品,导游员要先请示社领导,经同意后应在领导指示下认真办理委托事宜:收取足额的钱款(余额在事后由旅行社退还委托者),托运单和托运收据复印后原件寄给委托人,旅行社保留复印件以备查验。

若转递的物品是食品,导游员应予婉拒;若是其他物品应弄清是否纳税物品,若是纳税物品,应告之事前纳税,若是非纳税物品,导游员应当面点清,要求旅游者书写委托书,注明物品的名称、数量、价值和转交的人或单位,由旅游者签字并留下通讯地址。办妥后,导游员应将委托书、收件人收条一并交旅行社保管。

若转递的是信件或资料,导游员也可照此办理,但是,若收件人是外国驻华使、领馆或其人员,导游员应详细了解情况后报告旅行社,由旅行社办理。

第二节 导游员的素质

一、思想品德素质

高尚的思想品德是旅游行业对其从业者的共同要求,也是导游员应具备的基本素质之一。

(一)具有爱国主义意识

爱国主义是社会主义精神文明建设的重要内容。导游员工作在旅游业的窗口岗位,代表着国家或地区旅游业的形象,在行业精神文明建设中起着重要作用。具有爱国主义意识是对导游员从业的基本要求。导游员在向旅游者提供导游服务时,要自觉维护祖国的利益和民族的尊严。在导游工作中,导游员发扬爱国主义精神首先表现在要热爱祖国、热爱人民。在导游讲解中通过向旅游者介绍祖国建设所取得的辉煌成就,加深旅游者对中国的了解。其次表现在热爱祖国的悠久历史、灿烂的文化和壮丽的山河。在游览过程中,导游员要满怀激情,通过生动的讲解,向旅游者介绍中国五千年灿烂的历史文化,并提醒旅游者在游览过程中爱护景区的一草一木。当前,要宣传中国人民正在为实现"中国梦"而努力奋斗。

(二)遵守社会公德

导游员在日常生活和导游服务中要自觉遵守社会公德,讲究文明礼貌,要养成良好的生活习惯,不随地吐痰,不在公共场所和城市禁烟区吸烟。在导游讲解中用语文明,不宣传封建迷信的东西,不讲低级庸俗的故事,不开黄色玩笑,不参与"黄、赌、毒"活动,也不带领旅游者到"黄、赌、毒"场所。

(三)遵纪守法

遵纪守法是每个公民的义务,导游员作为旅游行业的形象和代表,更应成为遵纪守法的典范。导游员不仅要遵守旅游业的法规、规章和制度,严格按照《旅游法》《旅行社管理条例》《导游员管理条例》和《导游员管理实施办法》《旅游安全管理办法》《旅游投诉暂行规定》等法规规定从事导游服务工作,而且还要遵守国家的法律、法规,在导游活动中依靠法律武器,维护旅游者和自己的权利。

(四)具有敬业精神

导游工作是一种服务性劳动,要求导游员要有尽职尽责的服务意识和无私的奉献精神。导游工作是一项既"劳心"又"劳力"的脑力劳动和体力劳动高度结合的工作,工作强度较大,没有吃苦耐劳的精神和恪尽职守的工作态度,是无法胜任导游工作的。导游员只有热爱自己的工作,刻苦钻研业务,不断进取,以高度的敬业精神对待自己的工作,才能努力为旅游者提供满意的服务。

二、知识素质

现代人才观要求人才要具有合理的知识结构。导游工作的实践表明,导游员合理的知识结构既不是"通才"式的,更不是"专才"式的,而是"T形人才"式的,即这类人才不仅要有宽广的知识面,而且还应在某一知识领域有较深的研究。

导游员的服务对象来自各行各业,虽然他们对导游员的期望有所不同,然而几乎所有的旅游者都希望导游员能够知识渊博,能够回答自己在游览过程中提出的问题。并且,导游员在导游讲解中也要涉及经济、政治、法律、文化、历史、地理、民俗、宗教等众多领域的内容。因此,导游员应具有渊博的知识和宽广的知识面,只有以丰富的知识作后盾,导游讲解才能言之有物、言之有理、言之有据,富有感染力和说服力,受到旅游者的欢迎。

另一方面,旅游者中不乏"专才",他们对导游员的期望较高,希望导游员的讲解不仅有广度,而且有深度。这种情况又要求导游员还应对与自己工作密切相关的某一专业领域有较深的研究和独到的见解。例如,我国人文旅游景观中大多为佛教寺庙,如果某位导游员对佛教文化和佛教建筑风格有较多的关注和研究,平时多积累这方面知识,并能在导游讲解中提出自己独到的观点,无疑能使讲解得以升华,旅游者也会从中得到启发。所以,导游员合理的知识结构应是博而专。具体地说,导游员应掌握以下几方面的知识:

(一)政治、经济和社会知识

在旅游活动中,旅游者特别是海外旅游者对旅游目的地国家的政治、经济和社会问题比较感兴趣,常常就这类问题发问,要求导游员给予解释。如果导游员对这类问题事先没有知识准备,就不可能给旅游者以满意的答复。因此,导游员应了解国情,熟悉国家的政治、经济体制及其改革发展方向,了解国家的人口政策、环境保护政策、少数民族政策、宗教政策等。

(二)史地、文化、民俗知识

对于具体旅游景观的讲解来说,导游员需要具备丰富的历史、地理、文化、民俗等背景知识。因为人文旅游景观大都蕴涵着丰富的文化内涵,往往和一些历史典故、民间传说、名人逸事联系起来,自然旅游景观大都与地理和风俗民情联系紧密。导游员要善于学习和积累诸如历史、地理、宗教、民俗风情、文学艺术、园林建筑等方面的知识,以便在不同景点的讲解中灵活运用,融会贯通,引古喻今,提高导游讲解水平,使旅游者从讲解中学到新的知识,得到美的享受。

(三)政策法规知识

导游员工作在旅游第一线,既代表着旅游业的形象,也代表着国家的形象。导游员在导游服务过程中遇到的许多问题,往往需要依据国家的法律、法规,特别是旅游业的法规和规章来解决和处理。所以,为了使自己的言行符合国家法律、行业法规和规章的要求,要了解和熟悉与旅游服务密切相关的国家法律法规,如《中华人民共和国合同法》《中华人民共和国消费者权益保护法》《中华人民共和国公民出境入境管理法》《中华人民共和国外国人入境出境管理法》《风景名胜区管理暂行条例》《娱乐场所管理条例》等。

(四)心理学和美学知识

导游员向旅游者提供的服务在一定意义上来说是一种心理服务。这种服务是以旅游者的心理需求为基础所提供的有针对性的服务。如果导游员能够洞察和了解旅游者在不同阶段、不同场合的心理需求,就能较好地提供令旅游者满意的服务。所以,导游员需要学习和掌握心理学知识,并能将其成功地运用于导游实践中。

旅游者外出旅游的一大目的是到异地从大自然、历史文化遗迹和民俗风情中领略美、感受美,满足其审美心理需求。导游员只有掌握一定的美学知识,才能在导游讲解和日常服务中把美的事物介绍给旅游者,使其在旅游活动中得到美的享受。

(五)旅行交通、食宿等业务知识

导游员在旅游的整个行程中,除了带领旅游者参观游览外,还要安排好旅游者的交通、食宿等旅行生活事宜,并维护旅游者的安全。为此,导游员应熟练地掌握旅游服务的各种规程和知识,如民航票务知识、出入境手续的办理、航空行李托运、铁路交通运输和公路交通运输知识以及必要的卫生防病知识、货币知识、邮电通信知识、保险知识、安全救护知识等。

(六)客源国(地区)知识

旅游者的各种旅游行为和需要是与其居住地的文化传统、生活习惯密不可分的。在旅游活动中,旅游者的价值观和生活习惯往往和旅游目的地居民以及导游员的价值观和生活习惯不尽相同,有时甚至截然不同。如果导游员不了解和不能理解这种不同地域间的文化差异,就不能很好地化解由于文化差异所引致的矛盾和冲突。所以,导游员作为联系旅游客源国(地区)和旅游目的地的文化使者,不仅应熟悉旅游目的地国家的历史、文化、民俗等情况,还应了解旅游客源国(地区)的历史、地理、文化、民族、风土人情、宗教信仰、民俗禁忌等。

三、人际交往与公关素质

导游员除了应具备上述各种知识外,还应具有导游服务必须的各种能力,即语言表达能力、导游讲解能力、人际交往能力、组织协调能力、应变能力或紧急问题处理能力等。

(一)语言表达能力

语言是导游员从事导游服务工作必备的工具。导游服务离不开导游员和旅游者间的信息交流和沟通,而信息交流和沟通主要通过语言来表达。导游服务使用的语言以口头语言和体态语言为主。前者要求语音清晰,语意清楚,语速适中,语言流畅;后者虽是一种辅助语言,但若与前者配合得恰到好处,可以起到更好的表情达意效果。语言表达能力是做好导游服务工作的基本功,需要导游员在实践中不断提炼,以打下扎实的功底,否则就会影响导游员与旅游者之间的信息交流和沟通。

(二)导游讲解能力

导游讲解能力是指将旅游目的地的景区、景点内容通过语言传递给旅游者的能力。导游讲解能力首先要以良好的语言表达能力为基础,其次还需要导游员熟知所讲解的景区、景点的各方面情况。导游讲解是导游服务的核心内容,因此导游讲解能力也是导游员应具备的各项能力中的核心能力。导游讲解要以国家的方针政策为指导,以事实为依据,全面或有重点地向旅游者进行既生动、形象,又客观、公正的介绍,不能妄自臆想和猜测。

(三)人际交往能力

导游员的服务对象是旅游者,是具有丰富感情和各种各样心理需要的人,他们的处事态度、个性特征往往差异很大。为了做好服务工作,导游员需要加强同他们的交流和沟通,讲究与不同类型旅游者接触和交往的技巧,以达到相互理解,为提供有针对性的服务创造条件。此外,在为旅游者提供服务的过程中,导游员还要同领队、其他导游员以及旅游接待单位的人员打交道,处理好与他们之间的关系。这一切都要求导游员必须掌握一定的公共关系学知识并能熟练运用,学会和不同的人接触和交往。

(四)组织协调能力

在整个旅游行程中,导游员充当着组织者和协调人的角色。每一次参观游览活动,都离不开导游员的组织以及和饭店、景点、旅行车司机等方面的协调。为使旅游活动的各个环节能够紧密衔接,旅游接待计划的内容顺利地得到实施,导游员必须具备较强的组织和协调能力。

（五）应变能力或紧急问题处理能力

在旅游活动中，免不了要遇到某些始料不及的突发事件或紧急情况，如在旅游途中遇到山体坍塌、泥石流阻塞道路，发生交通事故导致旅游者伤亡，旅游者食物中毒等，都需要导游员具有应变能力，即处理紧急问题的能力。

四、心理素质

导游服务既需要高度的智慧，又需要充沛的体力，它是一项脑体结合的工作。所以，导游员必须是一个身心健康的人。时代发展到今天，健康的概念已不仅仅局限于身体的强壮和生理上无疾病，还包括精神上的良好状态和心理上的无障碍。对于导游员来说，心理健康更为重要。导游员外出带团时，往往承担着很大的精神压力，担心不能很好地完成带团任务，担心不能得到旅游者的认同，担心领队不配合自己工作，担心带团期间家中的事务，凡此种种，都可能成为导游员的心理负担。如果导游员不能进行自我心理调适，化解或分散各种心理负担，就容易产生工作热情下降、精神委靡不振、猜忌多疑、患得患失，和旅游者关系紧张等状况，从而影响导游工作的顺利开展。

导游员的身心健康还表现在要有高尚的情操和很强的自控能力，能够自觉地抵制形形色色的诱惑和腐朽思想的污染。

第三节　导游员形象与礼仪

一、导游员形象

导游员形象是导游员内在审美观念的外在表现。导游员为了给旅游者留下良好的第一印象，应该衣着得体，站有站姿，坐有坐姿。具体要求如下：

1. 站姿

双脚要直立，肩膀要平直，胸部要挺起，腹部要收缩，头要抬起，双手要平放身体两侧或两手相叠放于腹部。

切忌一腿直、一腿弯曲，歪着身子，动来动去，驼背，摇头晃脑。

2. 坐姿

双腿并拢，腰背挺直，双手自然放置腿上或椅子扶手上，正面向前或稍偏。

3. 行姿

要求轻巧、稳重、大方、自然，上身需自然挺拔，立腰收腹，身体重心随着步伐前移；脚步要从容轻快、干净利落；目光平稳，用眼睛的余光观察，必要时可转身扭头观察旅游者。

4. 发型与口手卫生

头发须保持清洁和整齐，一般要求应该短而整齐，要经常洗头发。男性导游员头发一般发不过耳，每天要刮胡须。女性导游员应束起长发或梳理短发，发不过肩。手部清洁，手指甲须经常修剪清洗。注意口腔清洁，常备口洁素、口香薄荷糖和香味牙膏等。口腔异味者常嚼干茶叶。

脚部卫生，选择质量上乘大小合适的鞋袜，并经常保养，常洗常换，保持清洁。每天用热水浸脚，或将脚轮换地浸于冷热水中，可减轻疲劳。

上岗前忌吃生葱生蒜等有异味食物。

5. 服饰

穿戴大方、得体、清洁、卫生，男子应着衬衣、西装、打领带，女子应穿外衣、外套。

出外勤时行李简练，不带大型箱包等，便于工作。除手表和戒指外，一般不宜佩带其他饰物。

6. 化妆

女性导游员一般可化淡妆，不宜浓妆艳抹。注意时间和地点，不宜当众化妆或在异性旅游者面前化妆。

7. 健康与内在美

保持饮食正常，注意饮食营养，保证充足的睡眠。

仪态高雅大方，谈吐优美清晰，常带微笑。

切忌摇头晃肩，低头无神，步履蹒跚，不要把手插在裤袋里。

8. 目光与手势

一般应正视，视线平行接触旅游者，表示理性与平等。应给旅游者以自信、坦诚、认真、和蔼可亲感。此外还应使用环视，在行动、讲解过程中用环视观察旅游者的动向和反应，使旅游者感觉受到关注。

避免正视的时间过长，否则会变成逼视或盯视，引起误解或反感。避免眼神飘忽不定，产生心神不宁的效果。

握手时，上身要稍前倾，立正。目视对方，面带微笑。握手时要摘帽，脱掉手套，通常初次见面，握一下即可，送别握手可稍长一些。

切忌握手时另一只手插在裤袋里，边握手边拍对方肩头或点头哈腰。一般情况下不要用左手握手，多人在一起避免交叉握手。

二、导游员服务姿态规范

正确的坐姿 1

正确的坐姿 2

正确的坐姿 3

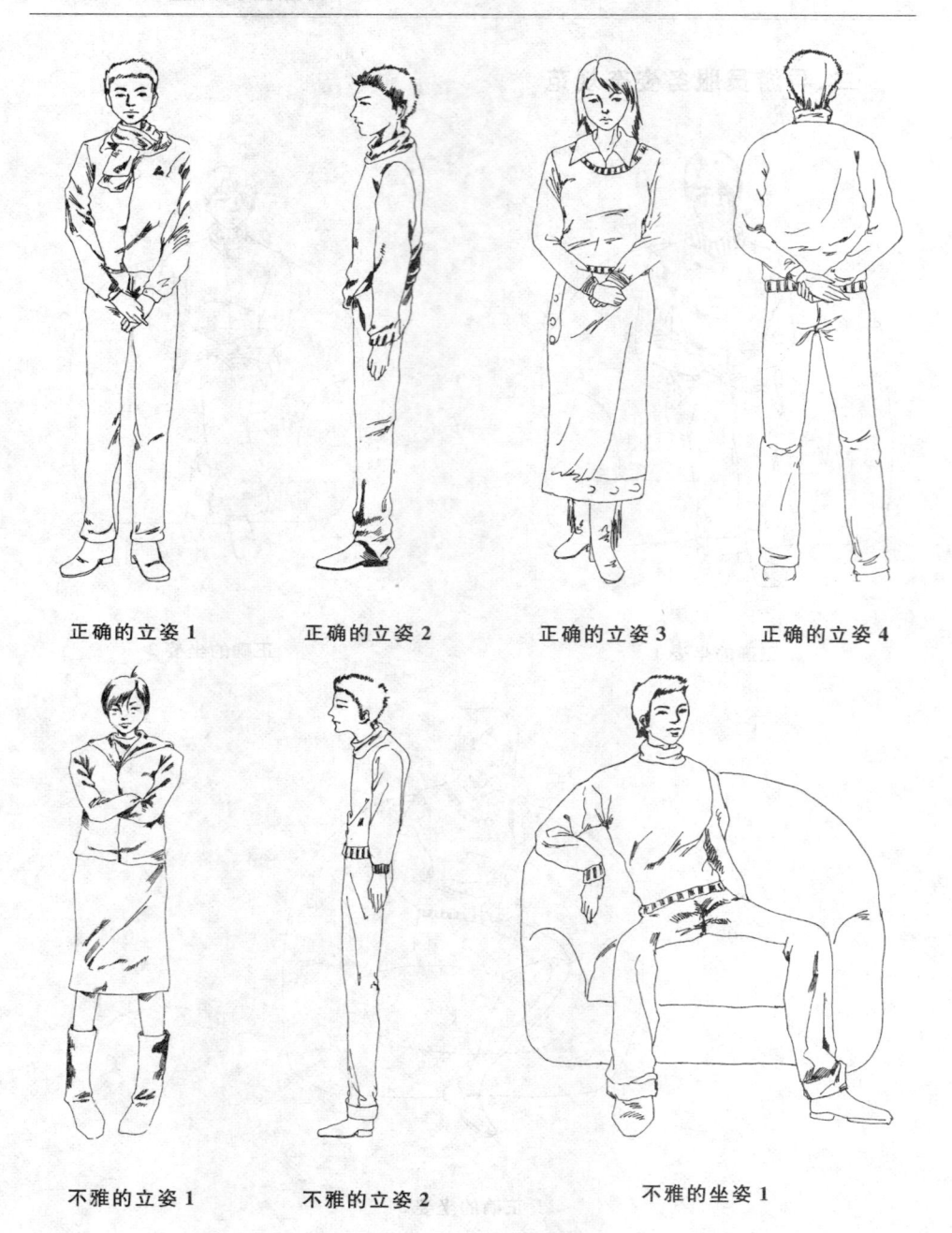

正确的立姿1 正确的立姿2 正确的立姿3 正确的立姿4

不雅的立姿1 不雅的立姿2 不雅的坐姿1

引领旅游者出电梯

引领旅游者1

引领旅游者2

第四节　导游员管理

一、导游员职业技术等级标准

导游员职业技术等级标准是考核评定导游员等级的依据。该标准由国家旅游局制定,在旅游行业中实行。根据导游员职业技术等级标准的规定,各个等级的导游员必须符合的政治思想、职业道德和身体要求是:拥护中国共产党的领导,热爱祖国,遵纪守法,忠于职守,钻研业务,宾客至上,优质服务,遵守职业道德,身心健康。

(一)初级导游员等级标准

1. 知识要求

了解我国的大政方针,熟悉与旅游有关的政策法规;掌握当地主要游览点的导游知识,了解我国主要旅游景点和线路的基本知识;了解与业务有关的我国政治、经济、历史、地理、宗教和民俗等方面的基本知识;了解有关主要客源市场的概况和习俗;掌握导游工作规范;外语导游员基本掌握一门外语,达到外语专业大学三年级水平;中文导游员掌握汉语言文学基础知识,达到高中毕业水平。

2. 技能要求

能独立完成导游接待工作;能与旅游者建立良好人际关系;能独立处理旅行中发生的一般问题;能与有关业务单位和人员合作共事;导游语言正确、通顺;外语导游员的外语表达基本正确,语音、语调较好;中文导游员的普通话表达清楚、流畅,语音、语调正确、亲切;导游体态大方得体;能准确填写业务所需的各种票据;能起草情况反映、接待简报等有关应用文。

3. 业绩要求

完成企业要求的工作,无服务质量方面的重大投诉,游客反映良好率不低于85%。

4. 学历要求

外语导游员具有外语专业大专或非外语专业本科及其以上学历,中文导游员须高中及其以上学历。

5. 资历要求

取得导游员资格证书后工作满一年。

(二)中级导游员等级标准

1. 知识要求

熟悉我国的大政方针,掌握与旅游有关的政策法规;全面掌握当地主要游览点的导游知识,了解我国主要旅游景点、线路的有关知识;掌握与业务有关的我国政治、经济、历史、地理、社会、宗教、艺术和民俗等方面的基本知识;熟悉有关主要客源市场的概况和特点;熟练掌握导游工作规范;外语导游员掌握一门外语,达到外语专业本科毕业水平,中文导游员掌握汉语言文学的有关知识,达到大专毕业水平。

2. 技能要求

能接待不同性质、类型和规模的旅行团,有比较娴熟的导游技能;能独立处理旅行中发生的疑难问题;能正确理解旅游者的服务要求,有针对性地进行导游服务;能与旅游者、有关业务单位和人员密切合作,有较强的公关能力;导游语言流畅、生动,语音、语调比较优美,讲究修辞;外语导游员的外语表达正确,中文导游员能使用标准的普通话,并能基本听懂一种常用方言(粤语、闽南话或客家话);能培训和指导初级导游员。

3. 业绩要求

工作成绩明显,为企业的业务骨干;无服务质量方面的重大投诉,游客反映良好率不低于90%。

4. 学历要求

外语导游员具有外语专业大专或非外语专业本科及其以上学历,中文导游员具有大专及其以上学历。

5. 资历要求

取得初级导游员资格两年以上。

(三)高级导游员等级标准

1. 知识要求

全面掌握我国的大政方针,熟悉与旅游有关的政策法规;全面、深入地掌握当地游览内容;熟悉我国有关的旅游线路和景点知识;有比较宽的知识面;掌握有关客源市场的重要知识及其接待服务规律;熟练掌握导游工作规范;外语导游员熟练掌握一门外语,初步掌握一门第二外语,中文导游员熟练掌握汉语言文学的有关知识,初步掌握一种常用方言(粤语、闽南话或客家话)。

2. 技能要求

有娴熟的导游技能,并有所创新,能预见并妥善处理旅行中发生的特殊疑难问题,有一定的业务研究能力,能创作内容健康、语言优美的导游词;外语导游员能用一门外语自如、准确、生动、优美地表达思想内容,并能胜任一般场合的口译工作,中文导游员能用标准的普通话和一种常用方言(粤语、闽南话或客家话)工作,语言准确、生动、形象;能培训和指导中级导游员。

3. 业绩要求

工作成绩突出;无服务质量方面的重大投诉,游客反映良好率不低于95%,在国内外同行和旅行商中有一定影响,通过优质服务能为所在企业吸引一定数量的客源,有较高水平的导游工作研究成果(论文、研究报告等)。

4. 学历要求

外语导游员具有外语专业大专或非外语专业本科及其以上学历,中文导游员具有大专及其以上学历。

5. 资历要求

取得中级导游员资格四年以上。

(四)特级导游员等级标准

1. 知识要求

对有关的方针、政策和法规有全面、深入和准确的理解;对当地游览内容有精到的认识,全面掌握我国的有关旅游线路的景点的知识;有宽广的知识面,在与业务有关的某一知识领域有较深的造诣;掌握有关客源市场的知识,全面、准确、具体地了解其特点和接待服务规律;熟练掌握导游工作规范;外语导游员精通一门外语,基本掌握一门第二外语,中文导游员掌握汉语言文学知识,基本掌握一种常用方言(粤语、闽南话或客家话)。

2. 技能要求

导游技能超群,导游艺术精湛,形成个人风格;能预见和妥善解决工作中的突发事件;能通过优质服务吸引客源;有较强的业务研究能力;有很高的语言表达能力,外语导游员能胜任旅游专业会议及其他重要场合的口译工作,中文导游员能胜任某一有关专业(如重点寺庙、古建筑或博物馆)的解说;能创作富有思想性、艺术性和立论确凿的导游词;能培训和指导高级导游员。

3. 业绩要求

职业道德高尚,工作成绩优异,有突出贡献,在国内外同行和旅行商中有较大的影响;无服务质量方面的重大投诉,游客反映良好率不低于98%;有一定数量高水平并正式发表的导游工作研究成果。

4. 学历要求

外语导游员具有外语专业大专或非外语专业本科及其以上学历,中文导游员具有大专及其以上学历。

5. 资历要求

取得高级导游员资格五年以上。

二、导游员的等级考核

国家对导游员实行等级考核制度。导游人员分为初级、中级、高级、特级四个等级。

初级导游和中级导游考核由省级旅游行政管理部门或其委托的地市级旅游行政管理部门组织评定,高级导游和特级导游由国务院旅游行政管理部门组织评定。

由省部级以上单位组织导游评比或竞赛获得最佳称号的导游员,报国务院旅游行政管理部门批准后,可晋升一级导游等级。

三、导游员的计分管理

国家对导游员实行计分管理。国务院旅游行政管理部门负责制定全国导游员计分管理政策并组织实施、监督检查。

省级旅游行政管理部门负责本行政区域内导游员计分管理的组织实施和监督检查。

所在地旅游行政管理部门在本行政区域内负责导游员计分管理的具体执行。

导游员计分办法实行年度10分制。

(一)导游员在导游活动中有下列情形之一的,扣除10分
1. 有损害国家利益和民族尊严言行的;
2. 诱导或安排旅游者参加黄、赌、毒活动项目的;
3. 有殴打或谩骂旅游者行为的;
4. 欺骗、胁迫旅游者消费的;
5. 未通过年审继续从事导游业务的;
6. 因自身原因造成旅游团重大危害和损失的。

(二)导游员在导游活动中有下列情形之一的,扣除8分
1. 拒绝、逃避检查,或者欺骗检查人员的;
2. 擅自增加或者减少旅游项目的;
3. 擅自终止导游活动的;
4. 讲解中掺杂庸俗、下流、迷信内容的;
5. 未经旅行社委派私自承揽或者以其他任何方式直接承揽导游业务的。

(三)导游员在导游活动中有下列情形之一的,扣除6分
1. 向旅游者兜售物品或购买旅游者物品的;
2. 以明示或者暗示的方式向旅游者索要小费的;
3. 因自身原因漏接漏送或误接误送旅游团的;
4. 讲解质量差或不讲解的;
5. 私自转借导游证供他人使用的;
6. 发生重大安全事故不积极配合有关部门救助的。

(四)导游员在导游活动中有下列情形之一的,扣除4分
1. 私自带人随团游览的;
2. 无故不随团活动的;
3. 在导游活动中未佩带导游证或未携带计分卡的;
4. 不尊重旅游者宗教信仰和民族风俗的。

(五)导游员在导游活动中有下列情形之一的,扣除2分
1. 未按规定时间到岗的;
2. 10人以上团队未打接待社社旗的;
3. 未携带正规接待计划的;
4. 接站未出示旅行社标识的;
5. 仪表、着装不整洁的;
6. 讲解中吸烟、吃东西的。

导游员10分分值被扣完后,由最后扣分的旅游行政执法单位暂时保留其导游证,并出具保留导游证证明,并于10日内通报导游员所在地旅游行政管理部门和登记注册单位。正在带团过程中的导游员,可持旅游执法单位出具的保留证明完成团队剩余行程。

对导游员的违法、违规行为除扣减其相应分值外,依法应予处罚的,依据有关法律给予处罚。

导游员通过年审后,年审单位应核消其遗留分值,重新输入初始分值。

四、导游员的年审管理

(一)年审的组织与管理

国家对导游员实行年度审核制度。导游员必须参加年审。

国务院旅游行政管理部门负责制定全国导游员年审工作政策,组织实施并监督检查。

省级旅游行政管理部门负责组织、指导本行政区域内导游员年审工作并监督检查。

所在地旅游行政管理部门具体负责组织实施对导游员的年审工作。

(二)年审办法与考评成绩

年审以考评为主,考评的内容应包括:当年从事导游业务情况、扣分情况、接受行政处罚情况、游客反映情况等。

考评等级为通过年审、暂缓通过年审和不予通过年审三种。

一次扣分达到10分,不予通过年审。

累计扣分达到10分的,暂缓通过年审。

一次被扣8分的,全行业通报。

一次被扣6分的,警告批评。

暂缓通过年审的,通过培训和整改后,方可重新上岗。

(三)年审培训

导游员必须参加所在地旅游行政管理部门举办的年审培训。培训时间应根

据导游业务需要灵活安排。每年累计培训时间不得少于56小时。

旅行社或导游管理业务机构应为注册的导游人员建立档案,对导游人员进行工作培训和指导,建立对导游人员工作情况的检查、考核和奖惩的内部管理机制,接受并处理对导游人员的投诉,负责对导游人员年审的初评。

实训练习(一):今日,我是导游员

专门安排一次实训课:

1. 把全班分成若干实训小组(在本课程中相对固定),每组十人左右,确定组长。

2. 按照本章第三节对导游员形象和礼仪的要求,相互检查每人的形象与礼仪操作等是否合格(女生头发超长可临时扎起),并按照下表评分。评分分为合格与不合格两等。"表现"应具体说明不合格的原因。

导游形象实训练习分项评分表

姓　名		学　号	
模拟社名		模拟职务	
	表　现		评　分
着装			
发型			
化妆			
背包			
坐姿训练			
站姿训练			
引领旅游者训练			

参考表格

学生导游训练编组表

组号_____ 社名_____

职务	姓名	家庭所在地	手机号码	微信号	任务
领队					
全陪					
全陪					
全陪					
全陪					
地陪					
地陪					
地陪					

第三章　导游语言艺术

本章提要

本章主要介绍导游语言的特点、作用,以及导游讲解方式、导游语言与讲解艺术、导游讲解的风格类型及形成等四个方面的内容。

第一节　导游语言的特点与作用

一、导游语言与讲解艺术

语言是人类特有的表情达意、交流思想、传递信息的工具。导游语言是导游行业中常用的带有职业化特点的语言表达形式,是导游服务的重要工具和手段。

朱光潜先生说过:"话说得好就会如实地达意。使听者感到舒服,发生美感,这样的话就成了艺术。"导游服务效果往往取决于导游语言的艺术。注重了语言艺术,讲解服务时旅游者兴趣盎然,忽略了语言艺术,旅游者反应平淡。因而学习和掌握导游语言艺术对做好导游至关重要。

(一)导游语言的特点

1. 现实性强

导游讲解是在现实的游览活动中展开，在景区景点现场进行，离开了景点的讲解无法产生理想的效果。有时在前往游览地的途中也作一点讲解，那只是为现场导游讲解作些铺垫。

讲解由导游员来展开，听众是现实的旅游者。讲解的方式方法要考虑到他们的兴趣和理解能力，根据旅游者的心理、性格及现场的反映、情绪，决定讲解内容的取舍，如旅游者情绪低落时采用劝诱的语言，旅游者疲劳时采用幽默风趣的语言，平时与之聊天时采用闲谈式语言等，导游语言的运用因时、因地、因人不同而有所区别。

2. 涉及领域宽

旅游观赏的对象繁多，涉及古今中外、天文地理、历史文化、建筑园林、雕塑绘画等。这些旅游景观的表象信息丰富，如自然景观中的形态特征、视觉表象等是导游讲解需要介绍的内容。旅游景观的内涵信息繁多，包括知识内涵、情感内涵和思想内涵。旅游者可以自己感受和领略景观的表象信息，他们更希望听到导游员对内涵信息的讲述。因而讲解时需要把握重点所在。

3. 表达形式美

导游员用优美的语言将旅游景观的自然美和艺术美表达出来，引导旅游者进行审美，获取美的享受。导游运用讲解语言循循善诱，指导旅游者以最佳的方式，最恰当的角度去观赏景点，娓娓道来蕴藏在景观中的历史故事、神话传说，妙趣横生地向旅游者介绍当地民俗民风、生活习惯、风味特产等。用导游语言引导旅游者发现美、认识美、欣赏美，获得美的享受，并在潜移默化中增长知识，扩大见闻。

(二)导游语言的作用

1. 通过语言传递引起旅游者的身心互动

导游语言是一种面对面的双向型信息传播，向旅游者提供信息传递，同旅游者交流思想，导游与旅游者实现双向互动。旅游者听了讲解后，发生一定的变化，如增长知识、扩大见闻、激励思想等。这些内在的变化也会反映在旅游者的神情上、言行上。导游通过察言观色、通过与旅游者的直接交流获知自己的讲解得到旅游者的肯定，会受到鼓励，继续努力。如果讲解不恰当，所讲的内容不是旅游者想知道、想了解的，旅游者可能不会认真听。相应地，导游就需要调整讲解内容，寻找易于被旅游者理解和接受的讲解方式，投其所好，以获得满意的反馈信息。导游语言艺术是一种语言技巧，导游讲解是一种融技能、灵感、审美为一体的创作过程。

2. 增进与旅游者的沟通

导游语言的有效运用,有助于融洽导游员与旅游者的关系,促进主客关系的和谐。对于初来乍到的旅游者,导游热情洋溢的欢迎辞、问候语会很快消除他们的拘谨和陌生感。当沟通不畅产生误解、隔阂时,艺术性的导游语言帮助双方摆脱困境。

3. 提高服务质量

通过畅通信息渠道,扩大所传递的信息量,使旅游者更容易获取和接收导游员传递的各种信息。通过生动形象且富有激励性的言词激发旅游者的游兴,使其产生和保持一股积极、乐观的动力,积极参与到游览活动中去,获得美的享受。

某日本旅游团自北京乘 K705 次列车到大同参观访问需乘坐 7 个多小时的夜间火车,到达大同时,由于车上休息不好,旅游者精神萎靡,游兴大减。某导游员接待该团,见此情况,没有立即进行自我介绍,而是在向旅游者问好后,非常关切同情地说:"诸位坐了 7 个多小时的火车,一定很累了吧!""的确,我国的铁路运输虽然取得了很大进步,但同贵国相比,还有相当的差距。因此,诸位到大同来旅游需乘坐较长时间的夜车,给大家带来了不便。若是乘坐贵国的新干线火车,那么从北京到大同,有两个多小时就可能足够了,那样大家不会像现在这样疲劳了。当然,我国地域辽阔,面积比贵国大得多,要实现这一愿望尚需时日。同时也需要在资金和技术上得到各国的支持和协助。在此,我真诚地希望在座的各位朋友能为中日友好,同时也为大家今后在我国旅游的方便做出贡献。谈到贡献,大家实际上已付诸行动了,你们这次来华旅游,不正是对我国旅游业的支持和贡献吗?(陶汉军等.导游服务学概论.北京:中国旅游出版社,2003)

在上例中,旅游者由于旅途奔波产生疲劳,导致情绪低落。导游员巧妙地运用导游语言,使旅游者疲惫的心情有所缓解,回到现实中,从而振作起来,投入下一阶段的游览活动。

二、导游语言的要求

导游语言是一门活的艺术,没有固定的套路,其运用效果取决于导游员主观感受与导游内容、时空环境等客观方面的情况。导游语言的基本要求是:

(一)力求正确

语言都要求正确达意,导游语言更是如此。导游语言在于引起旅游者的互动,如果使用的语言不规范,或是传播的信息不够清晰,会引起旅游者的误解,甚至产生不满的情绪。所以导游语言力求正确是十分重要的特点,也是最起码的要求。

1. 遣词造句正确

导游讲解语言要正确,首先就要考虑作为语言基本元素的字、词、句的使用是否正确,是否符合语法的规范。作为口头语言遣词造句讲究简单明了,通俗易懂,避免用晦涩、冷僻的词语。例如,在介绍苏州的私家园林时用"林荫掩映,花木扶疏、山峰崛起,亭台楼阁,错综其间"就会使旅游者费解。同时句子也不要冗长,如在介绍上海南京路时说"全长5公里的上海第一繁华大街南京路,就是在1865年之前被称为大马路",这句话显得有些冗长,让人感到费解,不如改为"南京路是上海的第一繁华大街,全长5公里,南京路路名是1865年定下的,在这以前叫作大马路"。

2. 信息有根有据,内容正确无误

导游员在讲解时所说的话要有内容、有根据、有道理,不可凭空捏造。这是考察导游讲解语言是否满足正确性要求的关键标准。导游员的讲解必须符合客观实际、以史料为基础、以科学为依据的信息,旅游者希望听到是言之有物,言之有据的知识内容,而不是"侃大山"式地胡扯一气,那些言过其实、胡编乱造的内容可能会博得旅游者一笑,但更可能的是产生负面影响,使旅游者由此不敢信任导游,甚至产生反感。

3. 艺术加工准确,引证举例恰当

导游员的导游讲解语言主要作用是传播信息,而信息传播的目的是要给旅游者带来美的享受,因此在导游讲解语言中不可避免地会进行一些艺术加工。要对旅游者负责,对自己讲解的内容负责,利用各种机会,完善讲解内容,使信息的艺术处理能满足旅游者正确的要求。

(二)生动、幽默

1. 生动

生动是指导游语言的活力和感染力,导游语言忌千篇一律,讲解贵在灵活,妙在生动。表达流畅是生动的前提,讲解不同于书面表达,讲解时尽可能一句接一句,减少较长时间的停顿,降低口头禅及语气词出现的频率,做到快而不乱,慢而不滞。语言的流畅会受思维品质、语言内容等的影响。"想得清楚,才说得明白",思维指向明确,语言表达就顺畅。导游员讲解时注意力集中,内容熟悉,讲起来就会妙语连珠,口若悬河。讲解内容的熟悉程度也很重要。我们都有这样的经验:面对熟悉的事物时,会侃侃而谈,而不太熟悉的事物,就不知道如何去讲述。所以讲解景物时,事先要对其充分地了解,对所讲的内容胸有成竹。

要敢于创新,善于变化。所谓创新就是要想人所未想,见人所未见,言人所未言,不是照搬照讲导游词的内容,而是穿插自己的收集、考察、归纳、整理的见解、体验及经历的感受,这样才能表现新鲜活泼的思想,才能吸引人、感动人。善于变化体现在很多方面,如组织导游素材的新颖角度,导游"作品"层次、结构、语言句式的变化等。例如,有的导游在讲解时,采用悬念法,让旅游者由被动听讲变为主动参与,激发其欲知下文的强烈愿望,使讲解内容在他们的脑海里留下深刻的印象,同时又使讲解过程生动而富有情趣。有的导游采取问答式的导游方法,一问一答,既有情趣,又能达到良好的导游效果。

恰当地运用修辞。修辞是对文字词句进行的修饰,使语言表达更为准确、鲜活、生动。讲解中常用的修辞手法有比喻、比拟、引用、对比、夸张等。这些修辞手法有的以熟喻生,帮助旅游者理解旅游景观的美妙,如比喻、拟人;有的渲染气氛,引导旅游者产生积极的情感反映,如夸张、排比等。恰当地运用修辞手法可使讲解语言生动活泼,富有感染力。

2. 幽默

美国的心理学家特鲁·赫伯说:"幽默是一种最有趣、最有感染力、最具有普遍意义的传递艺术。"旅游是寻找快乐的旅行,导游的语言需要幽默。它可使导游员的讲解锦上添花,使旅途充满欢笑,提高游兴。幽默是导游员与旅游者沟通的良方,可以使旅途轻松愉快,旅行欢快而难以忘怀。幽默还是一种处理问题的方法,可以稳定情绪,保持乐观;可以缓解,甚至摆脱困境;可以化干戈为玉帛。

幽默的导游语言不仅需要导游员开朗的个性特征,还需要掌握一定的技巧,运用不慎可能会变为粗俗的搞笑,达不到预期的效果。

一位导游员这样自我介绍:我姓曲,曲是弯弯曲曲的曲。虽然姓曲,实际上并不是弯弯曲曲的人,而是一位正直的人,实际上我为什么姓曲呢?我的"曲"是歌曲一歌曲二的"曲",因为我唱的歌很好听,所以取姓为"曲"。等有空时我将为大家演唱一二曲。(王连义.怎样做好导游工作.北京:中国旅游出版社,1997)

导游员利用词语的谐音和"双关"在自己的姓氏上作文章引出幽默,缩短了与旅游者的距离,与旅游者打成一片。有空闲的时候会为他们唱歌,这样又活跃了整个团队的气氛。

3. 口语化

讲解服务内容通常在背诵导游词的基础上,加上自己的理解与领悟出的内容融会贯通而形成。讲解大多数是口头语言,而导游词是书面化的导游语言。所以要将导游词口语化,将其中的专业词汇及过于修饰性的语句,转换成通俗易懂的词汇,并使讲解内容朗朗上口,富有节奏变化。

(三)巧用声音

音质是天生的,很难改变,然而,正确运用声音的技巧是每个人都可以学到的。巧妙地运用了声音的语调、音量、语速、停顿技巧,发挥声音的传情作用,可使导游讲解语言富有感染力。

1. 语调

导游讲解要用抑扬顿挫、起伏多变的声调和语调来表现与传达自己的情感。如果在讲解过程中语调平平,没有起伏,听起来缺乏生气,不能吸引旅游者的注意力。讲解随内容的变化应该有高潮,有低谷。在讲高潮部分时声音要圆润些、明亮些;在陈述低谷部分时声音深沉些,平稳些。通过语调的起伏变化,使讲解变得声情并茂。

2. 音量

音量是指声音的强与弱。怎样调节好自己声音的大小,是语言表达的又一技巧。讲解时以在场的每位旅游者都听清楚为宜,根据旅游者多少及导游地点、场合来调节声音大小。旅游者少时,音量可以小一些,在室内则要小一些,在室外讲解,音量要适当大些(必要时可借助于话筒)。

3. 语速

语速是指语流速度的快慢。如果导游员用同一种语速进行讲解,如同背书,肯定不会受旅游者的欢迎,而过快过慢的语速也不太适合导游员的言语,通常讲解的语速控制在每分钟160至200个字左右。一般来说,讲解的语速根据讲述的内容而相应变化。需要强调的事情、想引起旅游者注意的事情可放慢语速,而那些不太重要的事情、众所周知的事情则要适当加快语速。导游的语速不宜过快。语速快慢的变化,还要适合旅游者的特点,如对中青年旅游者,语速要适中,而对老年旅游者,则要注意适当放慢语速。

4. 停顿

停顿是指语音的暂时中断。这里所指的停顿,并不仅仅是言语间的自然呼吸换气,更是一种强调语义、加重感情的语音处理技巧,即所谓"声断意连"。一个导游员滔滔不绝地讲解,无法更好地吸引旅游者。如果在讲的过程中突然将话头中止,沉默下来,做一下恰到好处的停顿,能使后续的讲解收到很好的效果。注意停顿的运用可以使讲解变得流畅而富有节奏。

三、体态语言

在人们的交往过程中,手势、表情、眼神等体态语言所传递的信息约占55%,比通过语言交流传递的还多。所以正确地运用体态语言对导游员来说,是很重要的。

(一)手势

讲解时通过手臂挥动、手掌摆动和手指弯曲来传递某些信息,不仅能强调或解释讲解的内容,而且能生动地表达讲解语言使讲解生动形象,为旅游者看得见、悟得着。

手势通常是与口头导游语言等配合使用,起着辅助口头语言传递信息的作用,有助于导游员的情感表达,增强讲解服务时的表现力。

导游员很多时候都是情不自禁地打出手势,借以渲染内心的情感变化。在有意无意间感染、带动、激励旅游者。在游览过程中也常用手势指示景观的位置,引导大家观赏。单凭口头讲解,难以引起旅游者的共鸣,借助于手势使将要表达的内容变得形象生动。例如在初次相见时,在依依惜别之际,对支持者表示感谢,对成功者表示祝贺等都会借助于握手来表达情感。一切都在不言中,起到一种此时无声胜有声的效果。

在使用手势语言要把握好动作的幅度和频率。幅度过大过小都会妨碍信息的表达。适当控制使用的频率,不要给人指手划脚、手舞足蹈的感受,适当地运用手势,才会有画龙点睛的效果。

(二)表情

表情由笑容及面部动作组成。导游员的表情是其内心活动的表白,是心理状态的流露。脸色的变化可直接表达导游员的一些情感。导游员微微地点头,表示赞同的意思;导游员亲切地微笑,传递出欢迎之情;导游员脸色阴沉表示生气或愤怒;脸色苍白可能流露着紧张等。导游员的表情变化会或多或少地影响到旅游者的情绪,导游员微笑的面容会唤起旅游者良好的情绪和游兴。一个没有微笑的导游,即使讲解内容丰富,服务技能熟练,在旅游者心中仍然会觉得这是一个麻木冷酷的冰人,打消与导游员交流的念头。

1. 微笑

微笑是有感染力的。微笑意味着友善,象征着真诚,是可以超越人种和国界的,它可以帮助我们与来自不同地域的人们顺利沟通。微笑能给旅游者一种甜美的感觉,使旅游者感到亲切。当我们以微笑面对旅游者时,会让旅游者对导游产生好感;遇到麻烦时微微一笑,会缓解紧张,减少不安;产生矛盾时微笑,可化解敌意。微笑是对客服务的金钥匙,是赢得旅游者好感的最有效的手段。真诚的微笑源于良好的心境,源于心中真挚的感情。从一个导游员的微笑中可以看出他对职业情感体验的深度。

2. 面部动作

眉毛要保持自然的舒展,皱眉会流露出一种心情,让旅游者或多或少地感到心情不好,说话时不要挤眼弄眉,要给人以庄重、典雅的感觉。嘴同样可传达很多信息,如紧闭双唇,表示严肃或专心致志;噘起双唇,表示不高兴;努努嘴、撇撇嘴表示轻蔑或讨厌等。

(三)目光

"眼睛是心灵的窗户",眼睛最能吸引人,也最富有表情。眼神的接触是一种非常有效的沟通方式。老练的导游员不仅会用嘴对话,还能用眼睛交流。

在日常生活中人们总是凝视喜爱的人,同时又回避对方的眼神。遇到不太喜欢的或讨厌的人时总把眼光挪向别处。当不想说实话时,往往不敢注视对方。

导游员与旅游者交谈时以自己的眼神提供一种恰到好处的服务,即应正视对方,目光和蔼可亲,要让旅游者感到温暖;要炯炯有神,使旅游者感到值得信赖;同时应该是平和的,要让旅游者觉得舒服顺眼。

单独与旅游者交流时,注视着对方的面部,不要东张西望。导游员的眼神比较稳定,给人一种自信、认真、开诚布公之感。注意与旅游者对视的时间不宜过长,否则引起旅游者的反感或者误解。

与大家交谈时目光还需环视,以全体旅游者为观照的范围,使在场的人都没有被忽略的感觉。经常环视旅游者,环视四周,眼睛灵活移动,同时也可观察旅游者的动向和反应。

无论是面向个人还是面向全体,导游员的目光要安定有神,任何躲躲闪闪、飘忽游离的眼神都会形成交流的阻碍。

(四)姿态

姿态包括站、坐、走,它是一种可以传递信息、表达气质的体态语言。站立是举止优雅的基础,导游员要通过站立的姿势传递给旅游者一种谦逊、彬彬有礼的感觉。坐姿是导游员坐下面对旅游者的姿态。坐的时候不能东倒西歪,也不可畏手畏脚,过于拘谨。坐姿要注意表现出安详、放松,突出亲切随和的一面,让旅游者乐意接近自己。导游在开展各项活动时,需要不停走动,可以说无时不在展现出走路的姿势。导游员的步态力求给人一种轻盈雅致、庄重稳健的感觉。总之,导游员要注意自己的姿态美,以自然、端庄为标准,给旅游者一种乐观、积极、向上的总体印象。

第二节 导游讲解方式与原则

一、导游讲解方式

(一)图文声像导游

图文声像导游是由图文导游、语音导游、声像导游等无生命的设施、设备向旅游者提供静态的、被动的信息服务。反馈一般不及时、不明显,属于单项性传播类型。

导游 ⟶ 旅游者

图文声像导游的形式多样。常用的有多媒体导游解说系统、光碟(录像带)、导游丛书解说画册、导游图、解说牌示等。

1. 多媒体导游解说系统

多媒体导游解说系统是一种高科技解说方式。旅游者可以用它查询一些有关信息。多媒体导游解说系统可设置"景区简介""实景导游""特色风景""特色动植物景观""旅游交通""热线电话"等栏目。旅游者查询多媒体系统后就可以对景区有一个概貌的了解。多媒体导游解说系统能以动态的形式把景区中的美景展示给旅游者。

2. 风光光碟

将景区的自然景观、人文景观、风土人情等制成光碟(录像带),配上有关专家、权威撰写的有较强科学性和权威性的解说词。它可携带回家,不仅可以强化旅游地的形象,延长旅游者的旅游经历,而且还能成为旅游地的义务宣传员。

3. 旅游指南丛书

旅游指南丛书可以针对不同层次的旅游者编写,具有阅读、携带便利的特点。层次较低的注重其趣味性,层次较高的具备专业性内容,如生态景观、生态环境等专业介绍。

4. 景区图册与平面图

将风景区内美丽的自然景观、人文景点、有特色的动植物等拍摄下来,配上解说词、平面图做成图册,使人们能够通过观赏图册增进对风景区的向往,增进对大自然的亲切感。

5. 导游图

导游图介绍可以小至一个不大的公园,大至整个景区,图上着重表示景区所拥有的自然景观、名胜古迹及一些为旅游者服务的生活设施。导游图为旅游者提供实用的导游服务,在有限的幅面上包涵有较为丰富的旅游信息。

6. 景区标识系统

景区标识系统是指为方便旅游者提供解说牌示、方向牌示、限制牌示等各种牌示。在适当位置设立景区的全景图;在景区的入口处设置景点展望图;在景区中布置一些环境解说图示;在游览路线的起点或容易引起疑惑的分岔处标示出前方目标的名称以及行进的方向(如园内景点等),引导旅游者前往。虽然牌示的容量、篇幅有所限制,所提供的信息量不多,但因其与环境紧密结合,可以达到导向、教育和娱乐功能,还增强旅游者维护自然资源的观念。

(二)实地口语导游

实地口语导游是通过专门的导游员向旅游者提供信息传递,同旅游者交流思想、指导游览、进行讲解、传播知识。向导式的导游是一种面对面的双向型信息传播方式。

```
导游 ⇌ 旅游者
```

1. 导游员讲解是一种双向循环运动过程的传播类型

首先导游向旅游者提供包括新知识、新内容及态度、情感成分的讲解,进行信息的传递和交流。同时接受旅游者的反馈,解答他们提出的问题,通过双向沟通引起旅游者的共鸣。导游员是信息传播的主导者,例如讲解苏州园林时涉及古典建筑、园林植物、景观生态学、美学、绘画、书法、雕刻等多学科的知识,这些东西仅靠导游的一时讲解难以全盘展示给旅游者,导游员只能通过自己的讲解以及和旅游者的双向交流引导旅游者去感受园林美,通过这种双向交流以求获得双方心灵上的共鸣。

导游员讲解的对象是多种多样的,在旅游时,经常有与旅游有关的某一方面的专家。这时的双向交流可以使导游员向专家学习,提高自己的知识结构、服务技巧和服务水平。在导游员给旅游者提供讲解服务时,旅游者可以随时对导游员的讲解作出反应,导游员收到旅游者的反馈信息后,有针对性地回答问题。例如,在森林公园旅游过程中,旅游者常常希望了解一些专业性的知识,如动植物的种群分布等,导游可利用自己的专业知识进行讲解,同时还可以穿插相关的生态知识,使旅游者开阔视野、增长知识。

2. 向导式解说可以提供因人而异的个性化服务

导游员接待的旅游者千差万别,在身份、年龄、性别、职业、文化程度、生态意识等方面存在着差异。讲解时要认识到这些差异,针对不同的对象提供满足不同对象需要的个性化服务。例如对旅游景观有浓厚兴趣的旅游者多讲一些、讲得深入透彻些,对不太感兴趣的少讲一些。对于只是为了转换生活环境、度假休憩、享受自然的旅游者,导游则应该少讲一些,重点放在介绍旅游景观的观赏性,多留一些时间用于欣赏自然美景。

二、导游讲解的原则

(一)对于不同旅游者,讲解有所变化

不同的旅游者对导游讲解的要求有所不同。只有符合旅游者需求的讲解才能很好地传递信息,才能为旅游者乐意接受。那种死记硬背导游词,对各种类型的旅游者"一视同仁"的讲解,引不起共鸣;平淡的语言,枯燥的文字,不能吸引旅游者,不能激发他们的审美兴趣。旅游者是一个个特殊的个体,旅游者之间会出现相似之处,对导游讲解要求一定的规律性,但针对这些规律应进行有区别的讲解。

(二)对于不同的旅游景观,讲解有所变化

旅游观赏的对象包罗万象,对于不同的旅游景观需要选择恰当的讲解语言。对于自然景观,因其自身相对比较单一,可采用触景生情法、虚实法,穿插一些传说、趣闻、轶事等,充实讲解内容,使景观的形象变得丰满。对于人文景观,讲解的重点可放在它所具有的内涵信息上,通过表象特征引出其蕴含的思想文化和关连的历史事件及历代名人,使表象特征与内涵信息相辅相成,相映成趣。对于民俗风情,以当地的自然环境和历史发展为主线,重点讲解服饰、饮食、歌舞、民居及节日庆典等。

(三)对于不同的情境,讲解有所变化

游览开始的几天,旅游者充满好奇,处处感到新鲜,讲解的内容要丰富些,几天以后,新鲜感变淡,讲解要突出知识性。感情渲染要有所提升,注重运用讲解技巧。旅游行程快结束时,旅游者有些疲惫,思乡的情绪开始弥漫。此时讲解要穿插轻松有趣的内容,注重其参与性,多使用问答法、悬念法,吸引旅游者。

讲解时还要顾及到旅游者的游兴。在他们情绪高涨时,讲解的方法不受限制,内容可广而杂;在他们情绪平和时,讲解以重点法、虚实法为主,内容宜深而精;在他们情绪低落时,讲解以问答法、虚实法为主,内容宜少而乐。

在导游讲解中,导游员要灵活使用语言,适应不同旅游者的文化修养和审美情趣,满足他们的审美需求。如对专家、学者,讲解时要注意语言的风格,要谨慎、规范;对初访者,则要热情洋溢;对年老体弱的旅游者,讲解时力求简洁从容;对青年旅游者,应活泼流畅;对文化水平较低的旅游者,语言上要力求通俗。比如游览故宫时,面对以建筑界人士为主的旅游团,导游员除介绍故宫的概况外,还要突出讲解中国古代宫殿建筑的布局与特征,故宫的主要建筑及其建筑艺术,还应介绍重点建筑物和装饰物的象征意义等。如果能将中国的宫殿建筑与民间建筑进行比较,导游讲解的层次将大幅提高,也更能吸引旅游者。而面对以历史学者为主的旅游团,导游员就不能大讲特讲建筑艺术了,而应着重讲解故宫的历史沿革,它在中国历史上的地位、作用以及在故宫发生的重大事件。

最佳观赏点会因季节不同而有所变化,如果不顾季节、天气等变化只讲一套导游词,就显得生硬死板了。如一个旅游团到杭州西湖观光,恰巧遇上细雨蒙蒙,行车、步行、荡舟等都受到影响,有的旅游者开始发牢骚。这时导游员一定要把握旅游者的心理变化,不失时机地加以安慰。在旅游大巴即将出发时,可以这样寒暄:"亲爱的朋友们早上好,今天实在是个难得的日子,下起了丝丝细雨。俗话说:看景晴天不如阴天,阴天不如雨天,老天就是这么有眼,给我们送来了及时雨,我们就是这么幸运,因为有雨,湖被雨帘笼罩,好似与外界隔绝,大家游览其中,恍如仙境一般,那么就让我们快乐地上路,去体验一次神仙在世的美感吧。"相信旅游者定会情绪高涨,一路欢歌不断。

有一次,导游员正在豫园九曲桥旁向旅游者介绍湖心亭的建筑特点和中国民间风俗。忽然传来清脆的唢呐声,只见4名穿着民族服装的抬轿人,随着唢呐声翩翩起舞,轿内旅游者乐个不停。这位导游员明白旅游者的兴趣已经转移了,自己的讲解时间越长效果就越差,倒不如顺水推舟。于是,导游干脆领着旅游者来到花轿旁,说:"各位来宾,这就是中国古代的'的士',世界上第一辆汽车诞生时远不如它那么漂亮。"说完,他走到花轿旁,学着轿夫的姿势边跳舞边吆喝着,旅游者们哈哈大笑。事后有位旅游者拍着导游员的肩膀说:"你真了不起,简单的一席话使我们了解了中国民间风俗的一个侧面。"(周玉娟.导游讲解的灵活性.中国旅游报,2013年8月26日)

这番介绍不过数十字,用了不到十秒钟,却给旅游者留下了深刻印象,取得了较好的效果。

第三节 导游方法与技巧

导游讲解方法是导游员技能的重要体现。在导游讲解过程中,几乎每个导游都有自己的一套导游方法和技巧,现就常用的方法作些介绍。

一、概述法

概述法是指在前往景点的途中或在景点的入口处介绍景点的基本情况,如历史沿革、占地面积、景观特征、欣赏价值等,使旅游者对景点有一个整体的、初步的印象。

各位旅游者:大家好,现在我们来到的就是素有"园林之母"之称的拙政园。它与苏州留园、承德避暑山庄、北京颐和园并称为"中国四大名园"。拙政园始建于明代正德四年(1509年)。明代御史王献臣因官场失意而还乡,以大弘寺址拓建为园,借西晋潘岳《闲居赋》"拙者之为政"句意,自我解嘲,取名为"拙政园"。

拙政园与苏州其他古典园林一样,是典型的宅园合一、有宅有园的格局。整个园林分东部、中部、西部三部分,造园手法以山水并重,以水池为中心,水面占全园的五分之三,亭榭楼阁皆临水而立,倒映水中,相互映衬。

(进入兰雪堂)各位旅游者:现在从园门进去便是东花园。首先映入眼帘的是东花园的主厅"兰雪堂"。"兰雪"二字出自李白"清风洒兰雪"之句,有清香高洁、超凡脱俗之意。大家看,中间屏门上有一幅漆雕画,这就是拙政园的全景图。从图上看,拙政园分为三个部分:东部,曾取名为"归园田居",以田园风光为主;中部,称为"复园",以池岛假山取胜,也是拙政园的精华所在;西部,称为"补园",以清代建筑为主。整个园子没有明显的中轴线,也不对称,但错落有致,疏密得体,近乎自然,是苏州园林中布局最为精巧的一座。下面我就带大家从东部开始参观游览……

二、分段法

分段法是指将一处大的风景区分为前后衔接的若干部分来讲解,一般按照游览顺序进行讲解。在景区的入口处将景区的概貌作一初步的介绍,包括历史沿革、范围、大体的特色风格等;然后进入各部分,每一部分的讲解应尽量突出其个性特征,回避共性的特征,使旅游者不感到重复乏味。在讲解当前的景区时不要过多的涉及下一个景区。当这个景区的游览接近尾声时,可适当讲一点下一个景区,这样做的目的是引起旅游者对下一个景区的兴趣,这样使整个讲解一环扣一环,有一个连贯性。

游杭州西湖,开始可告诉旅游者:西湖风景区面积有50平方公里(其中西湖面积6平方公里多),有断桥残雪、平湖秋月、三潭印月、双峰插云、曲院风荷、苏堤春晓、花港观鱼、柳浪闻莺、南屏晚钟、雷峰夕照十景。然后主要分为几大块,一是湖滨区,比如西泠印社、平湖秋月、岳坟;二是湖心区,如三潭印月、苏堤春晓;三是山景,主要是飞来峰、灵隐寺;四是泉景,主要是虎跑泉、龙井、九溪。这样分段讲解,就使旅游者感到万里春光收不尽,感叹西湖"淡妆浓抹总相宜"。(潘宝明.导游业务.北京:中国商业出版社,2002)

三、虚实法

我国许多旅游景观大都有一些神话传说和民间故事,讲解时将典故、传说与眼前的景物相配合,以实为主,以虚为辅,虚实结合,使静止的景物变得鲜活起来,激起旅游者的遐想和游兴。

胜棋楼是莫愁湖公园的主要建筑,相传当年的明太祖朱元璋和中山王徐达经常来这里下棋。每次都以徐达失败而告终,朱元璋非常明白徐达的用意,是怕胜君有罪。有一天,朱元璋事先要求徐达拿出真水平来下一盘棋。结果,徐达不但胜棋,且棋局摆得十分巧妙,用棋子摆成了"万岁"两字,朱元璋由惊转喜,暗暗地佩服徐达棋艺之高超,非但认输,还将这座楼连同莫愁湖一起送给徐达以资表彰,胜棋楼由此得名。现今的"胜棋楼"匾,书法苍劲有力,是清代状元梅启照亲笔。旁有对联写道:"粉黛江山留得半湖烟雨;王侯事业都如一局棋枰。"楼上陈设古朴,中堂的南北壁分别挂有朱元璋和徐达画像及现代著名书法家书写的"钟阜开基,石城对弈"对联。堂前摆放一张专供下棋的棋桌。(钱钧.华东黄金旅游线导游词.杭州:浙江人民出版社,2000)

四、问答法

问答法是指导游员以提问和回答的方式进行讲解。利用提问调动旅游者的欣赏积极性,活跃讲解气氛,引导旅游者由被动的听讲转变为主动的探索,使旅游者真正参与的关键在于导游员提问的技巧,提出的问题要易于回答,且有利于提高他们的游览兴趣。问答法有自问自答、我问客答、客问我答三种方式。

一进入灵山胜境,我们首先看见的是一只庞然大手,这只大手的外形轮廓和尺寸大小,与后面灵山大佛的右手完全一样。这只大手,高11.7米,宽5.5米,手指直径达1米,掌心法轮直径为2米,此手的重量为13吨,称其为"天下第一掌",毫不过分。

为什么要在这里复制这只大佛的巨手呢?原因有二:一是为了满足旅游者和信众的需要,即"摸佛手有灵气,抱佛脚有福气",不信?您可以试一试。二是为了衬托88米高的灵山大佛。(江苏省旅游局.走遍江苏.北京:中国林业出版社,2001)

五、类比法

类比法是指在讲解旅游者比较陌生的景观时,将其与旅游者熟悉的事物进行比较,以熟喻生,类比旁通,便于旅游者理解和欣赏的导游讲解法。

南京路是上海的第一繁华街,和东京的银座一样给人一种人声鼎沸的感觉。南京路在和平饭店的北楼和南楼之间向西延伸,全长5公里。南京路路名是1865年定下的。(王连义.怎样做好导游工作.北京:中国旅游出版社,1997)

六、悬念法

在导游中,根据不同的情况,有意识地创设一些情境,提出问题后不急于回答,充分渲染却又引而不发,引起旅游者注意后,在后面的讲解中逐步给出答案。

这种方法的运用要特别注意悬念的设计,在提出悬念后做适当的停顿,故意卖个关子,让旅游者思考后再给出答案。

一位导游在讲解虎丘塔的建造年代时说:"虎丘塔究竟有多少年呢,九百年还是几千年?说法一直不一致。这事直到50年代初才弄清楚。"导游员停了下来,大家在想,是怎样搞清楚的呢?"有一次,建筑工人在加固塔基的时候,他们在塔内一个窟窿里,发现了一个石头箱子"。导游员又停了下来,然后说:"工人们把它搬出来,打开一看,里面还有一个木头小箱子,大概有这么大……"导游员比划着,"再把小木箱打开,里面有包东西,是用刺绣的丝织品包着的,解开一看,是一包佛经,取出这包东西,只见箱底写着年代,你们猜是什么年代?"旅游者纷纷猜测,过了一会儿,导游说:"是中国北宋建隆二年,也就是公元961年。由此可见,虎丘塔距今正好是一千多年的历史,而苏州的丝绸刺绣工艺至少也有上千年的历史。"(魏星.实用导游语言艺术.北京:中国旅游出版社,1993)

七、重点法

讲解时不是面面俱到,而是突出某一方面进行讲解,使主题思想更加明确。通常选择最有代表性的内容、旅游者最感兴趣的内容、与众不同的内容及"……之最"的内容作为重点。除此之外的非重点部分讲解时一定要简略,否则无法突出重点。

……现在我们去参观北京天坛的回音壁和三音石,它和刚才我们说的天心石合称为"天坛三大声学现象"。回音壁就是皇穹宇的外墙,围墙建造的磨砖对缝,十分的平滑,是很好的声音载体,可以传声,在传递途中对声音损失极小,只要对着墙说话,就算相隔四五十米,见不到面,都可以清晰地听到对方说话。而三音石则是皇穹宇大殿正前方的三块石头,您站在第一块石头上拍手可以听到一次回音,第二块石头可以听到两次,而第三块就可以听到三次回音,所以称为三音石。

八、渗透法

在讲解景物时,穿插介绍与此相关的背景知识,这些知识与景物有或多或少的关联。穿插讲解时注意把握好时机。

大家现在看到的这个高大的牌坊叫做"太和元气坊"。它是明代的建筑,是由华山西岳庙移过来的,采用的是四柱三檐的建筑格局。上面的这些彩画是和玺彩画。中国古代等级制度森严，彩画也是有等级的。最高的等级是和玺彩画，另外还有旋子彩画和苏式彩画。大家眼前看到的这两个半圆形的水池是孔庙特有的建筑。按照古代制度，国家级孔庙内的水池为圆形，叫"辟雍"；地方级孔庙内的水池为半圆形，叫做"泮池"。"泮"是三滴水加个一半的半。汉字讲究象形，"泮"就是半个水池。孔子提倡学无止境，学问永远没有满的时候，就像这水池，永远也不可能成为满圆形的。

九、引用法

引用法是指引用旅游者本国或本地的谚语、俗语、俚语、格言等进行讲解。它可以增强讲解的生动性，而且言简意赅，能起到以一当十的作用。

一位导游员带日本旅行团游览苏州拙政园，当旅游者们走过石桥之后，就问他们是否忘记了过桥的一道手续，旅游者们一时不知其解，于是导游员说："贵国不是有句叫做'敲打一下石桥，证实其坚固后再走过去'的俗语吗？刚才各位虽然忘记了'敲打'，居然也平安地过来了，这说明中国的石桥比日本的石桥坚实，无须'敲打'，就能平安地走过。"这位导游引用了日本的俗语，借题发挥，取得了意想不到的效果。（魏星．实用导游语言艺术．北京：中国旅游出版社，1993）

十、形象法

形象法是指运用形象化的语言来介绍景物，把抽象变为具体，把无形变为有形的一种讲解方法。

苏州城内园林美，城外青山更有趣。那一座座山头活脱脱像一头头猛兽，灵岩山像伏地的大象，天平山像金钱豹，金山像卧龙，虎丘山犹如蹲伏的猛虎，狮子山的模样活似回头望虎丘的狮子，那是苏州一景，名叫狮子回头望虎丘。（陈永发．导游学概论．上海：上海三联书店，1999）

十一、触景生情法

触景生情法是指见物生情、借题发挥的讲解方法，见到景物后，不单纯述说景物本身，而是由此景引申到彼景，借题发挥，利用所见景物制造意境，适当地抒发感慨和议论，从而使旅游者产生联想，领略到其中的妙趣。

这个广场是太和殿广场，面积达3万平方米。整个广场无一草一木，空旷宁静，给人以森严肃穆的感觉……为什么要建这么大的广场呢？那是为了让人们感觉到太和殿的雄伟壮观。站在下面向前望去：蓝天之下，黄瓦生辉。层层石台,如同白云,加上香烟缭绕,整个太和殿好像天上仙境一样。举行大典时,殿内的珐琅仙鹤盘上点蜡烛,香亭、香炉烧檀香,露台上的铜炉、龟、鹤燃松柏枝,殿前两侧廊香烟缭绕,全场鸦雀无声。皇帝登上宝座时,鼓乐齐鸣,文武大臣按品级跪伏在广场,仰望着云中楼阁山呼万岁,以显示皇帝无上权威和尊严。清朝末代皇帝溥仪1908年底登基时,年仅3岁,由他父亲摄政王载沣把他抱扶到宝座上。当大典开始时,突然鼓乐齐鸣,吓得小皇帝哭闹不止,嚷着要回家去。载沣急得满头大汗,只好哄着小皇帝说:"别哭,别哭,快完了,快完了,快完了!"大臣们认为此话不吉祥,说来也巧,3年后清朝果真就灭亡了,从而结束了我国2000多年的封建帝制。(国家旅游局.走遍中国——中国优秀导游词精选·综合篇.北京:中国旅游出版社,1997)

十二、画龙点睛法

用凝炼的词语概括出游览景点的独特之处,给旅游者留下深刻印象的讲解方法即画龙点睛法。旅游者观赏了景物,听了导游员的讲解,一般都会有一些个人的见地。此时导游可再作适当的概括总结,以简练的语言,点出景物的精华所在,帮助旅游者领悟其中的奥妙,以获得更高层次的审美享受。

游览苏州园林后,旅游者可能会对中国园林大加赞赏,这时导游员可指点出,在中国古代园林的造园艺术可用"抑、透、添、夹、对、借、障、框、漏"九个字概括,并帮助旅游者回忆在狮子林、拙政园、网师园中所见到的相应景观,这种做法会起到画龙点睛的作用。(本书编写组.导游服务技能.北京:中国旅游出版社,2007)

第四节 导游讲解风格

导游工作,包括服务和讲解两个部分。导游服务是技能的掌握,技巧的运用。导游讲解是艺术。艺术有风格流派的差异。导游员一般都具有自己的语言风格,一个导游员的遣词造句、语言技巧不可能同别人完全一样,加上在工作中不断地探索积累,会逐渐形成自己的导游讲解风格。导游员因为性格、年龄、学识、工作态度、工作对象之别而形成服务型、文化型、轻松型三大类别。

一、导游讲解的风格类型

（一）服务型导游

这类导游员专业知识熟悉，服务技巧高，对待旅游者真诚热情，善于处理旅游过程中出现的各种问题，特别善于代表旅行社协调与接待单位的关系。这类导游员最大的特点是对待旅游者耐心热情、服务周到，在旅游者面前树立了真诚、可信赖的形象。

为旅游者服务是导游最基本的职责，因此在导游中服务型的导游占了大多数，只要是一个成功的导游必然具备服务型这方面特征。下面一段简洁朴实的导游词，通常为服务型导游所爱用。

女士们，先生们：

欢迎各位来到苏州，我叫林云，来自××国际旅行社，是各位参观这座古老而又美丽的城市期间的导游。请允许我介绍我的同事，这是王先生，我们的司机，他的车号是苏 E56789，王师傅驾技高超，特别注意安全，各位可以放心乘坐。大家在旅行中有什么需求，请随时告诉我，不要有顾虑，任何事情都行。我的职责就是为大家的旅行铺平道路。为了使各位的旅行愉快，我将竭诚为大家服务。

（二）轻松型导游

这类导游员大多比较年轻，性格活泼开朗，语言幽默诙谐，谈笑风生，趣味多变。他们大多怀一技之长，或能歌善舞，或插科打诨，或南腔北调。平时注意收集风趣的传说、动人的故事、民俗民风中有趣的情节等生动的素材，将此穿插到景点景物介绍中，使讲解生动活泼，绘声绘色。他们善于调节旅游者的情绪，能赢得旅游者的笑声和掌声。旅游者易疲劳，较枯燥，需要调剂氛围时是车上他们发挥特长的最佳场所。他们能把握幽默与玩笑的分寸，不致过分，同时轻松而不肤浅，活泼而不油滑。在面对一些难解的问题时，他们往往能运用幽默的语言来达到比较好的效果。

导游讲解中的幽默基于主观上导游的修养、机智以及客观上讲解的情境与对象。它首先要求导游自身具备一定的学识和修养，这是导游讲解幽默产生的土壤；其次，导游的机智与讲解情境是紧密相关的，能触发灵感的情境往往转瞬即逝，这就需要导游反应灵敏，马上融入到讲解之中。至于讲解的对象——旅游者，则是幽默的感知者和评判者，是否幽默完全决定于旅游者的认识、感受和共鸣程度，同样的讲解面对不一样的旅游者，其效果是不一样的，所以要注意不能生搬硬套。

有一回我带了一个美国旅游团，当我正在车上做沿途讲解时，迎面驶来一辆农用车,车顶上堆放着几十只活的鸭子。客人都感到很好奇,纷纷要求司机减速以便拍照。我马上中断了原来的话题,告诉客人这些鸭子应该是运送到城里的菜市场卖的。说完,我灵机一动,问了一个问题:"Do you know why they sit on the top of the bus?"(你们知道鸭子为什么坐在车顶上吗?)客人都说不知道,然后我给出了答案:"Because they didn't buy tickets."(因为它们没买车票),客人哄堂大笑。其实,这一问一答从内容看似乎并没有好笑之处。但是,在当时的场合,却很好地呼应了客人们的好奇心,所以才会有客人的笑声。从中断正常的讲解、到对运送鸭子的简短介绍、再到最后的一问一答,中间我没有丝毫停顿,幽默与欢笑相伴而至。不过,假如换一个场合,比如客人没有表现出浓厚的兴趣,或者带的是国内旅游者,这样的一问一答就不那么合适了,也不会起到相同的效果。(赖建青.导游讲解中的幽默.中国旅游报,2012年5月28日)

(三)文化型导游

文化型导游具有较为广博的知识,用通俗的语言将景点景物的解说与辅助知识结合,讲解具有一定的深度和广度。这类导游员善于把深层次的文化内涵传递给旅游者,要激发他们与过去对同类景点的体验与认识做比较,从而体验出新的感受,获得新的认识,使审美主体旅游者与审美客体旅游景观之间产生新的联系,激发旅游者联想、共鸣,从而使导游与旅游者对所介绍的景观达到共同的体验或共识,从而共同享受中华文化的神奇奥秘、博大精深。

我们走上了神道石像路。请看路中间,从东向西依次排列着的石兽,它们分别是狮子、獬豸、骆驼、大象、麒麟和马。每种石兽4只,共24只,分为两组,一立一蹲,南北相对。狮子是百兽之王;獬豸称为法兽;骆驼俗称沙漠之舟;大象是周边国家奉献的贡物;麒麟是祥瑞之物,可以上天;而马比较驯良,可供主人在地上行走。神道上安置这些石兽,意图有这样几点:为了纪念朱元璋的功德,使谒陵的人感到死者的威严和国家的太平富强;祈望镇妖避邪,以保护陵墓。古代帝王陵墓的神道形式,往往是主人生前宫城御道的再现,就像皇帝出行卤簿仪仗一样,威武雄壮。

石兽设置有蹲有立,体现了建陵者匠心独具。有的朋友说,这些石兽是给皇陵站岗的,站累了蹲着休息,这样好轮流替换。这也许算是一种猜想吧。但是,从景观的美学角度看,石兽有蹲有立,姿态各异,衬以苍山远树,越显出肃穆而庄严。石兽的排列,随地势的转折起伏,错落有致,体现出空间分布的节奏和韵律感,成为一种无声的音乐。(江苏省旅游局.走遍江苏.北京:中国林业出版社,2001)

当然,上述这些只是对典型的导游讲解风格进行论述,在日常导游过程中,有的导游近似于某一种风格,有的兼有两种风格等,每个导游都会有一些个人的独到之处。

二、影响导游讲解风格的原因

(一)旅游景观

旅游景观一般可分为自然景观、人文景观两大类。自然景观多为自然天成，不加雕饰，以其客观存在的形态唤起旅游者的美感。人文景观的审美特征在于其内在的意蕴也就是沉淀凝聚在其中的深刻而丰富的历史内涵和文化底蕴。因而自然景观的讲解相对要容易些。旅游者凭借自己的感官感觉到自然界的花草树木、江河湖海、飞鸟走兽各具神情，充满生机。导游员通常只要做一般介绍和线路引导。游览黄山时，旅游者已陶醉在千峰竞秀、万壑腾烟的黄山奇景之中，用太多的语言描述反而是一种画蛇添足。而历史人文景观则要求导游员在尽可能短的时间内，用最简捷的语言，引起旅游者的视觉联想，将旅游者带到直观视觉以外的时间与空间。西安的兵马俑博物馆展示的只是一个个真人真马大小的陶俑，通过导游的讲解引导旅游者去感受威严雄壮、严阵以待的气势，以及在气势磅礴的兵马俑的背后，凝聚着"秦王扫六合，虎视何雄哉"的精神。

人文景观的讲解所需的知识面广，专业性强，讲解的时间可长可短，内容可繁可简，最能反映出导游的讲解特点和艺术风格。旅游景观的特色也会影响到导游讲解的整体风格。例如：

广东导游夸美味，桂林导游赞山水。
新疆导游歌舞美，西安导游一张嘴。
杭州导游诗相随，上海导游多长辈。
南京导游数第一，北京导游跑断腿。

这首民间流传的民谣诙谐形象地概括出旅游景观对某一地域地导游群体整体的导游风格的影响。

粤菜选料广博，又奇又杂，笑传"不问鸟兽虫蛇，无不食之"。广东因其独特的地理、气候及历史原因，将各菜的长处兼收并蓄，使用独特的调味，烹制出具有独特地方风味的菜肴，有"食在广州"之说。所以广东的导游常常夸耀其美味佳肴。

桂林的漓江两岸奇峰罗列，绿水萦绕，青山浮水，景色奇丽，被人们深情地赞誉道："云中的神呵，雾中的仙，神姿仙态桂林的山，情一样的深呵，梦一样的美，如情似梦桂林的水……"所以桂林的导游开口不离山和水。

杭州是举世闻名的历史文化名城，我国七大古都之一，距今4700多年的"良渚文化"是杭州最早的居民遗址，有着丰富的文化沉淀，文人们游览了西湖，总要舞文弄墨，一些好的诗文便流传千古。描绘、赞美其美景的诗文浩瀚如烟海，所以杭州的导游讲解时,美文佳句,信手拈来。

上海的导游群体与其他城市相比,年龄稍长些,在导游过程中善于察言观色,讲解时顾及旅游者的反应。他们中有不少是大专院校或中学的教师出来兼职,学识较丰富,多为文化型的导游。

南京是著名的十代故都,虎踞龙盘,山环水绕,城市气势磅礴,旅游景观丰富多彩。十里秦淮,文化底蕴深厚;南京八大菜系齐全,"京苏大菜",鸭馔堪称天下第一。南京还有不少可称"第一"的资源:内外城长度均居世界第一的明代都城(内城长35千米,外城长60余千米)——应天府城,全国面积最大的古城门——中华门(中华第一门,原名聚宝门),中世纪世界七大奇观之一的琉璃宝塔——大报恩寺塔(当时世界第一塔,已不存),我国现存规模最大最完整的陵寝——中山陵(中华第一陵,陵区面积30余平方公里),鸭禽人均消费量全国最多的中华第一鸭都,等等,所以南京导游只好忙着数南京的"第一"了。

(二)旅游者

导游员要带好团,让旅游者满意而归,必须要了解旅游者的文化背景、历史传统和旅游者的心理。旅游景点的文化内涵以及旅游者经常向导游员提出的问题,影响导游员讲解的范围和深度,具有很强的导向作用。以法国旅游者为例:法国旅游者的文化层次、文化修养和艺术鉴赏力都较高,对东方文化的向往和欲望也很强烈。他们中的80%以上的人在到中国旅游之前都自觉认真地阅读过有关介绍中国文化的书籍和文章,因而他们在寻觅美、欣赏美、享受美的游览活动中提出来的有关文化方面的问题,不仅数量多,水准也往往较高。他们来中国是为了亲自感受中国文化的魅力。所以导游员不仅需要掌握大量的有关中国旅游文化背景的知识,还需要掌握法国的政治、地理、历史、科技等文化背景材料。学贯中西,才能使其导游生动、活泼、形象、融会贯通、格调高雅、引人入胜。

"人心不同,各如其面",不同的旅游者心理必然不同,有的旅游者外向,有的内向;旅游者在旅游活动中有的安静沉着,对景点细细观察;有的却性情急躁,对景点观赏粗枝大叶;有的旅游者大方诚挚,有个别的却自私虚伪。导游只有在和旅游者的接触中对其心理有所了解,才能更好地为他们服务。

(三)个人素质

旅游景观和旅游者对导游员讲解风格的形成有一定的影响。但起决定性作用的是导游员的个人素质和性格特征。

导游首先要有较高的个人素质。个人素质包括思想道德素质和文化素质。思想道德素质对导游员来说是极其重要的,在海外旅游者心目中,导游员代表的是国家,是民间大使,他们是透过导游员的思想品德和言行举止来观察了解中国;在国内旅游者心目中,导游员代表的是地区。具有良好的思想道德会推进导游员在对游客服务过程中不断进取,不断改进导游讲解的方式方法,促进导游风格的形成和完善。

现代旅游者更加趋向于对文化、知识的追求,他们出游除了消遣,还想通过旅游来增长见识、扩大阅历、获取教益。与导游员的日常交流和听导游讲解是旅游者特别是团体旅游者获取知识的主要来源,导游需要不断地提高自己、丰富自己。以渊博的知识做后盾,才能了解旅游景点的文化内涵,通过自己的感悟编写出富有情趣的导游词,讲解时才可能做到内容丰富,言之有物,深入浅出,讲得恰到好处。

(四)性格特点

性格特点在导游员身上的反映往往比其他工作更为显著。导游工作就是与人打交道,而导游本身的特殊性导致其工作的随意性和主观性。导游在外独立带领一个团队,食、住、行、游、购、娱各方面都要导游独立做主,做出妥善的安排。这种随意性和主观性是导游性格得到充分的展现机会。有的导游主观果断,凡事走在前面,处理事情果断不犹豫;有些导游开朗活泼能调动旅游者的情绪,与旅游者相处融洽;有的导游少言实干,话不多但是凡事都安排妥当,做事踏实,不马虎;有的导游热情直言,想旅游者所想,急旅游者所急,热情周到,但有时也会因为过于直言而让某些旅游者心里难以接受;有的导游踏实诚恳,做事兢兢业业,对待旅游者真心不虚伪;还有少数导游滑头虚浮,凡事不为旅游者着想,只想到自己如何赚钱,如何能轻松一点。

因此,做一个好导游,应发挥自己的性格特长和优势,扬长避短创造自己的导游风格。例如年轻的新导游在遇到尴尬的事时纯真的一笑常常能得到人们的谅解;青年导游幽默诙谐的一句玩笑可以省下很多不必要的解释;稳重成熟的中年导游常给人一种安全的感觉;雨天送上一把伞,送行李时加上一把锁,都可以释去旅游者的一些不满。因为导游毕竟不是给旅游者上课,很大程度上是与旅游者心灵的交流。用心去为旅游者服务,会自觉地结合自己的性格、特点进行探索,追求有个性的讲解风格。

二、导游风格的形成阶段

(一)学习模仿

学习模仿是新导游最初入行时的必修课。有拿着导游词去各个景区实地对照着景点强记硬背现成的导游词;有拿着导游技能书,记住在遇到突发事件时该如何处理,或学习老导游是如何处理的;还有跟老导游上团,实战学习讲解的技巧。终于有一天开始独挡一面带团,讲解时几乎是照本宣科地说导游词,其中有些深奥的、不甚了解的、轻描淡写的一带而过,或干脆略去不说,讲自己知道的,讲自己熟悉的。积累了上团的经验后,慢慢地熟能生巧,在导游词中一段一段增加上自己体会和感悟出的较为生动的内容。开始留意旅游者的心理,了解他们的喜好,在他们赞许的神情及疑惑的目光中对导游词进行取舍,对讲解内容进行筛选,逐步进入成熟定型阶段。

一名导游在以前的带团过程中,讲到"芭蕉听雨"的雅境时,旅游者经常迷惑不解,甚觉奇怪。后经细细思索,虽然略知何谓"芭蕉听雨",但要讲起它的神韵,还是不甚理解。有一次雨中带团的经历却让他顿悟。那是一个阴雨天,他带着一群旅游者到了拙政园的盆景园。讲解完后,就给旅游者一点时间自由活动。过了一会,刮起风来,大风过后竟然下起大雨。因游人不多,周围很安静,雨点声清晰可辨。雨点打在瓦楞上、大树上、盆景上、栅栏上,分别发出"滴滴答答""淅淅沥沥""劈里啪啦"不同的声音。而这声音却相当和谐,相当柔美。这时觉得这整个盆景园就像是一把琴,那雨点轻轻地打在这琴弦上,奏出优美的乐曲。进而,又感觉自己内心深处也有一把琴,那雨点又打在了他的心上。听着,听着,觉得他自己的心也随着雨点上下跳动。这时,他完全陶醉了,感觉到自己的身体已变成一个小小的分子随着那雨点在树叶上、盆景上、房顶上欢快地跳跃着。有了那次经历之后也就不难理解"芭蕉听雨"的奥妙了。在以后的带团过程中,他就能把自己亲身的感受和体会告诉旅游者,让他们也有同样的感受。

(二)成熟定型

成熟的、成功的导游必须具备以下三种能力:

1. 驾驭语言的能力

导游界有句行话,叫做"全凭导游一张嘴,调动旅游者两条腿",仔细想来此话很有道理,导游是一门学问,是一种艺术。要把话说好,说到点子上,使对方满意、乐意接受,是一件不容易的事。平日里,我们有时看到一些导游在讲解导游词时,真可谓是口若悬河、头头是道,可一旦旅游者提出疑问要求解答,就变的结结巴巴,前言不搭后语。还有的导游说话不顾场合、不看对象乱说一气,结果给旅游者留下一个很不好的印象。由此可见,导游带团成功在很大程度上就是导游语言运用的成功,有较好的语言驾驭能力非常重要,是一个导游员成功与否的重要标志。

2. 驾驭旅游者情感的能力

如果导游员能出色地驾驭语言,言辞达意,依托有限的景观,调动旅游者的感情,通过讲解使景物与旅游者的感情产生双向交流,使他们的情绪跌宕起伏,随着导游讲解一起变化。要做到这点导游自己要充满激情,否则难以感动旅游者。

3.驾驭导游技巧

导游讲解讲究技巧的灵活运用,能因人因地因时选用不同的技巧,吸引旅游者,达到联络感情,传播知识的目的。

(三)发展创新

在经过了学习模仿和成熟定型这两个阶段后,导游风格逐步发展并进入创新阶段。导游风格没有固定的模式,只要有心,进入发展创新阶段并不难。创新范围很广,大到某个学术观点,小到导游技巧、导游词。导游讲解是需要动脑筋分析的,不能盲从,需要根据景观的特色及旅游者的不同需求创作出自己的导游词,同一景点的春夏秋冬、阴晴雨雪有不同的讲解,讲出自己的见地,发展创新。不少导游员在长年的积累过程中自如地运用了许多讲解技巧,讲史时,虚实结合,穿插传说与故事,让旅游者在轻松愉快的氛围中加深印象;讲年代,参照类比,用旅游者所在国的相应年代表述;讲数字,用看得见摸得着的东西比照。这样的讲解就比课堂更为生动、有趣、印象深刻。

导游虽然不是专家,但在实践中,也可能发表比较专业的意见。拙政园中部历来种荷花,周围建筑也以荷命名,如"荷风四面""远香堂""藕香榭"。年年种荷花,近两年办荷展,硕大的荷花荷叶高出水面一米多,盖满整个池塘。一般的旅游者称赞她的美丽,可是从造园原理加以分析,从直观角度进行鉴赏,实在难以恭维。因为荷叶盖满池塘,没有水面,园中以水为景的优势丧失殆尽。那么古人种荷是怎么回事呢?那时种在缸里,缸埋在池底,出水芙蓉一支两支,"出淤泥而不染"亭亭玉立,可以想见她的美丽。(肖潜辉.特级导游论文点评.北京:中国旅游出版社,2002)

中编　导游服务实务

第四章 导游服务艺术

本章提要

　　导游服务是一门艺术。导游员的带团理念关系到工作时的情绪态度,树立正确的带团理念才会有一个很好的心态为旅游者服务。本章首先论述导游的带团理念,从把握旅游者心理、灵活安排游览内容、引导旅游者审美、注重交往技巧四个方面阐述了带团的技巧,并从提供个性服务的角度论述与旅游者相处的能力与方法。
　　本章从导游服务体系存在的客观必然性和旅游服务体系的构成论述了导游服务体系。在最后探讨导游的临场处置能力:对现场旅游投诉的处理,并列举了一些典型的案例。

第一节 导游服务体系与相互关系

一、导游服务体系存在的客观必然性

　　旅游业是一个向旅游者提供旅游产品和服务的行业。旅游产品不可能生产后储存起来,等旅游者到达后再享用。旅游产品的生产与旅游者的消费是同步的,二者是在同一个时空背景的条件下进行的。旅游服务只有当旅游者到达旅游目的地之后才实际进行。为了保证旅游者消费的需要,任何一个旅游目的地都必须具备完整的旅游服务体系,包括各种旅游企业,各级旅游机构、组织和相关部门与企事业单位。其中,导游服务不仅是这个体系中的一个重要组成部分,而且起着联接与贯通的作用。

(一)导游服务需要相关服务的支撑

旅游者消费的对象构成非常复杂,在旅游目的地的消费是旅游消费的主体,包括餐饮、住宿、交通、游览、购物、娱乐、邮电通信等方面,导游服务主要是帮助旅游者进行这些方面的消费,实现他们在旅游过程中寻求愉悦的目的。这些服务是由旅游目的地相关的服务性企业提供的。导游服务是将旅游一线的各相关企业串联起来,构成的一个相对完整的旅游服务体系。如果导游服务没有这些相关服务的支撑,难以满足旅游者多方面的旅游消费需求。

(二)导游服务独立性的特点决定需要有后方的支持

导游服务具有很强的独立性。导游服务是导游员受旅行社委派后独自带领旅游者参观游览的服务活动。导游服务的工作性质决定了导游员是在旅行社之外进行的"单兵作战";导游员独立地开展工作,处理旅游者在旅游过程中发生的有关问题。面临着旅游者多种多样和经常变化的需要,导游员的负荷十分沉重,需要后方的鼎力支持和配合。导游员带领旅游者游览工作流动性大,可能上午在一个城市,下午又飞到另一个地方。许多与旅游者旅游相关的信息无法直达导游员,必须经过一定的传输渠道。最后,在导游服务过程中,导游员还可能遇到各种类型的突发问题或旅游故障,需要多部门的协作处理。

(三)社会分工决定导游服务存在自身的服务体系

在当代,任何工作都是社会分工的一部分,社会化大生产不同于以往的手工作坊,任何产品的生产都是在分工协作基础上完成的。服务产品的生产也不例外。旅游产品的生产是旅行社将有关部门或企业生产的单项产品和各种服务进行的组合,用来满足旅游者在旅游地的一切消费需求。旅游产品的特点之一是当旅游者到旅游目的地消费时才进入实际的生产过程,即旅游者参与到旅游产品的生产过程中。导游员在帮助旅游者进行消费时也直接参与了生产过程,是整个旅游产品生产过程的一部分。旅游产品的生产需要自身的生产(服务)体系。

导游服务体系对于导游服务的有效提供起着积极的作用,它有利于导游员树立旅游产品生产的整体意识。导游员需要正确有效地引导旅游者扮演好他们的角色,鼓励并支持他们进行旅游体验,确保他们在旅游过程中获得愉悦的审美感受,使旅游产品的生产和消费过程和谐地进行。同时有利于导游员加强与其他相关部门、企业的协作观念。没有这些单位的协作,旅游产品的生产无法进行。导游员要把服务工作做好,使旅游者乘兴而来、满意而归,除了自身努力之外,在相当大的程度上取决于这些相关部门和企业提供的服务。因此,导游员应加强与它们之间的协作和信息沟通,做好相互配合和相互衔接的工作。最后,有利于强化导游员与旅行社的关系。导游员是旅行社派出的代表,开展工作需要得到旅行社的指导、支持和鼎力配合。

二、导游服务体系的构成

导游服务体系是一个完整的体系,这个体系之所以形成是缘于旅游者的需要和旅游产品的综合性。从旅游者消费方面来看,导游服务分为导游活动体系和支撑服务体系。前者是指导游进行旅游活动的体系,它包括全陪导游服务、地陪导游服务和景点导游服务等;后者是指为导游活动的顺利进行提供支持性服务的体系,它包括相关旅游接待单位提供的服务,如宾馆饭店提供的住宿服务,旅游运输部门提供的交通运输服务,文化部门提供的娱乐服务等,以及旅行社提供的后勤服务、行李服务。从旅游者参与的方面看,导游服务体系分为前台服务操作体系和后台服务辅助体系。前台服务操作体系是指直接面向旅游者服务的体系,即旅游者可以直接看得见和感受得到的服务体系,包括相关旅游接待单位的服务、导游员的服务、行李服务;后台服务辅助体系是指不直接面对旅游者而间接为其提供服务的体系,即旅游者看不到、甚至感受不到的服务部分,如旅行社后勤人员的服务、计调部门的服务和委托部门的服务等。

三、导游员与领队间的协作

全程导游员、地方导游员和旅游团领队来自三方,领队是组团社的代表,全程导游员是接待方旅行社的代表,地方导游员是地方接待旅行社的代表。他们有着共同的工作对象和任务,有各自的职责,有明确的分工。三方往往素不相识,为了共同的工作走到了一起,共同实施旅游接待计划,在事先签订的旅游合同中规定的利益和职责,是他们共事的基础。虽然分工有所不同,但只有同舟共济,彼此间鼎力相助,才能更好地完成工作任务。

(一)多与领队协商,主动争取协作

全陪、地陪及领队之间的协作十分必要,也存在着合作的条件。他们虽然代表着各自旅行社的利益,但都在为旅游者服务,为旅游者安排、落实食、住、行、游、购、娱的各项服务,执行旅游合同中制定的计划,希望通过共同的努力,组织好旅游活动,让旅游者乘兴而来,满意而归,从而提高旅游企业的信誉,使旅游事业更加兴旺发达。

领队是旅游团的领导者,遇事多与领队协商。在旅游日程、旅行生活的安排上多与领队商量。领队有权审核旅游计划实施的情况;领队熟悉旅游团成员的情况,有利于导游员了解旅游者的兴趣爱好及游览中的具体要求,从而提供有针对性的服务,掌握工作的主动权。在商定日程安排时,要征求领队的意见,如无原则分歧,要尽量考虑和采纳他的建议与要求。在旅游计划被迫更改时,导游员更要同领队进行磋商,只有得到了领队的理解和支持,旅游活动才有可能继续下去。团内的事要事先同领队商量,征求领队的意见。领队的意见不能采纳时,要解释清楚,求得领队的谅解。和领队的关系搞好了,带团会顺利很多。

(二)多给领队荣誉,调动其积极性

要搞好与领队的关系,首先导游员要尊重领队。尊重他的人格,尊重他的工作,尊重他的意见和建议。理论上领队是旅游团的领导者,而旅游团的实际领导者则是导游,一切旅游计划都是在导游员的引导下付诸实施的。因此,那些好表现的领队会有某种程度的失落感。带团过程中导游员要注意适时给领队"面子",如修改后的计划,让领队首先向全体旅游者宣布;一些可获取掌声的场合,让领队去抛头露面;要注意适当发挥领队的特长,满足其表现欲望。

(三)工作上给予支持,生活上适当照顾

领队是导游工作集体的一员,他有自己的职责范围,导游要尊重领队的工作权限。而领队远离自己国家或地区在外履行自己工作的使命,可能会遇上一些意想不到的麻烦。当他需要帮助时,导游员要助一臂之力,只有友好合作才能共同完成旅游接待任务。当然,协助与支持并不意味着导游员可以取而代之,当旅游者之间发生摩擦,发生争执时,导游员应该请领队出面调解,而不宜卷入其中,更不要议长论短。领队还是旅游者中的一员,在生活上导游员要给领队适当的照顾,提供必要的方便。在提供某些方便时要顾及旅游团成员的感受,不能造成导游员亲近领队而忽视其他成员的不良影响。

(四)坚持有理、有利、有节,避免正面冲突

与领队配合好不是一件很容易的事,尤其是那些不合作的、喜欢"找茬"的领队。在导游服务过程中,接待社的导游员与组团社的领队在某些问题上意见不一致是正常的现象,因为各自代表着不同方面的利益。既然在一起工作,就得相互协作。一旦出现意见相左的情况,接待社的导游员要主动与领队进行沟通,力求及时消除误会,避免分歧继续发展。共同工作就得反对短期行为和本位主义,导游员要尽可能地避免与领队发生正面冲突。

有的领队自恃多次带团来华,情况比较熟悉,为了自身的利益想讨好旅游者以换取他们的欢心,不考虑实际情况,出一些"新主意",提过分的要求;有的还对导游员工作过多地干涉、挑剔,甚至横加指责;有的领队出于偏见,看不起导游员。有的领队就是组团社的老板或他们的亲属,有时会向接待方旅行社提出超

出旅游合同中规定的内容的过分要求,甚至当着旅游者指责接待方服务不周,以掩盖其谋取暴利的行为。

对于这种不合作的领队,首先要争取主动,不能让对方牵着鼻子走。其次采取适当的措施,例如做好旅游者的工作,让他们明白事情的真相,力争获得他们的理解、同情及谅解。必要时,警告这种领队,并将其行为报告给他的上司,对于就是老板的领队,可采用有理、有利、有节和适当的方式与之斗争。有理,指出组团社与接待社的合作是建立在旅游合同的基础上,而领队所提的过分要求已超过合同所确定的内容;有利,是选择适当的方式及时机;有节,争辩时留有余地,使之有所领悟便适可而止,以求事后再度合作。

在与领队斗争时要不卑不亢,坚持以理服人。而不是针锋相对,更不得当着旅游者羞辱领队,而是要在适当的时候给领队台阶下。事后仍需尊重领队,不疏远、冷淡与他的关系,同先前一样遇事开诚布公与他商量。总之,通过努力带好旅游团,力争圆满地完成旅游接待任务。

第二节 导游带团理念与能力

一、导游带团的理念

导游员在同旅游团相处过程中所形成的相对稳定的认识即为带团理念。带团理念决定了导游员同旅游团相处的深浅程度,影响到导游员工作的积极主动程度。

(一)诚信待人

导游带团活动,在一定程度上也是人际交往活动。诚信是人际交往的基础,有诚意可以使旅游者放心,才会与旅游者建立融洽的关系,以诚待客才能赢得旅游者的好感。有信用可以让旅游者感到可以依赖,可能把导游员当朋友看待,他们的陌生感和戒备心理就会消除。当旅游者认定导游员会真情实意维护他们的利益后,会以合作的态度支持导游的工作。即使发生了旅游故障,旅游者也会以包容和谅解的心态来对待。

(二)宽容理解

理解旅游者,就是多从旅游者的角度来考虑问题,体谅旅游者的感受。导游只有善解人意,才会与旅游者顺畅地沟通,才会听见他们的心声。理解旅游者从某种意义上来说就是要尊重旅游者。一个善解人意的导游员应该做到宽以待人，对旅游者的懒散、不拘小节等不当之处多给予谅解和宽容。不干涉旅游者的隐私和自由。不同旅游者争输赢，要明白：当时也许胜过了旅游者，但旅行社可能因此而永远失去了一个客户。理解旅游者的理念还包括导游员在与旅游者相处时求同存异，尊重旅游者文化背景、生活习惯和价值取向，不要干涉旅游者的自由。理解旅游者也不是事事都依着旅游者，对旅游者违背法律、与旅游地风俗习惯相悖的言行，导游员要进行善意的劝导和批评。对于个别旅游者的无理取闹和故意挑衅，导游员不能一味迁就，要不失原则地加以指正或警告，必要时应报告相关部门。

（三）服务意识

导游员的职责是为全体旅游者服务。在导游服务过程中，没有实物产品，导游员的工作就是提供服务。导游员除了向旅游者提供自身的服务之外，几乎不向他们提供实物性的东西。导游需要旅游者，旅游团的每一位旅游者是导游的服务对象。旅游者是导游员和旅行社的"衣食父母"，是发展旅游业的希望所在。所以导游员要了解旅游者的心理需求，了解他们的切身感受，想旅游者之所想，急旅游者之所急，干旅游者之所需，关心旅游者，始终将他们放在心上，热情细致地帮助旅游者排忧解难。同时还要注意对旅游团的成员一视同仁地给予关照，为全体旅游者服务。如果在带团的过程中偏爱一部分旅游者而冷落另一部分旅游者，厚待一部分旅游者而忽略另一部分旅游者，会导致旅游团的关系不平衡，很多人为的矛盾会由此而产生，给导游员的工作带来不少的麻烦，这是不希望发生的。所以要不偏不倚地对待旅游者，对他们同样的热情、友好、尊重，并提供同样的服务。

（四）加以引导

旅游团是临时组成的一种松散性的团体，旅游者可能一改常态变得有些散慢、不拘小节。不同旅游者在旅游需求方面存在着较大的差异，在不同的时间、地点、环境可能会产生不同需求和问题，而且旅游者外出缺乏严密的组织性。如果不加以组织引导，旅游者各行其是，旅游团内部可能成为一盘散沙。旅游者到旅游地感觉到了一个完全陌生的世界，想知道一切，可能会存在语言的障碍，想结交朋友，但不懂得当地的风土人情，好奇、兴奋、惊讶、恍若梦境，这时导游员成为最受欢迎的人。导游员虽然是受旅游者聘用的旅游服务人员，在形式上处于被动地位，但导游员的工作是一种引导开展旅游活动的主动行为，不论带的是什么样的团，导游员就是这个团的"领导"。导游员要善于使旅游者的行为趋于一致，积极充当旅游活动的主导者，强化他们的集体观念和时间观念，让旅游者在自己的引导下集体行动，把无序的旅游团引向有序。当旅游团队出现低落情绪要及时加以调节。导游员如果不能有效控制旅游团活动的节奏和内容，主导旅游者的情绪和意向，旅游团将趋向混乱。

（五）融为一体

导游员带团是否成功体现在以下两个方面：导游内容为旅游者接受的程度和旅游者对于旅游活动的参与程度。这两个方面都要求导游员要与旅游者融为一体。一般来说，旅游者都是怀着浓厚的兴趣参加旅游活动，这为导游服务提供了良好的前提。导游员可因势利导，调动并维持旅游者的游兴，提高他们对旅游景观及导游讲解的接受能力。提高旅游者对旅游的参与程度，要在情感上真正关心旅游者，并能切实帮助他们解决一些实际问题。当旅游者在观念上和情感上都能够接纳、亲近导游员时，导游员的指令才会被旅游者乐意接受，导游员为旅游者提供的导游服务才能够得到旅游者的理解与回报。此时，导游员与旅游者之间已经不仅仅是服务者与被服务者的关系，而成为了朋友关系，这时可以出现相互支持、相互谅解的情况。

二、导游带团的技巧

要将萍水相逢的旅游团成员在旅游期间组成一个能同舟共济的临时团体，没有一定的带团技巧是不行的。

（一）把握旅游者心理

旅游者有着各自不同的文化修养、个人经历、生活背景，导致每位旅游者的心理都有其独到之处。在带团过程中要通过仔细的观察和分析把握旅游者的心理，揣摩旅游者的内心想法，开展有针对性服务。

把旅游者的个性类型做多角度的划分，不同类型旅游者的个性会导致旅游者产生不同的旅游行为表现。

1. 性别

根据性别，划分为男性旅游者和女性旅游者。

（1）女性旅游者的个性心理和行为表现主要有：

①谨慎

女性通常比较胆小，做事小心，依赖心理较重，纪律性强，与导游员之间的配合程度较高。

②好倾听

女性喜欢被动接受信息，希望导游员多讲些东西。

③情感丰富

女性感情波动往往比较大，自制力较弱，容易被导游员所讲述的故事或笑话所打动，遇到突发事件时表现较为慌乱。

(2)男性旅游者的个性心理和行为表现主要有：
①开朗
男性心胸一般比较开阔，不计较小节，无论喜忧都可以很快摆脱，一旦与导游员建立伙伴关系后就能够给予很大的帮助。
②随便
男性在生活小节、仪表、仪态等方面往往不够注重，行事言谈都很大意，也常常会疏忽一些不利因素而给导游服务增加难度。
③理智
男性自主性较强，遇事喜欢且善于独立分析和判断，受情绪影响较小，很难被导游员的三言两语打动。
④表现欲强
男性喜欢出风头，爱面子，对于参与型旅游活动的积极性很高，对被动型旅游活动则不太感兴趣。

2. 年龄
根据年龄，划分为少儿旅游者、青年旅游者、中年旅游者和老年旅游者。
(1)少儿旅游者的个性心理和行为表现主要有：
①依赖
少儿旅游者的生理、心理发育均不成熟，自理能力与自律性均不强，无论在家庭还是学校中往往处于被支配者地位，习惯于接受指示，由导游员控制其言行为主。
②好奇
少儿旅游者出游经验一般不太丰富，对于旅游目的地的方方面面都有着浓厚的兴趣，新鲜感和求知欲特别强，不会满足于导游员简单的讲解说明，但由于理解能力差，提问题非常频繁。
③受外界影响大
少儿旅游者往往不善于控制自己的言行，容易受到外来冲击的影响。这些外来冲击可能是导游员的表扬或批评，也可能是突发事件，还可能是自己与他人的矛盾冲突。一旦冲击出现，少儿旅游者的游兴会出现极大的波动，需要导游员特别注意调整。
(2)青年旅游者的个性心理和行为表现主要有：
①好表现
青年人初涉社会，极欲展示自己的能力和价值，在旅游中经常突出自己，热衷于独立性较高的旅游项目，如探险、娱乐、潜水等，希望在导游员的安排下获得足够的注意。

②冲动

青年人的自我控制能力稍弱,情绪波动大,遇事不冷静,希望导游不要过多干涉自己的行为。

③幻想

青年人对旅游的不确定性和艰苦性往往认识不足,把旅游活动和旅游目的地想象得非常美好,期望高,到了实地以后常会感到十分失望。

(3)中年旅游者的个性心理和行为表现主要有:

①持重

中年人有着很强的自制力,很少冲动行事,喜欢在进行了深入全面的思考后再采取行动,对导游服务很少直接发表评论意见,纪律性比较强。

②务实

中年人对现实利益看得很重,认真权衡利弊,谨慎处理人际关系,对外表现和内心思想常会出现不一致,也就是常说的"口是心非"。

③追求安逸

中年人对旅游的预期并不仅仅集中在活动项目上,而是对生活条件和娱乐活动的全面考察,比较计较导游服务中的微小但频繁出现的细节失误,希望通过旅游活动得到最大的放松。

(4)老年旅游者的个性心理和行为表现主要有:

①喜欢热闹

老年人比较怕孤独,在旅游过程中希望时时有人陪伴,对活泼、开朗、大方和幽默的导游员比较满意,经常主动与导游员和其他旅游服务人员交谈。

②保守

老年人容易思古怀旧,思想一般比较保守,很难接受新生事物,要求导游员在行为上要不偏不倚,在仪容上要中规中矩,在安排上要合情合理。导游员要多迎合,少抵触。

③节奏慢

出于身体状况的考虑,老年人的行动比较缓慢,难以适应大运动量和快节奏的活动安排,适合闲散舒缓的活动项目。

3.性格

根据性格,划分为内倾型旅游者和外倾型旅游者。

内倾型与外倾型的性格分类是瑞士心理学家荣格提出的,其依据是个体内心的控制点内控的人相信自己掌握着命运,具有内倾性格;外控的人相信其活动受外部力量的支配,具有外倾性格。

内倾型旅游者喜欢去熟悉的目的地,乐于选择正规的旅游设施和低活动量的旅游项目,希望全部旅游日程都能事先安排好且不要发生变化。

外倾型的旅游者追求刺激和新鲜感,盼望在旅游中获得惊喜,乐于接触不熟悉的人和事,要求旅游日程留有余地,给予他们更多的自由空间。

实际上,荣格对个性类型的划分从内倾到外倾是一个连续体,除了典型的内倾型和外倾型以外,还有大量中间类型的人。导游员要避免走极端,公平对待所有旅游者。

4.气质

根据气质,划分为稳重型旅游者、活泼型旅游者、忧郁型旅游者和急躁型旅游者。

旅游者由于受到生活地域、教育程度、家庭环境等因素的影响,会形成不同的气质,进而影响到他们对于导游讲解服务的接受能力和好恶感受。这也成为导游员对工作进行调整的依据。

(1)稳重型旅游者

稳重型旅游者通常有着较高的文化修养与社会地位,在旅游活动中钟情于欣赏文化内涵深的景观,多静少动,好思寡言,追求旅游的意境与品位。导游员应该牢牢掌握科学性原则,讲解正确,态度诚恳,尊重但不讨好他们,语言上避免轻佻浮躁,内容上适当扩大历史知识和文学知识的分量。

(2)活泼型旅游者

活泼型旅游者生性开朗乐观,喜欢集体活动和参与性强的旅游项目,偏爱风光俊秀、风格欢快的旅游景点。导游员在服务时要增强趣味性,亲切自然,平易近人,多讲故事和传说,少说理论和观点。

(3)忧郁型旅游者

忧郁型旅游者重感情而轻知识,重细节而轻整体,很多时候宁愿自己静静地欣赏而不希望导游员喋喋不休地说个不停。导游员在服务前要制定严密的工作计划,确立明确的主题,与之相处时加强感情交流,同时适当保持距离,不要过多干涉他们的活动。

(4)急躁型旅游者

顾名思义,急躁型旅游者好动不好静,好观赏不好思索,好独自活动不好集体游览。导游员要密切注意他们的动向,抓住他们的兴趣点来开展带团服务,以诱导而不是强迫的方式使其融入旅游团队的整体之中,消除他们可能带来的分离倾向。

(二)灵活安排游览内容

导游员在依据旅行社下发的日程表安排活动项目时,要根据人的生理特点及心理需求灵活机动地安排游览,做到有张有弛,使旅游者既可饱览秀丽的景色、体察风土人情,又可以补充体力、调整心绪,始终以饱满的游览热情参与整个旅游活动,不至于太疲惫,无心观赏。旅行游览要遵循"旅要速,游要缓"的原则。如果相背而行,有负名胜,还要把握好游览的顺序,景区中最精彩的景点不要放在前面,以免造成后来观赏的景点与此相形见拙,激发不了旅游者的游兴。观赏景点顺序按排力求达到有序曲、有高潮、有尾声,使旅游者游览时,审美情感有起有伏,有扬有抑,有酝酿,有回味。游览的速度也要处理得当,精华的景点停留的时间稍长些,让旅游者仔细观赏,慢慢品味,一般的景点适当加快速度。切不可出现前面的景点尽情观看,后面的景点一味催促使之走马观花地一带而过。景点尽可能兼顾到由远而近的安排,这样等到一天游览活动结束时,以最短的时间返回住处。

（三）引导旅游者审美

由于旅游者的经济状况、社会地位、民族传统、宗教信仰、个人修养、生活经历等不同而产生不同的审美意识,而且会随着时代、环境变化相应地有所改变,产生了审美差异。旅游审美是每个旅游者根据自己的审美标准对旅游景观及人的行为进行评价时产生的情感体验。旅游审美的对象非常广泛,面对自然物和自然景观所产生自然美,面对人类自身的活动和社会现象而产生生活美,面对人类创造的艺术作品而产生艺术美。这三种形态的美在旅游活动中相互交融、相互渗透、互为补充(如美的风景是自然美,一个人游览美的风景,欣赏大自然的美丽,这种赏心悦目的事情,就是生活美。而艺术家将美的风景及人的赏心悦目的事情描绘下来,那么自然美和生活美就升华为艺术美了)。自然风光中总会或多或少地包含有人们改造成自然的生活美,点缀有诗文书画的艺术美,而且旅游景观中涉及山水、园林、建筑、雕塑、绘画、饮食、风情等多个领域,可以满足不同旅游者的审美需求。

导游员自身要有较高的审美能力,又要适应不同层次旅游者的审美需求,引导他们理解和欣赏旅游景观的审美意味,丰富他们的审美感受,满足他们爱美、求美的心理需求。

旅游者外出旅游大多带着美好的愿望,希望获得美好的经历。游名山大川,看沧海变幻,观人工胜迹,赏风花雪夜,发思古幽情。旅游的实质是寻觅美、发现美、欣赏美的过程。旅游者游览时凭自己的感观,借助于以往的审美经验可以达到直觉感受性的悦耳悦目的审美境界,但能达到悦神悦志的精神升华的审美境界的人为数不多。在游览过程中需要导游员加以引导,指导旅游者从最佳的距离、最佳的方位、最佳的角度去观赏,将蕴藏在景观中的科学知识、历史传说,景观所表现的美学特征娓娓道来,激发旅游者的审美想象,起到传递美、强化美的作用。因此可以说,没有导游的旅行是不完美的旅行。

(四)注重交往技巧

导游员的服务对象是不同国籍、不同民族、不同职业、不同宗教信仰、不同性别、不同年龄、不同志趣、不同习惯和爱好的旅游者,组成十分复杂。同时导游员还要与其他行业的相关人员交往。所以必须注重交往技巧,在一个融洽的人际关系中完成旅游活动。

1. 问候

旅游期间每一天见面之初,总免不了要有适当的寒暄。通常导游员与旅游者一天之中的交往是从见面问候开始的。称呼旅游者时,一般宜用"各位团友""各位旅游者"这类既职业化又大方平和的称谓。对于专业团体可用"各位老师""各位医生",对于海外的团队可用"各位女士、各位先生",力求体现出尊重和得体。问候还伴一定的问候礼节,如致意、鞠躬、握手、合掌等,这些根据问候的场合和问候的对象不同而灵活运用。常用的问候语有"大家好""早上好""各位辛苦了"等。对来自海外的旅游者尽可能不用"你吃了吗""你去干什么"等我国传统问候语。因为他们不了解中国的习惯,会认为是侵犯别人隐私。

2. 交谈

在导游工作中,虽然讲解占用的时间最多,但用于交谈的时间也不少。交谈是增进导游员与旅游者之间相互了解、加深友谊的重要途径。为了更好地做好导游服务工作,导游员不仅自己要经常参与旅游者之间的交谈,更多的时候还要善于利用交谈的机会去活跃气氛、沟通关系、解决矛盾、打发闲暇的时间等。导游员的交谈不同于平常人们之间的兴趣主导型交谈,而更应该是一种积极切入、围绕向上、高雅、吉利的内容展开。根据交谈对象不同采用不同的措辞、运用不同的技巧。对于年长者要语气尊重,言语谦逊;对于同辈要内容扎实,言语中肯;对于晚辈要语气怜爱。谈话的时机也要注意把握,当旅游者谈兴正浓时不能戛然而止,避免让旅游者感到意犹未尽;当旅游者神情疲惫或话不投机,要见好就收。交谈时要注重营造快乐轻松的氛围,如果出现意见分歧要尽快转移话题。为做好交谈,能跟多数团友聊上几句较深入一些的或对方感兴趣的话题,导游员在平时应该多培养一些爱好,多关心一些正流行的影视娱乐、体育之类的资讯,做好知识的储备。

3. 回答

在旅游过程中为了了解旅游者的想法、要求和感受,导游员经常询问一些问题,以便根据旅游者的反馈提供有针对性的服务。导游员的提问是要抛砖引玉,引出旅游者的话。旅游者也会出于不同的动机,提出各式各样的问题,需要导游员给予回答。一般说来,旅游者提问的次数远大于导游员的提问。

在回答旅游者提问时能够正面回答的,要是非分明、毫无隐讳地给予答复,以澄清对方的疑惑和误解。回答时力求有理有据,使之具有一定说服力。

当旅游者所问的问题很难讲清楚,说得过多过细反而会使其更加疑惑。这时宜采用反问的形式,用旅游者熟悉的事物来提问,让他从中获取答案。

有时旅游者所提的问题比较刁钻、比较尖锐,回答时易陷入一种"两难境地",这时只能用曲折含蓄的语言予以回避,略加解释后,用其他话题将问题一带而过。

4. 劝说

在导游过程中,常常需要就某件事某种行为对旅游者进行劝说,或当旅游者遇到可能导致情绪低落的问题时进行安慰性劝说。要劝说成功必须以理服人并辅之以情,只有真情实意、耐心地劝说工作才有可能逐渐生效。

劝说时,可以采用沟通式。多数的旅游者是通情达理的,只要导游员态度诚恳地讲清道理、分析利弊得失,有意识、有步骤地引导,旅游者会逐渐信服。

在有的情况下直接劝说可能有损于旅游者的面子,可采用间接的迂回式劝说。导游员采用旁敲侧击的方式,用含蓄的语言和协商的口气表明自己的看法。同时,一定要注意被劝说者的感受,尊重被劝说者,还要留有台阶给对方下,否则,好心反而有可能办成坏事。

5. 道歉

在导游过程中可能因工作失误及意想不到的事,造成旅游者的不悦甚至不满。此时导游首先要想到的是息事宁人,消除旅游者的怨恨和误会,求得他们的谅解。

导游员最常用的道歉方式是微笑。中国俗语讲:伸手不打笑面人。微笑传递一种对他人和蔼、友善、真诚的信息,微笑可以对导游员和旅游者之间产生的紧张气氛起缓和作用,所以"相逢一笑泯恩仇"是颇含深意的。

在不便于直接、公开地向旅游者致歉时,导游员可以采取一种迂回的道歉方式,用实际行动间接地做出补偿。例如,旅游团对住宿的饭店周围环境表示不满,认为太吵,没法休息。导游在同旅行社或相关接待单位协商后,更换住宿场所并以向旅游者赠送纪念品、免费提供其他服务项目等方式间接向旅游者表示歉意。让旅游者感受到导游员的苦心,也使他们的心理得到补偿,这种一切尽在不言中的道歉是最具成效的。

勇于自责,用诚心诚意自责式的道歉语言使旅游者能感觉到你心有余而力不足的心情,体谅到"事出有因,情有可原",看你都这么内疚了,自然也不好意思深究。不管采用何种道歉方式,道歉首先必须是诚恳的;其次,发现了旅游者因故出现不满,及时道歉,有错即改,避免让事态扩大;最后,道歉要把握好分寸,道歉的次数不宜过多,絮絮叨叨的道歉,会使旅游者厌烦,道歉一定要掌握"深感遗憾""必须道歉"和"主动认错"三者的程度,不要言过其实。总之要让旅游者感受到导游员歉意是发自内心的。

6.拒绝

当旅游者提出一些不合理或者不可能实现的问题和要求时,导游员从情理上、从带团的操作规范上,或从旅行社的角度考虑难以满足,需要回绝。可能囿于人情义理,很难将"不"说出口。但是答应了又办不到会失信于人,结果变得更糟糕。应当运用拒绝的技巧,委婉地表达出自己的态度。

当旅游者提出某种要求时,导游员想拒绝但无法说明理由或不便说明理由时,微笑不语是最佳的选择。这样做既可避免对方难堪,又能免去因语言不周而出现的麻烦。对于实在不可能实现或无法接受的要求,需要明白清晰地回绝:先表示理解(这个环节很重要,否则旅游者会认为是导游员怕麻烦而推托),然后以自己无可奈何的理由为借口,进行拒绝。

婉言拒绝。正面拒绝难免让人不高兴,可能还会引起旅游者的反感,此时最好绕过问题间接地提醒其可能造成的不良后果,从侧面进行了拒绝。力求把对方不悦的程度尽可能地降低。

对那些有一定合理性但可能因为时间、经费或个人权限等原因无法答应的要求,可以采用委婉、模糊的语言进行推托,这样既不会使旅游者感到太失望,还留有余地。当情况发生变化,能够满足旅游者的要求时,可以给他们带来意外惊喜。同时还告之当时无法答应的具体理由,希望获得旅游者的谅解。

第三节 导游与旅游者相处的能力与方法

旅游者来自不同的地域,受其文化素养、生活环境等因素的影响会形成不尽相同的个性特征。与旅游者友好地相处,使他们能配合自己的工作顺利开展旅游活动,就要善于与他们交往。

一、了解心理变化规律

与旅游者交往的过程也是向旅游者提供心理服务的过程。所以要了解他们的心理变化的规律。

在旅游过程中旅游者在心理上会出现一些阶段性的变化特征。

当旅游者初到一地时,由于人生地不熟、生活环境发生变化会变得拘束、谨慎,甚至出现一点不安全感。他们会信赖导游,希望导游帮助他们认识眼前的这个世界,在这里获得一个愉快、舒适、难忘的经历。同时,旅游者的好奇心也会特别突出,觉得眼前的一切都是那么陌生、那么奇特、那么有趣。一些当地人司空见惯的平常事在他们看来可能无比新鲜。

当旅游者逐渐与导游员熟识并开始适应新环境后,精神上出现一种解放感。尽情地欣赏引人入胜的自然风光、历史悠久的文物古迹、绚丽多姿的民族风情。他们在精神舒展的同时行为开始变得自由散漫,个性开始展现,平时活泼的人愈发活跃,平时健忘的人可能更加丢三拉四。一些不良习气开始暴露:时间观念淡漠,旅游者内部的小摩擦不时出现,遗失、走失等意外事故发生频率有所上升。而且,对旅游活动抱有较高的期望值,可能导致他们对导游服务提出更高甚至不切实际的要求,个别旅游者还会更加挑剔,甚至苛求。

在旅游活动即将结束时,旅游者的情绪会频繁波动,开始思念家乡和亲友,考虑事情既多且乱,心理活动能力也变得复杂,主要心思都放在自己的个人事务上,无暇旁顾。

二、激发旅游者的兴趣

精神饱满、游兴很高,并不时产生新的游兴,是旅游活动顺利进行的基本条件。

旅游兴趣可分为:直接游兴和间接游兴。直接游兴是旅游景观的美学特征(山水美、建筑美、书画雕塑美、工艺美术品美等)及特定旅游活动(如漂流、攀岩等)引起的兴趣。间接游兴是由于受别人感染和影响而引起的兴趣,如受团队内其他旅游者的游览热情感染,受导游员的精彩讲解所激发等。

导游员想让旅游者游览时游兴高涨,首先自己要有激情,不要对什么东西都冷漠,一副"曾经沧海"的架势。要游览的风景区导游员可能去了无数次,但对旅游者而言,是第一次,也许还是平生唯一的一次,要使讲解富有吸引力,导游自己要被美丽的景色所感动,只有这样讲解才会生动传神,否则无异于在背导游词。其实深入其中,每个景点在朝夕黄昏、阴晴雨雪时都会有不同的美。不是缺少美,而是缺少发现美的眼睛。只要静下心,仔细观赏,定会有"众里寻他千百度,蓦然回首,那人却在灯火阑珊处"的惊喜。要调动旅游者的游兴,还需要选择最佳的角度和位置,把握观赏时机,掌握空间距离,使旅游景观的形象美、色彩美、线条美、静态美、动态美一一展现在旅游者的面前,使导游的讲解产生事半功倍的效果。

情绪在很大程度上会影响到旅游者的游兴。情绪有积极的,如愉悦、兴奋等;消极的,如郁闷、忧伤、烦恼等。如果旅游者的情绪是积极的,其游兴会高涨。

反之旅游者受某些因素的影响情绪消极,其游兴变得低落。所以导游员要进行必要的心理调适,要让旅游者知道:在旅游过程中,要使自己从现实生活中解脱出来,使牵涉利益关系的参与者变为没有功利思想的旁观者,超然物外,独立地、自由地进入审美环节,才能享受美,才会真正获得观赏旅游景观的愉悦。

三、满足旅游者的需求,提供个性服务

旅游者一般都希望导游员能平等地对待旅游团的每一个成员,对大家都一视同仁,同时又希望导游员给自己多一点关照。而导游员应该按服务规范为大家服务,满足旅游者的一般需求,又在力所能力的范围内,根据旅游者的具体情况,善于提供个性服务,满足旅游者的特殊要求。

十人十样,百人百样。个性服务要针对不同类型的旅游者提供不一样的服务。有20多年导游工作经验的日本导游专家大道寺正子在其《日本的导游工作》一书中介绍了从旅游者个性入手,提供不同的待客方式:

老好人型,其特征为:常用温和语气说话。对他们要有礼貌地相待。

猜疑型,其特征为:没有根据和证明就不相信。对他们讲话要有根据,不用模棱两可的语言。

傲慢型,其特征为:瞧不起人。对待他们要让其充分亮相后,以谦虚态度耐心说服。

腼腆型,其特征为:性格内向,说话声音小。对待他们要亲切相待,忌用粗鲁语言。

难伺候型,其特征为:爱挑毛病,板着面孔。对待他们要避免陷入争论。

唠叨型,其特征为说话啰唆,不得要领。对待他们要在不伤害其感情的前提下,耐心说服。

急躁型,其特征为:不稳重,稍许不如意就发脾气。对待他们要以沉着温和的态度相待。

嘲弄型,其特征为:不认真听讲,爱开玩笑。对待他们不要被缠住,对其嘲弄不要理睬。

沉默寡言型,其特征为:不健谈。对待他们时主动打招呼搭话。

散漫型,其特征为:不遵守时间,自由散漫。他们虽然难以伺候,但要有礼貌地耐心说服。

以上这些待客的方式,在我们的导游工作中有借鉴意义。

第四节 导游器具使用规范

一、接站牌识的规格与使用

《旅游法》第十八条第四款规定,"接站未出示旅行社标识的",扣除2分。

由于导游员与前来观光游览的旅游者素昧平生,而且地陪与全陪、领队的合作可能是第一次。要从出站的熙熙攘攘的人群中尽快地找到所要接的团队,需要有一种标识,让地陪与旅游团之间相互确认。通常出站的人远远多于接站的人,所以往往是地陪手持接站牌站在出站口醒目的位置,恭候旅游者的到来。当然,地陪也可从旅游者的民族特征、衣着习惯,或外国组团社的徽记去主动辨认寻找旅游团。

接站牌识的具体规格因旅行社不同,大小有所差异,大致为长45厘米、宽30厘米的硬板或软板,上面清楚地写上团名、团号、领队或全陪的名字(参见图4-1)。接小型的旅游团,或无领队、全陪的旅游团时直接写出旅游者的姓名。

```
英国伦敦医生访华团
    团号:E2004-2-23-6
    领队:史密斯
                   南华市梅花旅行社
Doctors Delegation from London, UK
Number :E2004-2-23-6
Leader:Smith Nanhua Meihua Trowel Agency
```

图 4-1 接站牌示样

当旅游团所乘坐的交通工具抵达时,地陪站在出站口的醒目位置,将接站牌举在胸前,主动、热情地迎候旅游团。根据旅游团的一些特征进行分析判断后主动询问,尽快找到旅游团。

根据《旅游法》第五十三条规定:"从事道路旅游客运的经营者应当遵守道路

客运安全管理的各项制度,并在车辆显著位置明示道路旅游客运专用标识。"如果是运载旅游者的专用车辆,车身会喷涂旅行社或旅游运输公司的名称。导游引导团队上车后,可以将接站牌放置或贴在驾驶台前的挡风玻璃上,作为旅游车的补充标志,便于旅游者识别。如果是临时租用的社会客运车辆,接站牌就成为旅游车的唯一标识。

有多辆旅游车的旅游团,车辆应该编号或分别命名,并制作统一醒目的车牌,便于旅游者识别。

二、导游旗的规格与使用

在游览区,特别是在旅游旺季,游人很多,到处是人头攒动。为便于旅游者发现导游并随之行动,通常导游员手持导游旗,引领旅游者。在旅游的过程中导游要合理地采用各种方式保证让旅游者相对地紧随着,聚集在你的周围。而不能七零八落,要知道若有旅游者走失,找回旅游者将是一件很烦琐的事。为了易于辨认,导游旗多采用黄色、红色等醒目的颜色,形状多为三角形,规格大致为:45厘米长、35厘米宽的直角三角形。长方形导游旗40厘米×60厘米较为适宜,太大的导游旗不便使用,配备伸缩式铝合金旗杆以方便携带,导游旗上印有旅行社的名称及徽标。作为旅游者辨识团队及导游的标志,忌胡乱摇动挥舞,折叠卷曲,乱扔或拖曳在地,要求举起一定的高度。

手持导游旗通常有两种方式。直举式:小臂前升,与大臂成90度;手握旗杆,让旗杆直立。用这一方式持旗的时间稍久些,手臂就会感觉到比较累。运用得比较多的是斜举式。斜举式是将手臂自然弯曲举起旗杆斜靠在肩上,并保持旗有一定的高度,能让旅游者看清楚。

三、扩音设备的使用

当团队的旅游者人数较多时,导游讲解多借助于扩音设备。常用的扩音话筒有两种:一是在旅游车上使用的有线话筒或无线话筒,二是在景区讲解时使用便携式话筒。便携式话筒有手持式、腰系式、头戴迷你话筒、专用频率无线收听式耳机等。头戴迷你话筒不需要手持,使用比较方便。专用频率无线收听式耳机,导游只需轻声讲解,本团旅游者可在一定距离内通过专用频率耳机收听到导游的讲解,旅游团之间不会相互干扰,是较理想的扩音设备,也解决了一些景区禁止使用发声扩音设备的问题。

在旅游车行驶过程中,导游应站立在车内前方,面对旅游者讲解。此时要运用小技巧使自己保持平衡。注意脚前后或左右稍微分开,身体略向前倾斜。后臀和腰部倚靠在旅游车中专门配备的导游挡板上。一手扶着椅背,一手持话筒讲解。要注意声音经过话筒传输后是否失真,是否清楚。适当调节话筒音量,声音不要太吵太响。在景区讲解时,手持话筒自然抬起,大小臂约成90度,应让话筒与口部保持约5厘米的距离。音量应控制在适当的范围内能听清楚,音质调节至体现出导游员的个人语音特征即可。

对于特大型旅游团队,同时有多辆甚至二三十辆旅游车同时出发的旅游团队,应该配备高性能的无线对讲机,便于车队的统一调度和指挥。

四、带领旅游者上下车

当旅游者乘车时,地陪要面带微笑站立在旅行车的门旁恭候,提醒旅游者注意脚下,搀扶帮助老年人和儿童。当旅游者携带的行李较大或较多时,导游要帮他一把,协助其顺利上车。旅游者都已上车后,导游上车清点人数后方可出发。

到达目的地,导游第一个下车,持导游旗在前面领路,带领着旅游者向目标进发。

第五节 导游对现场旅游投诉的处理

一、容易引起旅游投诉的环节

当旅游者在旅游过程中,所得到的各种服务与旅游合同不符或与他们的期望值差距比较大时,旅游者往往采用投诉的形式表示他们的不满。旅游投诉的产生也是一种循环渐进的变化过程。开始因不满产生一些抵触情绪,这种情绪会表现在言行中,如对导游员爱理不理,听讲解时兴趣不高,一个人闷闷不乐地跟在队伍的后面。这时是潜在投诉时期。如果导游员善于察言观色,注意旅游者的情绪变化,采取一些措施加以疏导,使旅游者不快的心情及时疏散,可将投诉消除在萌芽状态。倘若无视旅游者的抵触情绪,任其发展,旅游者会因所受心理上的挫折得不到补偿而耿耿于怀,甚至愤愤不平,最后导致发生投诉。

(一)旅游投诉的含义

旅游投诉按照国家旅游局《旅游投诉暂行规定》的界定指:旅游者、海外旅行商、国内旅游经营者为维护自身或他人的旅游合法权益,对损害其合法权益的旅游经营者和有关服务单位,以书面或口头形式向旅游行政管理部门提出投诉,请求处理的行为。

导游员受理的投诉,多是旅游者现场以口头的形式提出的投诉。

(二)容易引起旅游投诉的环节

1. 餐饮

餐饮是旅游投诉较多的环节。外出旅游因活动量大增,人们的味口随之变好。菜肴的数量经常显得不够,有时还会出现质差量少。有很多团队安排在社会餐馆就餐。环境不够理想,甚至有的餐馆窄、挤、脏。旅游者来自五湖四海,众口难调,有些餐馆的菜肴口味不合众。社会餐馆的卫生状况不佳,是较为常见的现象。在就餐前对餐馆实地考察,重点是清洁卫生情况。原则在定点餐馆开餐。就餐前告诉厨师,旅游者来自何地,便于在烹饪时做适当调整,以求让旅游者满意。开餐时,饭菜同时上桌,以保证旅游者吃饱。

2. 住宿

在旅游旺季,特别是旅游黄金周期间,住宿宾馆的档次有时不能保证与旅游合同中约定的相符。有的低星级的宾馆住宿环境存在着不尽人意的地方,住宿期间在宾馆的消费与结账时项目不符(如没打过长途,却出现长途话单等)。有些情况应在入住前先对旅游者说明,取得他们的谅解,使其有一个思想准备,以免现实与想象反差太大,一时难以接受。

3. 购物和另付费旅游项目

《旅游法》规定:"旅行社组织、接待旅游者,不得指定具体购物场所,不得安排另行付费的旅游项目。但是,经双方协商一致或者旅游者要求,且不影响其他旅游者行程安排的除外。"这条规定为旅行社安排日程和购物项目增加了限制条件,旅行社和导游必须反复掂量日程与行为的合法性;否则,旅游者回到原地或回国后还可能向旅游主管部门投诉。

即使是合法安排的购物,也可能遇上价高质次的商品,或伪劣商品。旅行社和导游员安排购物要选择信誉好的商店,提供货真价实的商品,且不要过分热情帮助选购及过分的劝说旅游者购买。

二、导游对现场投诉的处理

在处理投诉的过程中安抚那些抱怨、愤怒的旅游者不是一件轻而易举的事。在实际工作,有的导游员虽有良好的愿望,想把旅游者的投诉处理好,但采用的方式不恰当,结果没有缓解事态,反而进一步激怒了旅游者。所以,对投诉的现场处理要掌握一定的技巧。

麦肯锡顾问公司曾做过调查,结果表明:提出抱怨,不管结果如何,愿意再度惠顾的旅游者占19%;提出抱怨并且获得圆满解决的旅游者,有再度惠顾意愿的占54%;提出抱怨并且迅速获得圆满解决的旅游者,愿意再度惠顾的占82%。

(吕勤,郝春东.旅游心理学.广州:广东旅游出版社,2001)

这表明旅游者的旅游投诉和抱怨给了我们改进服务,赢得满意的契机。如果投诉处理得好,可以使投诉者转变为导游员忠诚的拥护者,还可以为旅行社带来多次惠顾的老主顾。

接待旅游者投诉的过程也是向旅游者进行补救性的心理服务的一个重要组成部分,旅游者投诉是为了求尊重、求发泄、求补偿,我们要诚恳地接待旅游者的投诉。

(一)耐心而认真地倾听投诉,对其遭遇表示同情和理解

让投诉者说话,耐心倾听。鼓励对方把事情经过说出来,不管投诉者是否有理,不在中途打断对方的诉说。要礼貌、耐心、认真地聆听,适当记录下旅游者投诉的要点。必要时引导投诉者将心中的怨气发泄出来,不要让旅游者感到他的投诉无足轻重。

导游员应敏感地观察投诉者感到委屈、失望之处,体会到投诉者的沮丧、痛苦甚至愤怒的心情。对旅游者表示理解和同情,用恰当的语言进行安抚。比如可以说,"我对您感到气愤和委屈的情绪非常理解,如果我是你,我也会有和你相同的感受"。设身处地为旅游者想一想,试图站在旅游者的立场上看待问题;要注意自己的言行举止,不要还没弄清事情的原委,就喋喋不休地道歉。这样会让投诉者误认为你在采用"大事化小,小事化了"的暧昧态度,无助于问题的解决。

在倾听的过程中可以有效地引导对方,比如可以说一说以下这些话:

"我也许还没有听明白您的意思,能具体地说明一下事情的经过吗?"

"您能不能再说得详细些,使我能够知道怎样帮助你。"

"您能够举个例子吗?"

用这样的语气说话,可以引导旅游者将投诉的内容说得更具体些。必要时还可简单复述投诉内容。这样做的目的是让旅游者觉察到你在认真倾听,使之相信你会站在他的一边,从而削弱投诉者可能存在的对立情绪,平息旅游者的不满情绪,为顺利解决问题奠定基础。让旅游者感觉到与其和你争吵,不如平心静气地一道寻求解决问题的方法。这样做的同时还可以为自己赢得思考问题的时间。

(二)向旅游者认错和表示道歉,核实问题并查明情况

美国人际关系学专家戴尔·卡内基指出:"假如我们知道我们势必要受责备了,先发制人,自己责备自己岂不是好得多?听自己的批评,不比忍受别人口中的责备要容易许多吗?"

对投诉的情况进行核实,就是要找出产生投诉的原因和出错的环节。因为投诉的具体处理是要以事实为基础。

如果旅游者的投诉是针对导游服务的,投诉的内容又基本上符合实际,导游要立即认错,表示歉意。注意语言的表达,力求显示出自己的诚意。道歉是不需要成本的,及时诚恳的道歉使投诉者觉得,本人都已经这样自责,反而不忍心加以深究,能够消除旅游者的怨气。在以后的服务过程中要注意纠正被投诉的内容,以自己的行动争取旅游者的谅解。

如果被投诉的问题属于相关接待单位的,导游员要有代人受过的心胸。表示:"这是我们工作的疏漏,对于你的心情我很理解,我将努力转达你的意见。"

有些投诉常起源于误会,如果是旅游者误解了,也不要去辩解,因为辩解毫无益处。与旅游者争吵是不能解决投诉问题的,更不要指责或暗示是旅游者错了,服务人员仍须表示歉意。不能以为没有错,虽然在口头上道歉而脸上却流露出不满的表情。这样反而导致事情的僵持,所以道歉必须是发自内心的。

(三)立即行动,解决问题

旅游者投诉的目的是希望问题得到解决。导游员明白旅游者的要求,对其提出的要求既不能全盘肯定,又不能全盘否定。要依据事实,并考虑旅游者的愿望,提出一个解决问题的办法。若有可能,拿出几套解决问题的设想,让旅游者选择方案及补救措施。当然涉及赔偿的问题,不能盲目作主,须请示旅行社领导后方可实施。

如果所提出的投诉是导游员无法解决的问题,应向旅行社报告,请求帮助。

对旅游者的投诉表示真诚谢意。导游仍然用积极的态度,为投诉者及全部旅游者服务。

三、投诉处理案例

(一)导游员负赔偿责任

某旅游团在一家定点商店购物,旅游者老王想为女儿买一只手镯,好不容易挑选到了一只精致漂亮的手镯,但他不放心,于是请导游员帮助他再仔细看看是否货真价实。导游员接过手镯认真地看了起来,过了一会儿,说:"手镯可以,最好便宜一点更好!"此时,商店售货员也同意将手镯降价100元。老王满意地掏出600元交给售货员。正在这时,导游员手提包中的手机响了。他急于要接手机,将手中手镯随意一放。谁知那只手镯没放好,一下子掉到地上摔成几段。此时,旅游者老王的600元钱也已交了,大家顿时变得很尴尬。等到整个旅游结束后,旅游者老王找到旅行社,要求导游员赔偿全部经济损失。但导游员辩称,他是由旅游者请他去帮忙"参谋"的,况且又便宜了100元,要他赔偿全部经济损失是没有道理的。为此,双方发生了争执。

分析与处理:处理该起旅游投诉,首先要搞清楚"无偿助人行为致使受益人损害,是否应承担民事责任"的问题,其次,"无偿助人者应负什么责任"的问题。当时在旅行社的内部存在两种不同的意见,一种认为:帮助旅游者挑选商品是导游员的工作,至于造成不愉快的结果,导游员有责任赔偿旅游者的经济损失,但不是全部赔偿;另一种认为:如今法律没有明确规定无偿助人者造成受益人的损失要负经济赔偿责任,因此,导游员可以不负经济责任。最后,旅行社通过法律咨询部门得到结论:导游员虽是应旅游者的邀请,无偿帮助挑选商品,这同时也是导游员的工作和义务。但是由于其疏忽大意,造成商品的损失,应负过失责任,鉴于其是无偿为旅游者服务,又争取到了"实惠",可减轻其赔偿责任。

建议:导游员负责赔偿 75% 的经济损失,余下 25% 的经济损失由旅游者承担。

启示:该旅游案例虽然在调解中得以解决,但由此引发出的问题是值得我们、特别是导游员深思的。如今提倡的是助人为乐的精神,帮助旅游者解决困难和问题是导游员义不容辞的职责。但同时我们也应看到"出发点和效果"的统一性。一名导游员仅仅有良好的愿望和出发点是远远不够的,还必须把工作做得越细越周到越好,这样才能使得旅游者真正得到帮助和实惠。如果不按以上建议那么做,或许好事也能导致坏的结果。

(二)中止导游活动要受罚

某旅游团到当地旅游质监部门投诉一家旅行社导游员李某擅自中止导游活动,严重损害消费者的利益。经该质监部门调查核实,旅游者投诉的情况属实,导游员在这方面确实存在严重的问题。

事情是这样的:该旅游团乘晚班机抵达目的地后,到宾馆住宿已是深夜 12 点,为了使第二天带团精力充沛,导游员李某和该团领队商量合住一晚。到了第二天宾馆叫早时间,该领队似乎觉得抽屉里少了 200 元钱,于是不好意思地问李某是否看到过。谁知李某听后大发雷霆,拿起包转身就走了。领队知道自己做法欠妥,再三向李某赔礼道歉,但李某还是走了。就这样,旅游者在车上等了一个多小时,始终不见导游员的影子。于是,旅游团在没有导游员的情况下,旅游者自己付钱买门票,自己找饭店吃饭。直到晚上回到宾馆后,旅行社派了另一名导游员来与他们联系。该导游员也未向旅游者作任何解释工作。旅游质监部门认为:导游员李某虽和该团领队有些误会,但领队已向李某再三赔礼道歉,李某只顾个人恩怨,不顾旅游团的旅游者,擅自中止导游活动,为此做出以下处理:

(1)暂扣李某导游证 3 个月;

(2)旅行社向旅游者赔礼道歉,接受旅游者的批评,通过此事吸取教训;

(3)依据《旅行社质量保证金赔偿暂行办法》有关规定,退赔旅游者的门票、饭费、导游服务费等费用的一倍数额,并增加 20% 的补偿费。

分析与处理：在旅游途中，旅游者与导游员之间的误会、矛盾会经常发生，导游员带团实质上就是在解决各方面的矛盾与问题，如果一名导游员在带团时承受不了被旅游者投诉、抱怨及受一些委屈，那么就容易出现问题。导游员李某与领队发生了一些误会和矛盾，而领队已经再三向李某赔礼道歉，作为李某应该有个大度胸怀，但遗憾的是导游员李某没有这么做，相反以个人的恩怨来中止导游活动，这种行为已经严重损害其他消费者的利益，违反了《导游员管理条例》的有关规定，导游员李某应该受到行政处罚和经济赔偿。

启示：在如今导游界中有不少导游员带团能吃苦，什么活都乐意去做，什么困难也不怕，唯一不足的就是受不了半点委屈。其实，若是有这种心态的人是一种不成熟的表现。这种不成熟往往是导致错误的根源。《导游员管理条例》第十三条、第二十二条都有明确的规定，导游员不得擅自中止导游活动。

导游的服务对象是人，其工作特点就是以人为本，既然是这样，那么旅游者的投诉、抱怨以及冤枉导游员的事随时会发生，导游员只有大度，只有表现出良好的职业素质，才能适应各种复杂的环境。

（三）这笔车费该谁付

旅游者李先生随某旅行团去四川九寨沟旅游。抵达成都机场后李先生看见来接待的不是进口旅游车，而是一辆国产中巴车，虽是全新，但与原来期待不一样，心里很不高兴。当按行程游览峨眉山、乐山、黄龙、九寨沟等景点后，接待车辆的变速杆出现了故障需要进厂检修，延误了10分钟。李先生即以安全没有保障为理由，未经导游同意，自行租用了一辆"的士"返回成都。因旅行社不肯承担这笔1400元的租车费，李先生到旅游质监部门投诉，要求"讨个公道"。

分析与处理：旅游质量监督管理部门经审理认为：旅游者参加旅行社组织的旅游活动，旅行社与旅游者之间就建立了一种经济合同关系。旅游者有权要求维护其自身的合法权益，旅行社也有权要求旅游者遵守旅游团队的纪律。李先生擅自离团和自行租车的行为已违反了《中华人民共和国民法通则》关于防止损失扩大的原则和《国内旅游报名须知及责任准则》要求旅游者必须履行团队纪律义务的规定。为此，李先生应自行承担这笔租车费用。

启示：在本案例中，李先生的做法不可取。依照《中华人民共和国合同法》第八条的规定："依法成立的合同，对当事人具有法律约束力。当事人应当按照约定履行自己的义务，不得擅自变更或者解除合同。"李先生与旅行社签订了旅游合同，就应按照约定来履行。如果是旅行社存在降低服务质量标准的问题，可以依法要求旅行社给予经济赔偿。在旅途中，接待车辆出现故障是正常的，对故障车辆进行检修也是必须的，否则如何能保证旅游者的生命和财产的安全？李先生未经随团导游的同意，私自租用"的士"返程，依照相关法律法规的规定，这笔

租车费用应由李先生自行承担。(童一秋.饭店、旅游纠纷处理与对策及典型案例评析.乌鲁木齐:新疆科技卫生出版社,2003)

(四)因道路危险更改旅程合理吗?

1999年9月28日,旅游者王先生与某旅行社接洽后签订了国内旅游组团标准合同,共交付4900元旅游费用。同年10月2日,在该旅行社的组织下,其一家5人与20多个旅游者从成都出发旅游,在游览九寨沟后赶赴黄龙时,却被导游以下雨、修路、山路危险、要翻车死人等"恐吓",擅自取消去黄龙的游程。由于意见分歧,王先生没有按旅行社安排改游牟尼沟。返回后,于同年10月11日,王先生等5人以旅行社违约取消黄龙景点等为由向旅游质量监督管理部门投诉,但因投诉理由不充分而没有被受理。王先生不服,遂诉至法院,要求被告退还原告已付旅游费4900元;赔偿经济损失4900元及交通误工费用200元。在法院的庭审中,旅行社负责人对己方行为作了解释:"下雨、修路、塌方等情况是通过向山上下来的旅游者和司机多方询问得知的。导游考虑到旅游者的生命安危,在征得车上28名旅游者同意(仅原告5人持反对意见)的情况下才取消了黄龙之行。"并当庭出示了28名旅游者当时的证词及签名,以证实事发当时确系因自然不可抗力的因素而不能成行。但原告认为被告的解释只是为自己的主观意愿找借口。被告又向法庭说明,由于自然因素未去成黄龙,他们已主动将旅游者们预支的黄龙门票等费用一一退回。10月25日,旅游质量监督管理部门也对此作出肯定答复,驳回了王先生等5人的退费请求,并明确告知王先生,按照国家《导游员管理条例》的有关规定,"导游员在引导旅游者旅行、游览过程中,遇有可能危及旅游者人身安全的紧急情形时,经征得多数旅游者的同意,可以调整或者变更接待计划"。原告对旅行社计划的说法持有异议,称这是在偷换概念,黄龙是此次旅游的项目,按该条例规定,导游应严格按旅行社确定的接待计划安排旅游者旅行、游览,不得擅自增加、减少旅游项目或者中止导游活动。因此被告只能变更计划,不能取消项目。

分析与处理:法院经审理认为,在游览过程中,因为天气原因车辆无法到达黄龙,因此根据《导游员管理条例》的规定,导游员在征得车上多数旅游者同意之后改游牟尼沟,虽原告5人不同意,但并不影响导游在特殊情况下按多数旅游者的意见作出新安排。因此原告的起诉理由不充分,法院不予支持,并依法驳回了原告的诉讼请求。

仅从法律的角度而言,作为基本法的《中华人民共和国合同法》当然是优于部门规章的。但在《中华人民共和国合同法》中也有规定,合同遇不可抗力时可以解除,但对方必须拿出充足的"不可抗力"的证据。解除合同后,旅行社应退付相应的旅行费用,但只要其主观没有过错,旅游者要求赔偿的请求法院一般不予

支持。(童一秋.饭店、旅游纠纷处理与对策及典型案例评析.乌鲁木齐:新疆科技卫生出版社,2003)

（注:以上案例除注有出处外均来自:蒋炳辉.旅游案例分析与启示.北京:中国旅游出版社,2003)

第五章 导游服务程序与规范

本章提要

导游服务必须按照国家规定的程序和规范进行。本章讲述地陪、全陪、海外领队、定点导游员各自的服务程序与规范,同时对散客旅游的特点、服务类型和程序作了论述。

第一节 地方陪同导游服务程序与规范

地方陪同导游员简称地陪。地陪服务是确保旅游团在当地顺利进行参观游览活动,并充分了解和感受参观游览对象的重要方面。地方导游服务程序是指从地陪接受旅行社下达的旅游团接待任务起,到旅游团离开本地并做完善后工作为止的工作程序。在当地导游服务过程中,地陪应严格按照导游服务质量标准提供各项服务。地陪应按时做好旅游团在本地的迎送工作,严格按照接待计划,做好旅游团在本地参观游览过程中的导游讲解工作和计划内的食宿、购物、文娱等活动的安排,妥善处理各方面的关系和出现的问题。

一、服务准备

在接到旅行社下达的接待旅游团的任务后,地陪要做好充分的准备工作,这是地陪提供良好服务的重要前提。

(一)熟悉接待计划

接待计划是组团社委托各地方接待社组织落实旅游团活动的契约性安排,是导游员了解该团基本情况和安排活动日程的主要依据。地陪应该在旅游团抵达之前认真阅读接待计划和有关资料,详细、准确地了解该旅游团的服务项目和要求,重要事宜要做记录并弄清以下情况:

1.计划签发单位(组团社)、联络人姓名及电话号码(手机号、微信户名)、团号。

2.客源地组团社名称、旅游团名称、代号、电脑序号、国别、语言、收费标准(豪华等、标准等、经济等)、领队姓名与联络方式(手机号、微信户名)等。

3.组成人员的情况:人数、性别、姓名、职业、宗教信仰。全团或重点旅游者的手机号和微信户名。

4.全程旅游路线、入出境地点。

5.所乘交通工具情况,抵离本地时所乘飞机(火车、轮船)的班次、时间和机场(车站、码头)名称。

6.掌握交通票据情况:

(1)该团去下一站的交通票是否按计划订妥,有无变更以及更改后的落实情况;

(2)有无返程票;

(3)有无国内段国际机票;

(4)出境飞机票的票种(是 OK 票还是 OPEN 票)。

7.掌握特殊要求和注意事项:

(1)该团在住宿、用车、游览、用餐等方面是否有特殊要求;

(2)该团是否要求有关方面负责人出面迎送、会见、宴请等礼遇;

(3)该团是否有老、弱、病、残等需要特殊服务的旅游者(决定是否雇用人推轮椅等);

(4)该团有无要办理通行证地区的参观游览项目,如有则要及时办好相关手续;

(5)该团机场税、机场建设费的付费方式是由目的地组团旅行社垫付还是由旅游者自付。

(二)落实接待事宜

地陪在旅游团抵达的前一天,应与各有关部门和人员一起落实、检查旅游团的交通、食宿、行李运输等事宜。

1. 核对活动日程,地陪应对活动日程的各项内容与接待计划逐项核实。
2. 落实旅行车辆:

(1)与旅游汽车公司或车队联系,确认为该团在本地提供交通服务的车辆的车型、车牌号和司机姓名;

(2)接大型旅游团时,车上应贴编号或醒目的标记;

(3)确定与司机的接头地点并告知活动日程和具体时间。

3. 掌握联系电话,地陪应备齐并随身携带有关旅行社各部门、餐厅、饭店、车队、剧场、购物商店、组团人员、行李员和其他导游员的固定电话和手机号码。

4. 落实住房及用餐:

(1)熟悉旅游团所住饭店的位置、概况、服务设施和服务项目;

(2)核实该团旅游者所住房间的数目、级别、是否含早餐等;

(3)与各有关餐厅联系,确认该团日程表上安排的每一次用餐的情况:团号、人数、餐饮标准、日期、特殊要求等。

5. 了解落实运送行李的安排情况。

6. 了解不熟悉景点的情况,对新的旅游景点或不熟悉的参观游览点,地陪应事先了解其概况,如开放时间、最佳游览路线、厕所位置等,以便游览活动顺利进行。

1999年7月,来自武汉的16位旅游者参加武夷山——厦门五日游,费用不低,但旅游让人留下不少遗憾。在武夷山,导游是刚刚做导游工作的年轻女孩,情况不熟悉,带队出游几乎不作任何讲解,遗漏许多景点。武夷山每个山峰都很高,爬上去很不容易,由于导游对景点不熟悉,使旅游者跑了很多冤枉路。旅游之前导游没有安排旅游者上厕所,到山上后旅游者几次暗示她要找厕所,可能是不知道的缘故,她老是讲不清楚厕所的位置,致使旅游者很不满意。到了厦门后,地陪导游带领旅游者游鼓浪屿的时候走的路虽然很近,但是把其他旅游者可以看到的沿途古建筑给错过了,以致于事后旅游者颇有微词。

分析:

导游在带团前,一定要了解以前不熟悉景点的情况。以上案例说明,如果导游在带团时对景点不熟悉,势必造成很多麻烦,使旅游活动无法顺利完成。(范黎光.导游业务.北京:机械工业出版社,2003)

（三）物质准备

上团前，按照该团旅游者人数领取导游图、门票结算单和费用，带好接待计划、导游证、胸卡、导游旗、接站牌等必备物品，有时还要准备名片、旅游车标志和手提扩音器等。

（四）语言和知识准备

1. 根据接待计划确定的参观游览项目，对翻译、导游的重点内容，做好外语和介绍资料的准备（特别是一些数据、年代等）。

2. 接待有专业要求的团队，要做好相关专业知识、专业词汇的准备。

3. 做好当前的热门话题、国内外重大新闻、旅游者可能感兴趣的话题等方面的准备。

（五）形象准备

导游员要有良好的形象。导游员的自身美不是个人行为，在宣传旅游目的地、传播中华文明方面起着重要作用。因此，地陪在上团前要做好仪容、仪表方面（即服饰、发型和化妆等）的准备。

1. 着装要符合导游员的身份，要方便导游服务工作。

2. 衣着要简洁、整齐、大方、自然，佩戴首饰要适度，不戴炫耀性的首饰，不浓妆艳抹，不用味道太浓的香水。

3. 导游员上团时，必须把导游IC卡佩戴在正确的位置，正面向上，使人一目了然。

小梅下团后心情非常不好，旅游者对她的穿戴打扮提了意见。小梅那天接团前精心打扮了一番，做了个波浪式的发型，戴了一条金项链和一对带钻石的耳环，还有那条镶嵌宝石的手链，服装和手提包也都是名牌。她想：改革开放十几年，该让旅游者看看我们的生活水平了。

到了机场，小梅就觉得团队的旅游者对她"视而不见"。出口处就只有她一个导游，可是旅游者还一个劲儿地东张西望，直到小梅打着旗子走过去问他们是哪个团的，他们才看了她一眼。

上车以后，小梅发现大多数女旅游者都是斜着眼看她，眼睛眯眯的，嘴角往下拉，就好像她欠了她们什么似的。小梅开始导游，可是，无论是自我介绍，还是导游大赛得奖的沿途景观介绍，旅游者一点掌声也没有，一个个都把眼睛往车窗外面看。小梅心想：大概是太太们太厉害了，先生们的眼睛都不敢朝女导游身上看了。可是，那几位单身男士怎么也是毫无兴趣的样子呢？吃饭的时候，领队对小梅说："小姑娘，你打扮得太漂亮了，把旅游者都比下去了。明天最好把首饰换一换。"

小梅心里不服气。她想：长得漂亮是爹妈给的，首饰、衣服是自己挣的，穿什么戴什么还要你们来管吗？第二天，小梅换了一套更好的服装，又换了一条更好的项链，上面有一颗她从香港买回来的钻石。可是，不管小梅讲什么，旅游者还是一声不响，只有领队重复集合时间的时候，旅游者才应了几声。

在送别旅游者的检票口，团长把小费递给小梅的时候说："你的讲解很好，这几站就数你第一。不过，你的首饰也是数第一，太抢眼了！大家是出来旅游的，不是来看你的首饰的。如果你真的想好好展示一下呢，不如去做模特儿。我想，模特儿挣的钱要比导游多得多吧？"小梅当时被气得真想把小费扔到他脸上去。小梅想：真的是我错了吗？

分析：

小梅的穿戴打扮不符合导游的角色。导游是为旅游者提供服务的，可是，小梅的穿戴打扮像是要为旅游者提供服务的吗？旅游者会觉得她是要显示一种"心理优势"，要把他们比下去，要让他们相形见绌。所以，过于漂亮的服饰、过于贵重的首饰不一定适合导游的角色。（阎纲.导游实操多维心理分析案例100.广东：广东旅游出版社，2003）

(六)心理准备

导游员在接团前的心理准备主要有两个方面：

1.准备面临艰苦复杂的工作

在做准备工作时，导游员不仅要考虑到按照正规的工作程序要求，向旅游者提供热情的、标准化的服务，还要有足够的心理准备，认真考虑对特殊旅游者如何提供服务，以及在接待工作中发生问题或事故时如何去面对、处理。

2.准备承受抱怨和投诉

导游员的工作复杂辛苦，有时可能遇到下述情况：导游员已经尽其所能、热情周到地为旅游者提供了服务，但仍有一些旅游者挑剔、抱怨，指责导游员的工作，甚至提出投诉。对于这种情况，导游员要有足够的心理准备，冷静、沉着地面对，无怨无悔地为旅游者提供服务。

二、迎接服务

迎接服务在地陪的整个接待程序中很重要，这是地陪与旅游者的首次接触，这一阶段的工作直接影响以后的接待工作质量。所以，在迎接过程中，地陪应使旅游团在迎接地点得到及时、热情、友好的接待，了解在当地参观游览活动的概况。

(一)旅游团抵达前的服务安排

1.确认旅游团所乘交通工具抵达的准确时间

接团当天，地陪应提前到旅行社全面检查准备工作的落实情况。出发前，要向机场(车站、码头)问讯处问清飞机(火车、轮船)到达的准确时间(一般情况下应在飞机抵达的预定时间前 2 小时,火车、轮船预定到达时间前 1 小时向问讯处询问)。

2. 与旅行车司机联络

通知司机出发的时间(确保旅游车提前半小时到位),确定接头地点,并告知活动日程和具体时间,适当调整话筒音量。

3. 提前抵达迎接地点

地陪应提前半小时到达接站地点,并与司机商量好车辆停放的位置。

4. 再次核实旅游团抵达的准确时间

5. 持接站标志迎候旅游团

旅游团所乘飞机(火车、轮船)抵达后,地陪应在旅游团出站前,持接站牌站立在出站口醒目的位置,热情迎候旅游团。接站牌上要写清团名、团号、领队或全陪姓名,接小型旅行团或无领队、全陪的旅行团时要写上旅游者姓名。

(二)旅游团抵达后的服务

1. 认找旅游团

旅游者出站时,地陪应尽快找到旅游团,认找的办法是:地陪站在明显的位置上举起接站牌以便领队、全陪(或旅游者)前来联系,同时地陪也应主动地从旅游者的民族特征、衣着、组团社的徽记等分析判断或上前委婉询问,主动认找自己的团队。问清该团来自哪个国家(地区)、客源地组团社名称、领队及全陪姓名等。如该团无领队和全陪,地陪应与该团成员核对团名、国别(地区)及团员姓名等,一切相符后才能确定是自己应接的旅游团。

2. 核实人数

及时向领队或全陪核实实到人数,如与计划不符应及时通知旅行社。

3. 集中清点行李

地陪应协助本团旅游者将行李集中放在指定位置,提醒旅游者检查自己的行李物品是否完整无损(火车托运的除外)。若有行李未到或破损,导游员应协助当事人到机场登记处或其他有关部门办理行李丢失或赔偿申报手续。

4. 集合登车

(1)地陪要提醒旅游者带齐手提行李和随身物品,引导旅游者前往乘车处。旅游者上车时,要恭候在门旁,适当搀扶或协助旅游者上车。

(2)上车后,应协助旅游者就座,礼貌地清点人数(不要用手指着旅游者,最好在事先数好座位的基础上数空位数),旅游者到齐坐稳后,请司机开车。

(三)赴酒店途中的服务

从机场(车站、码头)到下榻饭店的行车途中,地陪要做好如下工作,这是导游员给旅游者留下良好第一印象的重要环节。

1. 致欢迎辞

致欢迎辞是地陪的第一项工作。位置应该选择车厢前面靠近司机并使全体旅游者能看得见的地方,两腿稍微分开(两腿间距离不应超过肩宽),上身要自然挺拔(一定要注意个人安全,最好倚靠车的某一部位)。如果用话筒,应事先调好音量。话筒不要放在面部的正中,而应该稍偏,便于旅游者看到地陪讲话时的口型。欢迎辞的内容应视旅游团的性质及其成员的文化水平、职业、年龄及居住地区等情况而有所不同,但一般应包括以下内容:

(1)代表所在接待社、本人及司机欢迎旅游者光临本地;

(2)介绍自己的姓名及所属单位,介绍司机;

(3)简介日程安排,希望得到大家的配合;

(4)表示提供服务的诚挚愿望;

(5)预祝旅游愉快顺利。

"大家好!首先我代表××旅行社和我的同行,欢迎大家来到东方水都——苏州参观游览。我叫××,来自××旅行社,是你们苏州之行的地陪。现在我来介绍为我团开车的司机王××师傅,王师傅有多年的驾驶经验,大家看!(这时导游指着车内右侧的印有安全行驶10万公里的标志)王师傅已经安全行驶了10万公里!坐他的车保证既快又安全!(旅游者鼓掌,司机高兴地示意感谢)

大家大多数人是初次来到苏州,在苏州期间,有我的讲解会使你们不但可以领略苏州的吴文化和历史,还能感受到它的飞速发展。在苏州期间你们有什么困难和要求,请随时提出,不必客气,我将尽我所能帮助大家。

祝愿大家在苏州旅游愉快!谢谢各位!"

2. 调整时间

接入境旅游团,地陪要介绍两国(两地)的时差,请旅游者调整好时间。

3. 首次沿途导游

地陪必须做好首次沿途导游,以满足旅游者的好奇心和求知欲。首次沿途导游是显示导游员知识、导游技能和工作能力的大好机会,精彩成功的首次沿途导游会使旅游者产生信任感和满足感,从而在他们的心中树立起导游员良好的第一印象。

首次沿途导游主要介绍当地的风光、风情以及饭店概况。

(1)风光导游

地陪做沿途风光导游时,讲解的内容要简明扼要,语言节奏明快、清晰;景物取舍得当,随机应变,见人说人,见物说物,与旅游者的观赏同步。总之,沿途导游贵在灵活,导游员要反应敏锐、掌握时机。

(2)风情介绍

地陪应介绍本地的概况、气候条件、人口、行政区划分、社会生活、文化传统、土特产品、历史沿革等,并在适当的时间向旅游者分发导游图。同时,还可以适时介绍本地的市貌、发展概况及沿途经过的重要建筑物、街道等。

(3)介绍下榻的饭店

地陪应向旅游者介绍该团所住饭店的基本情况,即饭店的名称、位置、距机场(车站、码头)的距离、星级、规模、主要设施和设备及其使用方法、入住手续等(这部分内容地陪可根据路途距离和时间长短酌情删减或在"入店服务"时向旅游者介绍)。

4.宣布集合地点及停车地点

旅游车驶至下榻饭店,地陪应在旅游者下车前向全体成员讲清并请其记住车牌号码、停车地点和集合时间。

三、入店服务

地陪服务应在旅游者抵达饭店后尽快办理好入店手续,入住房间,取到行李,让旅游者及时了解饭店的基本情况和住店的注意事项;熟悉当天或第二天的活动安排。

(一)协助办理住店手续

旅游者抵达饭店后,地陪要协助领队和全陪办理住店登记手续,请领队分发住房卡。地陪要掌握领队、全陪和团员的房间号,并将与自己联系的办法如房间号(若地陪住在饭店)、电话号码等告诉全陪和领队,以便有事时尽快联系。

(二)介绍饭店设施

进入饭店后,地陪应向全团介绍饭店内的外币兑换处、中西餐厅、娱乐场所、商品部、公共洗手间等设施的位置,并讲清住店注意事项。

(三)带领旅游团用好第一餐

旅游者进入房间之前,地陪要向旅游者介绍饭店内的就餐形式、地点、时间及餐饮的有关规定。旅游者到餐厅用第一餐时,地陪应主动引导,要将领队介绍给餐厅经理或主管服务员,告知旅游团的特殊要求。

(四)宣布当日或次日的活动安排

地陪应向全团宣布有关当天和第二天活动的安排,集合的时间、地点等。

(五)照顾行李进房间

地陪应同酒店行李员核对行李件数,督促酒店行李员送至旅游者的房间。

(六)确定叫早时间

地陪在结束当天活动离开饭店之前,应与领队商定第二天的叫早时间,并请领队通知全团,地陪则应通知饭店总服务台或楼层服务台。

四、核对与商定节目安排

核对、商定日程是旅游团抵达后的一项重要工作,可视作两国(两地)间导游员合作的开始。旅游团开始参观游览之前,地陪应与领队、全陪商定本地节目安排,并及时通知到每一位旅游者。

旅游团在一地的参观游览内容一般都已明确规定在旅游协议书上,而且在旅游团到达前,旅行社有关部门已经安排好该团在当地的活动日程。即使如此,地方导游员也必须进行核对、商定日程的工作。因为旅游者有权审核活动计划,也有权提出修改意见。导游员与旅游者商定日程,既是对旅游者的尊重,也是一种礼遇。领队希望得到他国导游员的尊重和协助,商定日程并宣布活动日程是领队的职权。特种旅游团除参观游览活动外,还有其他特定的任务,商定日程显得更为重要。在核对、商定日程时,对出现的下列不同情况,地陪要采取相应的措施。

(一)提出小的修改意见或增加新的游览项目时

1.及时向旅行社有关部门反映,对合理又可能满足的项目,应尽力予以安排。

2.需要加收费用的项目,地陪要事先向领队或旅游者讲明,按有关规定收取费用。

3.对确有困难无法满足的要求,地陪要详细解释,耐心说服。

(二)提出的要求与原日程不符且又涉及接待规格时

1.一般应予婉言拒绝,并说明我方不便单方面不执行合同。

2.如确有特殊理由,并且由领队提出时,地陪必须请示旅行社有关部门,视情况而定。

(三)领队(或全陪)手中的旅行计划与地陪的接待计划有部分出入时

1.要及时报告旅行社查明原因,分清责任。

2.若是接待方的责任,地陪应实事求是地说明情况,并向领队和全体旅游者赔礼道歉。

南京外围休闲三日游日程表
汤山温泉、琅琊山、采石矶

一、景点简介

汤山温泉(泡汤时间约 4 小时)

汤山温泉位居全国四大温泉疗养区之首。汤山温泉分布于汤山东及东南坡一带,水温常年保持在摄氏 65℃～67℃,且冬夏温度相差不大。汤山温泉源自深层天然地热之水,透明度好,含有硫酸盐、钙、镁、钾、钠、锶、铁及少量放射性的镭、氡等30多种化学物质。该温泉是含氡、氟、锶的高氧硅酸硫酸钙复合型中性医疗矿泉,水质达到国家饮用标准。可放松身心,缓解神经紧张,美容驻颜。对治疗动脉硬化、肥胖、肌体代谢病、生殖疾病、皮肤病、关节炎、神经痛均有疗效。打破传统的室内温泉浴模式,享受尊贵的日本式温泉体验,50个露天温泉池和30间高档雅致的私密性特色汤屋,散落于山脚林间,人、泉、自然……融为一体。

琅琊山风景名胜区(游览时间约3.5小时)

琅琊山风景名胜区位于安徽省滁州市西,面积115平方公里,是国务院公布的国家级重点风景名胜区。琅琊山风景名胜区包括城西湖、姑山湖、三古等景区,主要山峰有摩陀岭、凤凰山、大丰山、小丰山、琅琊山等,以茂林、幽洞、碧湖、流泉为主要景观特色。区内动植物种类繁多,乔木树种有327种。琅琊山人文景观丰富,有始建于唐代的琅琊寺。醉翁亭为我国四大名亭之一,它和丰乐亭都因镌有欧阳修文、苏东坡字而著名。三古景区(古关隘、古驿道、古战场)、卜家墩古遗址留下了大量的古迹和文物。此外著名碑碣有唐吴道子画观音像,唐李幼卿等摩崖石刻,元代数百处摩崖石刻等。

采石矶(游览时间约3小时)

采石矶又名牛渚矶,位于马鞍山市西南5公里的翠螺山麓。采石矶绝壁临江,水湍石奇,风景瑰丽,与岳阳城陵矶、南京燕子矶并称为"长江三矶"。采石矶以独特的自然景观与深厚的文化内涵独领风骚,被誉为三矶之首。采石矶现为国家重点风景名胜区,国家AAAA级旅游景区。采石矶自然景观独特,人文资源丰厚,有全国最大的李白纪念馆,驰誉江南的三元洞,气势宏伟的三台阁,有"当代草圣"林散之艺术馆、徽派建筑圆梦园、沿江古栈道、翠螺湾等众多景点。游人可泛舟江上,赏翠螺秀色;或策杖古栈道,寻觅"大脚印";或登三台阁,眺"天门晓日",叹"大江东去"。采石矶是中外游客凭吊诗魂,寻觅李白游踪,体味诗词意境,领略山川之美的绝佳之处。

二、旅程安排

D1　16:00集中上车出发赴华东首席温泉度假区(240km左右,约3小时车程)——颐尚温泉酒店(含泡汤费用:128元/人),躺在露天温泉池中,放松身心,仰望青青山崖,在温泉氤氲的水气和雾气中,感受瀑布、青山、蓝天、白云,享用免费饮料、水果、点心等。

宿:汤山镇

D2　早餐后赴安徽滁州(120km左右,约1.5小时车程),游览琅琊山国家森林公园(含挂牌门票费用:95元/人),游琅琊墨苑、让泉、醉翁亭、意在亭、影香亭、深秀湖;中餐后,乘车赴马鞍山(120km左右,约1.5小时车程),抵达后入住酒店。

　　宿：马鞍山

D3　早餐后游览国家4A级旅游区——采石矶风景名胜区（含挂牌门票费用：50元/人）。主要景点：全国四大名楼之一的太白楼，"当代草圣"林散之艺术馆，长江边上最大的天然石洞——三元洞，历史悠久的三台阁，荟萃数百盆徽派盆景的圆梦园，蜿蜒于采石矶上古栈道等。

　　午餐后返苏州（300km左右，约3.5小时车程）。

　　评议：这份日程表增加了景点简介，对温泉沐浴方式和时间等预先告诉旅游者，便于做好准备。不足之处是住宿饭店等级、用车等没有注明。

　　实际执行情况：景点游览按序进行、住宿饭店等级高、服务好、用车是高级空调车，游客基本满意。

五、参观游览服务

　　参观游览活动是旅游产品消费的主要内容，是旅游者期望的旅游活动的核心部分，也是导游服务工作的中心环节。参观游览过程中的地陪服务，应努力使旅游团参观游览全过程安全、顺利，使旅游者详细了解参观游览对象的特色、历史背景及其他感兴趣的问题。为此，地陪必须认真准备、精心安排、热情服务、生动讲解。

　　（一）做好出发前的各项准备

　　1. 准备好小旗、胸卡和必要的票证。

　　2. 督促司机做好各项准备工作。

　　3. 核实餐饮落实情况。

　　4. 出发前，地陪应提前10分钟到达集合地点。

　　提前到达不仅为了在时间上留有余地、以身作则遵守时间、应付紧急突发的事件，也是为了礼貌地招呼早到的旅游者、询问旅游者的意见和建议，同时有一些工作必须在出发前完成。

　　5. 核实、清点实到人数。

　　若发现有旅游者未到，地陪应向领队或其他旅游者问明原因，设法及时找到；若有的旅游者愿意留在饭店或不随团活动，地陪要问清情况并妥善安排，必要时报告饭店有关部门。

　　6. 提醒注意事项。

　　地陪要向旅游者预报当日天气和游览点的地形、行走路线的长短等情况，必要时提醒旅游者带好衣服、雨具、换鞋等。

7.准点集合登车。

早餐时向旅游者问候,提醒集合时间和地点;旅游者陆续到达后,清点实到人数并请旅游者及时上车,地陪应站在车门一侧,一面招呼大家上车,一面扶助老弱者登车;开车前,要再次清点人数。

(二)途中导游

1.重申当日活动安排

开车后,地陪要向旅游者重申当日活动安排,包括午餐、晚餐的时间、地点;向旅游者报告到达游览参观点途中所需时间;视情况介绍当日国内外重要新闻。

2.风光导游

在前往景点的途中,地陪应向旅游者介绍本地的风土人情、自然景观,回答旅游者提出的问题。

3.介绍游览景点

抵达景点前,地陪应向旅游者介绍该景点的简要情况,尤其是景点的历史、价值和特色。讲解要简明扼要,目的是为了满足旅游者事先想了解有关知识的心理,激起其游览景点的欲望,也可节省到目的地后的讲解时间。

4.活跃气氛

如旅途较长,可以讨论一些旅游者感兴趣的国内外问题,或组织适当的娱乐活动等来活跃气氛。

(三)景点导游、讲解

出发前地陪要准备好本旅行社的参观门票单,把存根联自存,结算联交给景点。

参观门票单(存根)

参观点	
团号	人数
导游	日期

_____旅行社参观门票单(结算)

参观点	
团号	人数
导游	日期

旅行社(公章)

1.交待游览注意事项

(1)抵达景点时,下车前地陪要讲清并提醒旅游者记住旅行车的型号、颜色、标志、车号和停车地点、开车时间。

(2)在景点示意图前,地陪应讲明游览路线、所需时间、集合时间、集合地点等。

(3)地陪还应向旅游者讲明游览参观过程中的有关注意事项。

2.游览中的导游讲解

抵达景点后,地陪应对景点进行讲解。讲解内容应繁简适度,包括该景点的历史背景、特色、地位、价值等方面的内容。讲解的语言应生动,富有表达力。在景点导游的过程中,地陪应保证在计划的时间与费用内,旅游者能充分地游览、观赏,做到讲解与引导游览相结合,适当集中与分散相结合,劳逸适度,并应特别关照老弱病残的旅游者。

3.留意旅游者的动向,防止旅游者走失

在景点导游过程中,地陪应注意旅游者的安全,要自始至终与旅游者在一起活动。注意旅游者的动向并观察周围的环境,和全陪、领队密切配合并随时清点人数,防止旅游者走失和意外事件的发生。

(四)参观活动

旅游团的参观活动一般都需要提前联络,安排落实并有人接待。一般是先介绍情况,然后引导参观。地陪的翻译要正确、传神,介绍者的言语若有不妥之处,地陪在翻译前应给予提醒,请其纠正;如来不及可改译或不译,但事后要说明,必要时还要把关,以免泄露有价值的经济情报等。

(五)返程中的工作

1.回顾当天活动

返程中,地陪应回顾当天参观、游览的内容,必要时可补充讲解,回答旅游者的问询。

2.风光导游

如旅游车不从原路返回饭店,地陪应做沿途风光导游。

3.宣布次日活动安排

返回饭店下车前,地陪要预报晚上或次日的活动安排、出发时间、集合地点等。提醒旅游者带好随身物品。地陪要先下车,照顾旅游者下车,再向他们告别。

六、其他服务

除参观游览活动外,丰富多彩的其他活动是旅游生活中必不可少的部分,是参观游览活动的继续和补充,地陪要努力为旅游者安排好文明、健康的各类活动。

(一)社交活动

1.宴请和品尝风味食品这类活动包括宴会、冷餐会、酒会和风味餐等。品尝具有地方特色的风味食品,是旅游者经常参加的宴请活动,形式自由、不排座次。旅游者品尝风味食品有两种形式,一种是计划内的,另一种是计划外的。后一种

是旅游者自费进行，邀请导游员参加，在这种情况下导游员注意不要反客为主。不管在何种情况下，地陪要向旅游者介绍风味名菜及其吃法并进行广泛交谈。

2. 会见旅游者（主要是专业旅游团）

会见中国方面的同行或负责人，必要时导游员可充当翻译。若有翻译，导游员则在一旁静听。地陪事先要了解会见时是否互赠礼品，礼品中是否有应税物品，若有应提醒有关方面办妥必要的手续。旅游者若要会见在华亲友，导游员应协助安排，但在一般情况下不负责翻译。

3. 舞会

有关单位组织的社交性舞会，也有旅游者自己购票的娱乐性舞会。前者，导游员一般应陪同前往；后者，地陪可代为购票，是否参加自便，但无陪舞的义务。

（二）文娱活动

安排旅游者观看计划内的文娱节目时，地陪须陪同前往，并向旅游者简单介绍节目内容及其特点；引导旅游者入座，介绍剧场设施、位置；解答旅游者的问题；在旅游者观看节目过程中，地陪要自始至终坚守岗位。在大型娱乐场所，地陪应提醒旅游者不要走散，并注意他们的动向和周围的环境，以防不测。

（三）购物服务

购物是旅游者的一项重要活动，地陪应严格执行接待单位制定的符合《旅游法》的游览活动日程，带旅游团到商定的商店购物。在旅游者购物时，地陪应向全团讲清停留时间及有关购物的注意事项，介绍本地商品特色，承担翻译工作，介绍商品托运手续等。如遇小贩强拉强卖时，地陪有责任提醒旅游者不要上当受骗，不能放任不管。对商店不按质论价、抛售伪劣商品、不提供标准服务时，地陪应向商店负责人反映，维护旅游者的利益。

（四）餐饮服务

地陪要提前落实本团当天的用餐，对午餐、晚餐的用餐地点、时间、人数、标准、特殊要求逐一核实并确认。用餐时，地陪应引导旅游者进餐厅入座，介绍餐厅的有关设施、饭菜特色、酒水的类别等。向领队告知地陪、全陪的用餐地点及用餐后全团的出发时间。用餐过程中，地陪要巡视旅游团用餐情况一二次，解答旅游者在用餐中提出的问题，并监督、检查餐厅是否按标准提供服务并解决可能出现的问题。用餐后，地陪应严格按实际用餐人数、标准、饮用酒水数量，如实填写《餐饮费结算单》与餐厅结账。

七、送客服务

旅游团结束本地参观游览活动后，地陪应做到让旅游者顺利、安全离站，遗留问题得到及时妥善的处理。

(一)送行前的业务

1. 核实交通票据

(1)旅行团离开的前一天,地陪应核实旅游团离开的机(车、船)票,要核对团名、代号、人数、全陪姓名、去向、航班(车次、船次)、起飞(开车、起航)时间(要四个核实:计划时间、时刻表时间、票面时间、询问时间)、在哪个机场(车站、码头)起程等事项。如果出现变更情况,应当问清内勤是否已通知下一站接待社,以免造成漏接。

(2)若系乘飞机离境的旅游团,地陪应提醒或协助领队提前72小时确认机票。

2. 商定出行李时间

(1)地陪应先与饭店总台商定退房的时间。

(2)与领队、全陪商定旅游者出行李的时间,商定后再通知旅游者,并向其讲清有关行李托运的具体规定和注意事项。

3. 商定集合、出发的时间

一般由地陪与司机商定出发时间(因司机比较了解路况),但为了安排得更合理,还应及时与领队、全陪商议,确定后应及时通知旅游者。

4. 商定叫早和早餐时间

地陪应与领队、全陪商定叫早和用早餐时间,并通知饭店有关部门和旅游者。如果该团是乘早班飞机或早班火车则需改变用餐时间、地点和方式(如带饭盒),地陪应及时作有关安排。

5. 协助饭店结清与旅游者有关的账目

(1)地陪应及时提醒旅游者尽早与酒店结清与其有关的各种账目(如洗衣费、长途电话费、饮料费等),若旅游者损坏了客房设备,地陪应协助饭店妥善处理赔偿事宜。

(2)地陪应及时通知酒店有关部门旅游团的离店时间,提醒其及时与旅游者结清账目。

6. 及时归还证件

一般情况下,地陪不应保管旅行团的旅行证件,用完后应立即归还旅游者或领队。在离站前一天,地陪要检查自己的物品,看是否保留有旅游者的证件、票据等,若有,应立即归还,当面点清。出境前要提醒领队准备好全部护照和申报表,以便交边防站和海关检查。

7. 送行工作

如有旅行社负责人送行,要认真做好送别的具体组织工作。

(二)离店服务

1. 集中行李

离开饭店前,地陪要按商定好的时间将旅游者的行李集中后,装入旅游车行李箱。

2. 办理退房手续

旅游团离开饭店前,无特殊原因地陪应在中午 12：00 之前办理退房手续(或通知旅行社有关人员办理)。

3. 集合登车

(1)出发前地陪应询问旅游者与饭店的账目是否结清;提醒旅游者有无遗漏物品,请旅游者将房间钥匙交给服务台。

(2)集合旅游者上车。等旅游者放好随身行李入座后,地陪要清点人数。全体到齐后,提醒旅游者再检查清点一下随身携带的物品,如无遗漏则开车离开饭店。

(三)送行服务

1. 致欢送辞

导游员致欢送辞,可以加深与旅游者之间的感情。致欢送辞时语气应真挚、富有感情。地点可选在行车途中,也可选择在机场、车站或码头。

欢送辞的内容应包括:

(1)回顾旅游活动,感谢大家的合作;

(2)表达友谊和惜别之情;

(3)诚恳征求旅游者对接待工作的意见和建议;

(4)若旅游活动中有不顺利或旅游服务有不尽如人意之处,导游员可借此机会再次向旅游者赔礼道歉;

(5)表达美好的祝愿。

地陪致欢送辞应注意把握好时间,不该在致欢送辞后仍有大段路程,可以先进行沿途导游,然后再致欢送辞。

2. 提前到达机场(车站、码头),照顾旅游者下车

地陪带团到达机场(车站、码头)必须留出充裕的时间。具体要求是:出境航班提前 3 小时,乘国内线飞机提前 2 小时,乘火车提前 1 小时。旅游车到达机场(车站、码头),下车前地陪应提醒旅游者带齐随身的行李物品。照顾全团旅游者下车后,要再检查车内有无旅游者遗漏的物品。

地陪服务时间要求

项目	时间掌握
接站前	提前 1～2 小时与交通站联系
每次游览出发前	提前 10 分钟到达集合地点
旅游团离站前	提前 1 天核实交通工具
送国内航班	提前 2 小时到机场
送国际航班	提前 3 小时到机场

3.办理离站手续

(1)国内航班(车、船)的离开手续：

①移交交通票据和行李票。到机场(车站、码头)后，地陪应迅速组织旅游者办理行李托运和登机手续，分发登机牌。

②与全陪按规定办理好财务拨款结算手续并妥善保管好单据。

③等旅游团所乘交通工具起动后，地陪方可离开。

(2)国际航班(车、船)的出境手续：

①地陪要向领队(或旅游者)介绍办理出境手续的程序。

②由旅游者自己办理登机、行李托运、通关和安检等手续。

③与全陪办理财务拨款结算手续并妥善保管好单据，将返程交通票据交给全陪。

④旅游团进入隔离区后，地陪、全陪才可离开。

4.与司机结账

送走旅游团后，地陪应与司机核实用车公里数，在用车单据上签字，并要保留好单据。

八、后续工作

(一)处理遗留问题

下团后，地陪应妥善、认真处理好旅游团的遗留问题，按有关规定办理旅游者临行前托办的事宜，必要时请示领导后再处理。

地陪下团后应该将向旅行社借用的有些物品，如导游旗、话筒、手提扩音器等，经过有关部门检查无损坏后归还，办清手续。

(二)结账

按旅行社的具体要求并在规定的时间内，填写清楚有关接待和财务结算表格，连同保留的各种单据、接待计划、活动日程表等上交有关人员，并到财务部门结清账目。

(三)总结工作

地陪应及时交"旅游服务质量评价意见卡",认真做好陪团小结,实事求是地汇报接团情况。涉及旅游者的意见和建议,力求引用原话,并注明旅游者的身份。旅游中若发生重大事故,要整理成文字材料向接待社和组团社汇报。

重庆→宜昌(3晚4天)　宜昌→重庆(4晚5天)日程表

2012年5月6日,作为世界内河航运豪华邮轮的代表作之一,"长江黄金3号"邮轮下水首航。船长149.98米,总面积超过1.8万平方米的"长江黄金3号"邮轮也成为目前世界内河航运中最长的豪华邮轮。

日　期	抵达　离开	行程及景点	包含餐饮	住宿
第一天	18:00~20:00 21:00	朝天门码头登船 开航,开始三峡之旅		游船
第二天	8:00~8:30 8:30~10:30 13:00~15:00 18:00~18:30	游船介绍及说明会 上岸游览丰都鬼城 停靠石宝寨(自由活动) 船长欢迎酒会	早午晚餐	游船
	20:00~22:00	歌舞晚会		
第三天	08:00~10:00 10:30~11:00 12:30~16:30 16:30~17:00 18:00~19:00 19:00~20:00 20:00~22:00 20:00~24:00	选择停靠白帝城(自由活动) 经瞿塘峡 换小船游览小三峡 经过巫峡 船长欢送宴会 进西陵峡 歌舞晚会 过五级船闸	早午晚餐	游船
第四天	08:00~10:00 10:00~12:00 12:00	上岸游览三峡大坝 西陵峡 抵达宜昌新世纪码头下船	早餐	

费用包含:

1. 船上住宿。
2. 在船期间的一日三餐。
3. 计划内上岸旅游门票:丰都鬼城,小三峡,导服费,赠送三峡大坝旅游。
4. 标间价格是船上服务台所在楼层房间。如果客人要预订更高楼层需要加收150元/层人。

费用不含:

1. 在船期间的个人消费。如洗衣、理发、酒吧消费等。
2. 计划外选择停靠景点的门票费。

3.上船前和下船后的码头接送交通费。

游船信息:

行程通知:每日行程表展示在大堂并送至您的房间。根据航道及水位,如有变更将广播通知。

船陪讲解:本船导游负责为您介绍船上的设施及服务,解说沿途景点,并解答您提出的问题。

商务中心:供您上网冲浪,查阅电子邮件以及发送电子贺卡。

行李搬运:登船后,行李由行李员负责搬运,您只需将房号告诉您的陪同导游或总服务台服务员即可。

洗衣服务:请填好洗衣单,并将要洗的衣物放在洗衣袋内,服务员会收取,或请您直接交给客房服务中心。

摄影服务:专业摄影师为您捕捉度假期间永恒的瞬间,如有需求,可直接向其咨询等。

长江黄金3号邮轮设施介绍

类型	公共设施	楼层分布	面积(m²)	公共设施	楼层分布	面积(m²)
餐饮设施	中西餐厅	2F	660	景观酒吧	6F	285
	商务小餐厅	3F	35	露天烧烤吧	6F	970
	VIP餐厅	6F	378		6F	600
娱乐设施	大型双层影剧院	−1F	257	模拟驾驶区	4F	288
	同声传译厅			网络会所		
	儿童乐园	2F	53	咖啡吧		
	阅览室兼会议室	4F	47	游戏中心		
健身设施	健身中心	1F	146	环形赛车道	6F	长83m 宽1.5m
	冲浪游泳池	5F	63	健身跑道		
	露天高尔夫练习场	顶棚	786			
其他设施	水疗会所(SPA)	1F	226	特色名小吃	2F	43
	足疗室			商业步行街	2F	870
	大堂	2F	387	中西医馆	3F	47
	商务中心	2F	22	中小型会议室	5F	75
	监控室	2F	28	阳光甲板	5F	970
	广播室	2F	45	独立分区	全船	
	摄影中心	2F	35	广播系统		
	美容美发	2F	35	卫视系统	全船	
	精品商店	2F	43	直升机停机坪	顶棚	
	茶艺吧、书吧	2F	45.5	观光电梯		3部

评论:邮轮旅游在中国是一项方兴未艾的新兴旅游项目。某邮轮公司的日

程表比较详尽,对邮轮简况、设备设施、服务项目、费用等都作了介绍。执行情况亦较好,旅游者满意。

实训练习(二):熟悉并填写《旅游团导游记录表》

旅游团导游记录表

城市		旅游团名称		总编号		来自国家	
旅游团人数	其中	成人	2岁以下	2~5岁	6~9岁	10~11岁	
	华侨						
	外国人						
旅游团住房全部情况	饭店		其中	单人	双人	三人	其他
	间数						
	所属社		住房				
自行团抵达		月　　日　　时　　分用　　餐					
		乘坐　　次机、车、船抵达					
自行团离开		月　　日　　时　　分用　　餐					
		乘坐　　次机、车、船赴					
主要活动项目							
行程变动情况	原计划	人数		时间		饭店	
	变动						
备注							

说明:
1.作为组团社与接团社结算的依据,必须由该团全陪和地陪本人签字,全陪每离开一地之前,均要认真、准确、实事求是逐项填写,如有差误视情节轻重追究陪同人员的责任。
2.接团社将此表与"旅游团费用结算通知书"一并寄组团社。

地陪:　　　　　　　　　　　　　全陪:

年　　月　　日

链接：中国公民国内旅游文明行为公约

营造文明、和谐的旅游环境，关系到每位游客的切身利益。做文明游客是我们大家的义务，请遵守以下公约：

1. 维护环境卫生。不随地吐痰和口香糖，不乱扔废弃物，不在禁烟场所吸烟。

2. 遵守公共秩序。不喧哗吵闹，排队遵守秩序，不并行挡道，不在公众场所高声交谈。

3. 保护生态环境。不踩踏绿地，不摘折花木和果实，不追捉、投打、乱喂动物。

4. 保护文物古迹。不在文物古迹上涂刻，不攀爬触摸文物，拍照摄像遵守规定。

5. 爱惜公共设施。不污损客房用品，不损坏公用设施，不贪占小便宜，节约用水用电，用餐不浪费。

6. 尊重别人权利。不强行和外宾合影，不对着别人打喷嚏，不长期占用公共设施，尊重服务人员的劳动，尊重各民族宗教习俗。

7. 讲究以礼待人。衣着整洁得体，不在公共场所袒胸赤膊，礼让老幼病残，礼让女士，不讲粗话。

8. 提倡健康娱乐。抵制封建迷信活动，拒绝黄、赌、毒。

第二节　全程陪同导游服务程序与规范

全陪服务是保证旅游团队的各项旅游活动按计划顺利、安全实施的重要方面。全陪作为组团社的代表，应自始至终参与旅游团队全旅程的活动，负责旅游团移动中各环节的衔接，监督接待计划的实施，协调领队、地陪、司机等旅游接待人员的关系。全陪应严格按照导游服务质量标准和旅游合同提供各项服务。

一、服务准备

外出带团，少则数天，多则数周，加上旅途中有许多不可预测的因素，决定了全陪工作的复杂性。因此，细致、周到的准备工作是做好全陪服务的重要环节之一。

(一)熟悉接待计划

上团前,全陪要认真查阅接待计划及相关资料,了解所接旅游团的全面情况,注意掌握该团重点旅游者、特殊旅游者(如残疾人、记者)的情况和该团的特点。

1.记住旅游团的名称(或团号)、国别、人数和领队姓名与联络方式(手机号、微信户名)。

2.了解旅游团成员的民族、职业、姓名、性别、年龄、宗教信仰、生活习惯等,全团或重点旅游者联络方式(手机号、微信户名)。

3.了解团内较有影响的成员、特殊照顾对象和知名人士的情况。

4.掌握旅游团的行程计划、旅游团抵离旅游线路各站的时间、所乘交通工具的航班(车、船)次,以及交通票据是否订妥或是否需要确认、有无变更等情况和要求。

5.熟悉全程中各站的主要参观游览项目,根据旅游团的特点,准备好讲解和咨询解答的内容。

6.了解全程各站安排的文娱节目、风味餐、额外游览项目及是否收费等事宜。

7.摘记有关地方接待单位的电话和传真号码,以便于联系。

(二)物质准备

上团前,全陪要做好必要的物质准备,携带必备的证件和有关资料,其中包括:

1.必带的证件:本人身份证、导游证、边防通行证等;

2.所需结算单据和费用拨款结算单、支票、旅差费等;

3.旅游团接待计划、日程表、旅游宣传品、行李卡、徽记、全陪日志等;

4.个人生活用品。

(三)心理准备、知识准备和形象准备

服务准备与地陪相似,但要有更加充分的心理准备,这是因为全陪的流动性很大,天南海北到处走,要求导游员不仅要吃苦,还要能适应各地的水土和饮食。全陪与旅游者相处时间长、接触多,除了需要准备基本的景点知识和在途中讲解的综合知识,以开阔旅游者视野。另外,旅游者对全陪提出的要求较多,所以全陪受气的机会也比较多,在特殊情况下很有可能成为出气筒。

(四)与接待社联系

接团前一天,全陪应同接待社取得联系,互通情况,妥善安排好相关事宜。

二、首站(入境站)接团服务

首站(入境站)接团服务要使旅游团抵达后能立即得到热情友好的接待,让旅游者有宾至如归的感觉。

1. 接团前,全陪应向接待社了解本站接待工作的详细安排情况。
2. 全陪应提前半小时到接站地点与地陪一起迎候旅游团。
3. 全陪协助地陪尽快找到旅游团,向领队自我介绍后,立即与领队核实实到人数、行李件数、住房餐饮等方面的情况。如有变动应及时与接待社联系,反映该团的要求。
4. 协助领队向地陪交接行李。
5. 致欢迎辞。

全陪应代表组团社和个人向旅游团致欢迎辞。欢迎辞内容包括:表示欢迎、自我介绍(同时应将地陪介绍给全团)、表示提供服务的真诚愿望、预祝旅行顺利的内容,同时还要介绍全程概况、注意事项、时差等。

三、入住饭店服务

导游员应使旅游团进入饭店后尽快完成住宿登记手续、入住客房、取得行李。为此,全陪应该:

1. 积极主动地协助领队办理旅游团的住店手续;
2. 请领队分配住房,但全陪要掌握住房分配名单,并与领队互通各自房号以便联系;
3. 热情引导旅游者进入房间;
4. 如地陪不住酒店,全陪要负起全责,照顾好旅游团;
5. 掌握饭店总服务台的电话号码和与地陪紧急联系的办法。

四、核对商定日程

全陪应认真与领队核对、商定日程。如遇难以解决的问题,及时反馈给组团社,使领队得到及时的答复。

五、各站服务

全陪要在旅途的各站以地陪安排为主,自己检查、督促、协助和提供相关的服务,使接待计划全面顺利实施,各站之间有机衔接,各项服务适时、到位,保护好旅游者的人身安全,突发事件得到及时有效的处理。

1. 全陪应向地陪通报旅游团的情况,并协助地陪工作。

2. 监督各地服务质量,酌情提出改进意见和建议。

3. 保护旅游者的安全,预防和处理各种事故。

(1)游览活动中全陪要注意观察周围的环境,注意旅游者的动向,协助地陪圆满完成导游讲解任务,避免旅游者走失或者发生意外。

(2)提醒旅游者注意人身和财物安全,如突发意外事故,应依靠地方领导妥善进行处理。旅游者重病住院、发生重大伤亡事故、失窃案件、丢失护照及贵重物品时,要迅速向组团社请示汇报。旅游者丢失护照、钱、物等,应请有关单位或部门查找。如确属丢失被盗,应办好有关保险索赔手续。

4. 为旅游者当好购物顾问。

旅游者购买贵重物品特别是文物时,要提醒其保管好发票以备出海关时查验。旅游者购买中成药、中药材时,要向旅游者讲清中国海关的有关规定。

5. 做好联络工作。

(1)做好领队与地陪、旅游者与地陪之间的联络、协调工作;

(2)做好旅游线路上各站间,特别是上、下站之间的联络工作,通报情况(如领队的意见、旅游者的要求等),落实接待事宜。

六、离站服务

在旅游团离开各地之前,全陪应进行如下工作:

1. 提前提醒地陪落实离站的交通票据及离站的准确时间。

2. 协助领队和地陪办理离站事宜。

(1)向领队讲清航空、铁路、水路有关托运或携带行李的规定,超重部分应按章交纳行李超重费;对乘坐飞机离站的旅游团,要提醒领队和地陪需要交纳机场建设费和机场税等。

(2)向旅游者讲明我国有关行李托运的规定,帮助有困难的旅游者捆扎行李,请旅游者将行李上锁。

(3)协助领队、地陪清点旅游团行李,与行李员办理交接手续。

(4)离站前要与地陪、司机话别,对他们的工作表示感谢。

3. 妥善保管票据。

(1)到达机场(车站、码头)后,应与地陪交接交通票据、行李卡或行李托运单,交接时一定要点清、核准并妥善保存,以便到达下站后顺利出站。

(2)与地陪按规定办好财务手续,并妥善保管好财务单据。

(3)填写《旅游团费用结算通知书》,交给地接社。

旅游团费用结算通知书

_____（台核）　　　　　　　　　　　　　　　　　　　编号：_____

旅游团名称		总编号		来自国家（地区）		实有人数	
应收综合服务标准	旅游团　等　级　　成人：　　人，每人每天　　元							
	儿童：两周岁　　人，　　％；五周岁内　　人，　　％							
	十二周岁内　　人，　　％							

结算项目			结算金额	核定金额
综合服务费	月 日 时 分乘 抵达用 餐按 ％			
	月 日至 月 日共 天按 ％			
	月 日 时 分用 餐后乘 离开按 ％			
	增加（减少）抵达当地已（未）过供 餐时间而供（未供）餐餐费（士）			
	增加（减少）抵达当地已（未）到供 餐时间已（未供）餐餐费（士）			
房餐费	住　　　饭店，收房费　　元，　天，　间			
	住　　　饭店，增收餐费，早　元，午　元，晚　元，　人			
附加费	增收去　　　的超里程汽车费			
	风味餐费			
	口岸费			
	预订房手续费　　人　　天　　元			
	超时调剂费　　　超　　小时　　人			
垫付款	赴　　飞机（火车、轮船）票　　张　　元，			
	儿童票　　张　　元			
	购票手续费			
	乘火车行李托运费			
	全陪住房费　　　标准　　天　　元			
	全陪赴　　飞机、火车、轮船			

合计	人民币	结算金额		外汇券	结算金额	
		核定金额			核定金额	
	大写金额　　万　千　百　拾　元　角　分					

备注	

七、途中服务

乘飞机(火车、轮船)时,全陪要积极争取民航、铁路、航运部门工作人员的支持,共同做好安全保卫、生活服务工作。安排好途中生活,使旅游者感到满意、愉快。

1. 在运行中,全陪应提醒旅游者注意人身和物品的安全。
2. 组织好娱乐活动,协助安排好饮食和休息,照顾好旅游者的生活。
3. 保管好行李托运单和飞机、火车、轮船票等单据,抵达下站时将其交予当地陪同。
4. 乘火车旅行,应事先请领队分配好包房、卧铺铺位。

八、末站(离境站)服务

末站(离境站)的服务是全陪服务中的最后环节,要使旅游团顺利离开末站(离境站),并留下良好的印象。

1. 当旅行结束时,全陪要提醒旅游者带好自己的物品和证件。
2. 征求旅游者对整个接待工作的意见和建议。
3. 致欢送辞,对旅游者给予的合作表示感谢并欢迎再次光临。

九、后续工作

1. 旅游团离境后,全陪应认真处理好旅游团的遗留问题,提供可能的延伸服务,如有重大情况,要向本社进行专题汇报。
2. 按时填写《全陪日志》或提供旅游行政管理部门(或组团社)所要求的资料。《全陪日志》的内容包括:旅游团的基本情况;旅游日程安排及飞机、火车、航运交通情况;各地接待质量(包括旅游者对食、住、行、游、购、娱各方面的满意程度);发生的问题及处理经过;旅游者的反映及改进意见。
3. 按财务规定,尽快报销旅差费。
4. 归还所借物品。

全陪日志

单位/部门			团号	
全陪姓名			组团社	
领队姓名			国籍	
接待时间	年 月 日 至 年 月 日		人数	（含　岁儿童　名）
途经城市				
团内重要客人、特别情况及要求：					
领队或旅游者的意见、建议和对旅游接待工作的评价：					
该团发生问题和处理情况（意外事件、旅游者投诉、追加费用等）：					
全陪意见和建议：					
全陪对全过程服务的评价：　合格　　　不合格					

行程状况	顺利	较顺利	一般	不顺利
客户评价	满意	较满意	一般	不满意
服务质量	优秀	良好	一般	比较差
全陪签字		部门经理签字		质管部门签字
日期		日期		日期

第三节　海外领队服务程序与规范

按照《中国公民自费出国旅游管理暂行办法》的规定，目前我国出国旅游均采取团队形式，团队的旅游活动须在领队带领下进行。领队是经国家旅游行政管理部门批准的国际旅行社委派的出国旅游团队的专职服务人员，代表该旅行社全权负责旅游团在境外的旅游活动。在旅游过程中，领队起着沟通派出方旅行社和境外接待方旅行社、旅游者和旅游目的地国家(或地区)导游员之间桥梁的作用。其职责是：维护旅游团成员间的团结，协调旅游团同境外接待方旅行社导游员之间的关系，监督接待方旅行社全面执行旅游合同规定的内容，协助各地导游员落实旅游团的食、住、行、游、购、娱等各项服务，维护旅游团成员的正当利益，保证旅游团在境外旅游活动的安全和顺利进行。

一、行前准备

(一)研究旅游团情况

了解旅游团成员的职业、姓名、性别、年龄及旅游团中的重点旅游者、需要特殊照顾的对象和旅游团的特殊要求。

(二)核对各种票据、表格和旅行证件

1. 核对旅游者护照和《中国公民自费出国旅游团队名单表》及签证。
2. 核对旅游者的交费、机票及行程情况。
3. 了解旅游者的健康情况，检查全团的预防注射情况。
4. 准备多份境外住店分配名单。

(三)物质准备

1. 准备好领队证，已核对好的票据、证件和各种表格。
2. 准备好有关团队费用。
3. 准备好社旗、社牌、胸牌、行李标签等。
4. 准备好国内外重要联系单位的电话号码、名片等。
5. 准备好自用旅途用品和货币(外币、人民币)。

(四)召开出国前的说明会

在办理好护照、签证、机票等有关手续后，领队要召集本团队全体旅游者开一次"出国旅游说明会"，其内容包括：

1. 代表旅行社致欢迎辞(包括表示欢迎、自我介绍、表明愿意为大家服务、希望予以合作、预祝旅游顺利成功等)。
2. 旅游行程说明(包括出境、入境手续以及出游目的地的旅游日程)。
3. 介绍旅游目的地国家(地区)的基本情况及风俗习惯，提出要求，讲清注意事项。
4. 落实有关分房、交款、特殊要求等事项。
5. 出入境注意事项，如：出境携带外币、人民币限额，我国海关出入境须申报的物品，严禁携带的出入境物品等。

赴美国旅游注意事项

一、尊重习俗

1. 美国是礼仪之国,请保持衣冠整洁,公共场合小声说话,无论任何时候他人为您服务都请说"谢谢""Thank you"。

2. 任何时候,都请礼让妇女、儿童。

3. 请勿询问对方年龄、收入及婚姻情况。

4. 一定不要随地吐痰,随处吸烟。要吸烟时看一下是否有禁烟标志或请问周围的人是否介意您吸烟。

5. 在西式自助餐厅用餐时,客人自行不定量选用食品,可以多次取用,每次不要拿太多,吃饱吃好,不要浪费。有些餐厅会对浪费者处以罚款。

6. 美国习惯付小费,您参加集体活动的场合小费多为集体支付,但您单独行动不要忘记给为您服务的人小费,一般小费标准为总数的10%~15%。

二、旅行必备

1. 美国西部气候炎热,有时会有阵雨,请携带雨具等。

2. 美国东部气候较凉,请备好御寒衣物。

3. 请自备一般常用药,如感冒药、消炎药、肠胃药、晕车药及外伤药和特殊的慢性病药品。

4. 请备一套宽松舒服的休闲服,一双软底运动鞋(便于走长路),一双拖鞋,一两套正式场合穿的套装,爱好游泳者可以携带游泳衣裤。

5. 请自备盥洗用品,牙膏、牙刷等。

6. 美国酒店多不备开水,水龙头打开的冷水为无菌饮用水,但热水不可饮用,如习惯饮茶者,请自备电热杯和茶叶。

7. 美国电压为110伏特,请准备相应的转换器。

三、生活须知

1. 入住酒店后应该马上自取标有酒店名称、地址、电话的名片,或抄录下来以备急用。

2. 进入房间后,先熟悉各项设备的用法,不懂之处可以询问陪同人员或宾馆服务员。

3. 在酒店的洗盥间,有些盆浴设备挂有帘子,请在入浴时将帘子挂入盆内,以免水流满地。

4. 有些酒店设有收费电视、洗衣设施、酒水、邮寄、宵夜、电话,请问明后使用,此费用需在结算时自付。

5. 横穿马路一定要走人行道,并请等待行人指示灯。美国的车速较快,极易出事故,在非人行道穿越马路,警察会罚款。

6. 乘坐大型旅游车出游，应尽量固定位子，以便清点人数，千万照管好自己的行李，尤其是护照、现金以及其他贵重物品，以免丢失，造成不必要的麻烦。

二、通关服务

（一）办理中国出境手续

1. 与出关地接待旅行社导游联系送关事宜，并提前到达集合地点准时集合，清点旅游团人数。

2. 带领全团办理边防检查、卫生检疫、海关申报（有携带应税物品出境者须办理）等出关手续（出关时，领队一般应先过边检，而后协助《名单表》上的团员逐一过关）。

3. 办理登机手续。提醒旅游者或代客预先缴纳民航发展基金，协助团员托运行李，分发登机牌（境外一般按旅客姓氏字母顺序安排机上座位）。

（二）办理国外入境手续

1. 填写外国（我国特区）入境卡，一般是在出入境搭乘的交通器上填写，领队统一向乘务人员索取空白入境卡，代旅游者或指导旅游者填写，有关内容应与旅游者护照和签证一致。

2. 到达旅游目的地国家（地区）后，代理旅游团办理好证件查验、卫生检疫和海关检查等入境手续，如需要应指导旅游者填写海关申报卡。

（三）办理国外出境手续

1. 协助国外接待旅行社导游办理旅游团出境手续，包括旅游者行李清点、托运、出境卡填写、交通票证核实等。

2. 带领旅游团办理证件查验、海关检查等手续，通过外国出境关口。

（四）办理回国入境手续

1. 提醒旅游者不能携带我国禁止入境的物品，并告知旅游者应申报关税的物品。

2. 带领全体团员办理中国入境的边防检查、海关检查、卫生检疫等入境手续，整团入关（入关时，领队一般应协助边检按《名单表》逐一办理团员入关，领队最后入关）。

3. 入关后散团前，在入境口岸与旅游者进行简短的告别，感谢旅游者的合作，征询意见，表示改进的诚意，交代旅游者返回居住地旅途的注意事项。

三、境外旅游服务

（一）首站交接

到达目的地后领队应立即清点团员人数，并与境外接待社的导游员接洽，交接行李。

（二）安排团队入住酒店

1.办理入住手续并分配房间。

2.宣布叫早、早餐、出发时间及领队、导游员的房间号、电话号码。

3.检查行李是否送到旅游者房间门口。

4.协助团员解决入住后的有关问题。

（三）商定日程安排

与接待地导游员核对、商定接待计划，注意把握两条原则：

1.遇有当地导游员修改日程时，应坚持"调整顺序可以，减少项目不行"的原则，必要时报告国内组团社。

2.当地导游员推荐自费项目和购物时，在不改变原有日程和活动项目的前提下，海外领队要征求全体旅游团成员的意见，取得一致方可实施。如不能取得一致意见，应向外方坚决拒绝，表示只能按合同执行。

（四）监督实施旅游计划

监督沿途各站按照合同规定的规格和项目实施旅游计划。

（五）重视旅游安全

在游览中留意旅游者的动向，防止各种事故的发生。

（六）处理有关问题

与接待旅行社密切合作，妥善处理各种事故和问题，消除不良影响。

（七）指导购物

遇有日程排定的购物时，领队要提醒旅游者注意商品的质量和价格，谨防假货或以次充好，购买后及时索要有关单据、证明文件。

（八）做好总结工作

维护旅游团内部的团结，协调旅游者之间的关系，妥善处理矛盾。

（九）保管证件和机票

1.在旅游途中，如有必要，最好将旅游者的护照、签证集中保管。

2.保管好全团机票和各国入境卡、海关申报卡等。

张扬带领一旅游团到邻国旅游，一路上还算顺利，但在最后一站却出现了不少问题。旅游团一到，当地的导游员就提出计划中的日程安排无法兑现，要换一个游览项目并增加一个自费项目。张扬只说了一句"这样不妥"，但因对方坚持，就忍下了。他想反正是最后一站，没有必要太计较，以免搞坏与对方旅行社的关系。但他没有想到，在那里停留的一天半时间里，地陪竟然将旅游团带到了四家商店，在每家商店一呆就是一两个小时，并一再动员旅游者购物，张扬上前交涉，地陪却说："这是我们这里的规矩，每个旅游团都是这样接待的。"还有，旅游者吃不饱,向张扬诉说,张扬找地陪要求增加饭菜,地陪回答:"这里物价贵,你们吃的还比其他旅游团好呐!要加饭菜可以,不过费用由你们承担。"面对这样的地陪,张扬很是无奈。更有甚者,晚上地陪还要带领旅游者去色情场所,只是绝大多数旅游者反对,才没有去成,地陪一脸的不高兴。总之,最后一站,旅游者非常不满意,怪张扬没有维护他们的合法权益,而张扬感到委屈,认为碰到这样的地陪谁都没有办法。地陪还不高兴呐,说:"就是你们旅游团多事,不服从安排!"(范黎光.导游业务.北京:机械工业出版社,2003)

分析:

中国旅游团是不是多事,不服从地陪的安排?不是。张扬应在旅游团成员的支持下与当地地接社、旅游主管机构联系,坚持按旅游合同的规定办事。

四、后续工作

1. 领队在请旅游者填写征求意见表后,将表格收回,进行统计、整理。
2. 领队要详细填写《领队小结》,整理材料,反映情况。
3. 与有关方面结清账目,归还借来的物品。
4. 领队还要协助旅行社有关部门或领导处理遗留问题。

链接:中国公民出境旅游文明行为指南

中国公民,出境旅游;注重礼仪,保持尊严。
讲究卫生,爱护环境;衣着得体,请勿喧哗。
尊老爱幼,助人为乐;女士优先,礼貌谦让。
出行办事,遵守时间;排队有序,不越黄线。
文明住宿,不损用品;安静用餐,请勿浪费。
健康娱乐,有益身心;赌博色情,坚决拒绝。
参观游览,遵守规定;习俗禁忌,切勿冒犯。
遇有疑难,咨询领馆;文明出行,一路平安。

××旅行社泰新马豪华游日程表

第一天　上海飞曼谷　TG665(17:20~21:15)　PHY080115M—B
1/15　请各位游客在机场指定时间和地点集合,并由专人负责办理出境手续。团队将搭乘豪华客机前往泰国首都——曼谷,接受泰国美女鲜花后送往酒店休息。
第二天　大皇宫—玉佛寺—畅游湄南河—三攀象战场—桂河大桥—夜游桂河

1/16　早餐后前往泰国第一国宝——金光灿灿、气势宏伟、犹如童话世界的城中之城的玉佛寺和大皇宫,乘坐长尾船畅游东方威尼斯之湄南河水上市场,参观水上人家的生活情景,途经郑王庙。下午前往三攀象战场欣赏泰国古代战士骑大象激烈作战场景的重现(内有攻城爆破及挥刀搏杀仿真表演)和大象表演场(包括猎象、托木、踢球等趣味表演)。后前往泰缅边界,乘竹筏漂流于桂河上,在别具风格的桂河船屋上享用晚餐及尽情卡拉OK狂欢。

　　早餐:酒店内　午餐:金满台湾餐　晚餐:漂流屋风味餐+卡拉OK
　　住:境外五星级

第三天　珠宝中心—龙虎园—人鳄大战—泰式按摩

1/17　早餐后前往参观泰国国家观光局指定的珠宝中心,欣赏闻名世界的泰国出产的红、蓝宝石,随后参观皮革展示中心,而后驱车前往富有亚洲度假区之后美誉的海滨度假胜地——芭堤雅。后驱车前往曼谷郊区著名的龙虎园,观看惊险的人鳄表演,园内充满热带风情的异国植物让你惊叹不已。享受正宗的泰式按摩之后品尝鱼翅燕窝餐。

　　早餐:酒店内　午餐:泰国柚木自助餐　晚餐:中式合菜
　　住:境外四星级

第四天　浪漫离岛一日游(珊瑚岛、金沙岛、情人沙滩)——芭堤雅梦幻艺城

1/18　早餐后带着愉快的心情穿上轻松的休闲服,我们开始了一天的离岛之旅。搭乘快艇前往珊瑚岛,坐特色玻璃船观赏五光十色的海底世界后乘快艇前往金沙岛,于岛上尽情享受阳光、沙滩、海水,漫步于情人沙滩。午餐在金沙岛海边餐厅享用炭烤海鲜篮。踏着美丽的夕阳前往耗资千万,可容纳2000名游客的宏伟壮观、豪华瑰丽的国际综艺胜地——芭堤雅梦幻艺城,观赏盛大的烟火表演,品尝世界各地的佳肴。

　　早餐:酒店内　午餐:岛上炭烤海鲜篮　晚餐:梦幻艺城各国著名佳肴
　　住:境外四星级

第五天　毒蛇研究中心—燕窝展示中心—五世皇柚木行宫—马车博物馆—大型人妖歌舞表演

1/19　早餐后,乘车前往参观国立毒蛇研究中心,观看各种毒蛇展示及世界上最毒的蛇。途中参观泰国特产燕窝展示中心。午餐享用独家赠送咖喱螃蟹餐。之后参观拉玛王朝第五世国王专属度假别宫五世皇柚木行宫。整栋夏宫是用金丝柚木搭建而完全不用钉子相接而成的,大家熟悉的安娜与国王的故事就发生在这里。皇家御用马车博物馆珍藏了世界各国王室的专用马车,五个多世纪的珍品尽在其中。之后,前往丽都贵宾座观看人妖

歌舞表演。
　　　　早餐：酒店内　　午餐：泰式咖喱螃蟹餐　　晚餐：福满楼自助火锅店
　　　　住：境外四星级

第六天　曼谷飞新加坡（航班以实际开票为准）　TG403（08：00/11：15）
1/20　乘坐国际航班飞往花园城市——新加坡，前往圣淘沙游览，之后送往酒店休息。
　　　　住：境外三星级

第七天　新加坡（车）马六甲
1/21　早餐后参观新加坡之象征——狮身鱼尾像后前往新加坡旅游促进局指定之珠宝商店，领略钻石之永恒魅力。前往花芭山，一览新加坡之全貌。参观百货商店，下午过关前往马来西亚古城马六甲游览圣保罗教堂，一睹葡萄牙古城门雄伟之姿，参观土特产商店。
　　　　住：境外三星级

第八天　马六甲（车）云顶（或吉隆坡）
1/22　早餐后游览三宝太监郑和的三宝庙、三宝井、三宝山，游览荷兰红屋。乘车前往吉隆坡兴都胜地——黑风洞，途中参观珠宝加工厂、可可世界展示厅，随后乘车去有"东方蒙地卡罗"之称的云顶，晚上住云顶或吉隆坡。
　　　　住：境外三星级

第九天　吉隆坡（飞）曼谷　TG418（21：00/22：05）
1/23　参观国立英雄纪念碑，国立皇宫，独立广场，国家清真寺，您可在皇宫前留影拍照，参观免税手表店及锡器加工厂。
　　　　此晚不住宿

第十天　曼谷（飞）上海　TG662（01：30/06：25）
1/24　搭乘飞机经过曼谷转机返回温馨的家园，行程圆满结束！
　　　　行程含：往返机票、机票税金、正常签证费用、机场建设税。
　　　　住宿泰国段当地四、五星级酒店和新马段当地三星级酒店（双人标准间）。
　　　　行程中团队标准用餐，乘空调大巴，配司机、导游、领队，以上行程中各景点第一门票。
　　　　行程不含：护照工本费（200元/人）、小费（250元/人）、卫生免疫费、旅游意外保险、自费项目及其他个人消费。
　　　　马来西亚保证境外自费330元/人内容：双峰塔（外观）、太子城、水上清真寺（外观）、首相署（外观）、马来村、皇帝面包鸡。

　　　　评议：此日程表细致而规范。行程、住宿、用餐、游览项目一一详尽列入。
　　　　实际执行情况：泰国段自费项目多而贵，但泰国段旅游项目丰富多彩，用餐住宿质量高,旅游者尚算满意。

第四节 定点导游服务程序与规范

定点导游又称景区景点导游,是导游服务的一个组成部分,包括旅游区、自然保护区、博物馆、纪念馆、名人故居等地的导游服务。导游员应通过其讲解,使旅游者对该景区景点或参观地的全貌和主要特色有较为全面的了解,并增进旅游者对保护环境、生态系统或文物意义的认识。导游员介绍、讲解时要讲普通话,发音要准确、口齿要清楚、语音语调要生动自然。

一、服务准备

(一)熟悉情况

1. 了解接待的旅游团(者)的基本情况,如人数、性质、身份等。
2. 熟悉景区景点或参观地的管理规定。
3. 掌握必要的环境和文物保护知识以及安全知识。

(二)物质准备

1. 准备好导游图册或有关资料。
2. 准备好导游讲解的工具或器材。

二、导游服务

(一)致欢迎辞

欢迎光临,自我介绍,表示愿意为大家服务,欢迎多加指导。

(二)导游讲解

景区景点或参观地简况介绍,内容包括:开设背景、目的、基本概况、布局、参观游览有关规定和注意事项。

1. 带领旅游者按参观游览路线分段讲解。讲解应视旅游者的不同类型和兴趣爱好有所侧重,积极引导旅游者参观和观赏。
2. 结合有关景物或展品宣传环境、生态系统或文物保护知识,并解答旅游者的问询。
3. 注意旅游者动向与安全。

三、送别服务

送别服务中最重要的内容是致欢送辞,首先对旅游者参观游览中的合作表示感谢,并征询意见与建议,欢迎再度光临指导。最后向旅游者赠送景区景点或参观地有关资料或小纪念品。

案例分析:

成都武侯祠博物馆让所有带团到馆的导游"休息",而由博物馆自己的专业讲解员讲解。这种做法,可能在三国文化知识等方面更专业一些,但是导游的职责和讲解权利是国家赋予的,武侯祠博物馆岂能轻易剥夺?再说,武侯祠博物馆的讲解员是否都有国家颁发的导游证?否则,他们是不能上岗的。

第五节　散客导游服务程序与规范

由于社会经济的发展、交通与信息技术的发展、接待机制的转变、旅游者中中青年人数和商务旅游者的增加、旅游者自主意识的增强,促使散客旅游迅速发展。散客旅游已成为我国当今各种旅游活动的主要形式。

散客旅游又称自助或半自助旅游,它是由旅游者自行安排旅游行程,零星现付各项旅游费用的旅游形式。散客旅游同团队旅游有较大的区别,主要表现为:

第一,旅游行程的计划与安排不同。散客旅游的行程由散客自行安排和计划,而团队旅游多为旅行社或旅游服务中介机构来安排。但是,这并不意味着散客进行的旅游活动完全不经过旅行社,相反,某些散客在出游前的旅游咨询和出游后的某些旅游事项也经过旅行社或委托旅行社办理。另外,散客也并不意味着就是单个的旅游者,可以是单个的旅游者,也可以是一个家庭,可以是几个好朋友,还可以是临时组织起来的散客旅游团,但人数一般为9人以下。

第二,付费方式不同。散客旅游的付费方式是零星现付,即购买什么、购买多少,都是按零售价格当场支付,而团队旅游多采用包价支付。

第三,价格不同。由于第二个差别,散客旅游的旅游项目价格相对贵一些,因为每个旅游项目散客都是按零售价格支付的;而团队旅游在某些旅游项目上可以享受到折扣优惠,因而相对较为便宜。

一、散客旅游的特点与接待要求

（一）散客旅游的特点

与团体旅游相比，散客旅游形式灵活、明码标价、自由度大、选择性强，具有批量小、批次多、预订期短、需求多、变化多的特点。

1. 批量小

由于散客旅游多为旅游者本人外出或与其家人或与朋友结伴而行，因此同团体旅游相比，人数规模小得多。对旅行社而言，接待散客旅游的批量比接待团体旅游的批量小得多。

2. 批次多

虽然散客旅游的批量较小，但是，由于散客旅游的发展非常迅速，采用散客旅游形式的旅游者人数大大超过团体旅游者人数，并日趋增多。而且，由于世界各国都在积极发展散客旅游业务，为散客提供各种方便条件，散客旅游更得到长足的发展。这样，旅行社在向散客提供旅游服务时，由于其批量小、总人数多的特征而形成了批次多的特点。由于散客要求旅行社提供的服务往往不是一次性的，有时同一散客多次要求旅行社为其提供服务，因此增加了旅行社的工作量，也提高了接待批次。

3. 预订期短

同团体旅游相比，散客旅游的预订期比较短。这是因为散客旅游要求旅行社提供的不是全套旅游服务，而只是一项或几项服务，有时是在出发前临时想到的，有时是在旅途中遇上的，但往往要求旅行社能够在较短的时间内为其安排或办妥有关的旅行手续。

4. 要求多

散客中有大量的公务和商务旅游者，由于他们的旅行费用多由其所在的单位或公司全部或部分承担，所以他们在旅游过程中的许多交际应酬及商务、公务活动，一般都要求旅行社为其安排。这种活动不仅消费水平较高，而且对服务的要求也较多、较高。

5. 变化多

散客往往由于旅游经验欠缺，在出游前对其旅游计划缺乏周密的安排，因而在旅游过程中可能随时变更其旅游计划，导致更改甚至全部取消出发前向旅行社预订的服务项目，而要求旅行社为其预订新的服务项目。

（二）散客旅游接待要求

散客旅游的发展是旅游市场成熟的标志之一，说明旅游者进行旅游活动的自主意识日趋增强，旅游经验日趋丰富，旅游消费观念日趋成熟和个性化。散客对旅游服务效率和质量的注重往往比团体旅游的旅游者更甚。因此,旅行社除了根据散客旅游发展的趋势和特点做好适应散客旅游需要的有关事宜以外,还要向导游员的接待服务工作提出更高要求,根据散客旅游的特点,旅行社要开展好散客旅游接待业务,需做好以下几个方面的工作:

1. 提高文化含量,增强旅游产品的吸引力

散客旅游是一种自主式旅游,参加这种旅游的旅游者一般文化层次较高,因而对旅游产品的文化内涵甚为重视,不仅要求旅行社能开发出具有丰富文化内涵和富有浓郁地方特色和民族特色的旅游产品,以满足他们追求个性化和多样化的消费心理,而且还要求为他们提供知识面广、文化素养高的导游员,以丰富他们的知识。

2. 建立计算机网络化预订系统

散客旅游的特点要求旅行社的预订系统须迅速、高效、便利、准确地运行。因此,旅行社应建立以计算机技术为基础的网络化预订系统,这不仅可以方便散客旅游活动的进行,而且对旅行社拓展散客旅游业务大有裨益。

3. 建立广泛、高效、优质的旅游服务供应网络

散客在旅游过程中,其旅游计划常发生变动,对旅行社提供的旅游服务项目在时间上要求快,对旅游服务设施和服务的质量上要求高。旅行社要适应散客的这种要求,必须逐步在旅游目的地建立起覆盖面较大、服务效率较高、服务质量上乘的旅游服务供应协作网络,以满足散客的需要。

4. 高效率的接待服务

散客旅游由于旅游者自主意识强,往往要求导游员有较强的时间观念,能在较短的时间内为其提供高效的服务。如接站送站时,散客不仅要求导游员要准时抵达接、送目的地,而且也急于了解行程的距离和所需的时间,希望能尽快抵达目的地,这就要求导游员能迅速办理好有关手续。

5. 高质量的导游服务

由于散客的旅游经验较为丰富,往往不太满足导游员对目的地和游览景点作一般的介绍,而要求导游员有更能突出其文化内涵和地方特色的讲解,能圆满地回答他们提出的各种问题,以满足其个性化和多样化的需求。因此,导游员在对散客进行导游讲解时,要有充分的思想准备和知识准备,保证有较高质量的导游服务。

6. 较强的独立工作能力和语言表达能力

散客旅游由于没有领队和全陪,导游服务的各项工作都要由导游员一人承担,一旦出现问题,无论是散客方面的原因,还是客观原因,导游员都需要独自处理。如在带领选择性旅游团时,由于散客间彼此互不认识,性格各异,在某些问

题上可能发生意见分歧,甚至激烈的争执,此时就需要导游员运用语言艺术进行有效的调解。选择性旅游团的散客来自不同的国家或地区,进行导游讲解时,在语言运用上也需要考虑不同国家和不同文化层次的散客的需要,使他们都能从中受益。

二、散客导游服务的类型

旅行社为散客提供的导游服务主要有以下三种类型:单项委托服务、咨询服务和选择性旅游服务。

(一)单项委托服务

单项委托服务是指旅行社为散客提供的各种按单项计价的可供选择的服务。旅行社为散客提供的单项委托服务主要有:抵离接送;行李提取和托运;代订酒店、代租汽车;代订、代购、代确认交通票据;代办入境、出境、过境、临时居住和旅游签证;代办国内旅游委托;提供导游服务;代向海关办理申报检验手续等。

单项委托服务分为受理散客来本地旅游的委托、办理散客赴外地旅游的委托和受理散客在本地的各种单项服务委托。旅行社向散客提供的单项委托服务是通过在各大酒店、机场、车站、码头设立的门市柜台和社内散客部进行的。

1. 受理散客来本地旅游的委托

旅行社散客部在接到外地旅行社代办的散客来本地旅游需提供的单项委托服务的通知时,应按照规定进行以下工作:

(1)记录有关内容。旅行社散客部要记录散客的姓名、国籍、人数、性别;散客抵达本地的日期、所乘航班、车(船)次;接站导游语种;要求提供的服务项目和付款方式等。若是要求预订在本地出境的交通票据,还须记录散客护照上的英文或拉丁文姓名,护照或身份证号码,出生年月日,所乘机、车、船的舱位或级别,以及外地委托社的名称、通话人姓名与通话时间。

(2)填写任务通知书。任务通知书一式两份:一份留存备查,一份连同原件送经办人办理。若散客要求提供导游接待服务应及时通知导游员。

(3)如果旅行社无法提供散客所委托的服务项目,应在24小时内通知外地委托旅行社。

2. 代办散客赴外地的旅游委托

旅行社为散客代办赴外地的旅游委托需在其离开本地前3天受理,若代办当天或第2天赴外地的委托,需加收加急长途通信费。

代办赴外地旅游委托时,如委托人在国外,旅行社散客部人员可告之到该国与其有业务关系的外国旅行社,通过该旅行社办理;如果委托人在我国境内,可告之直接到旅行社在有关酒店设立的门市柜台办理。

门市柜台人员在接受旅游者赴外地的旅游委托时，必须耐心询问旅游者的要求，并认真检查旅游者的身份证件。根据旅游者到达的地点、使用的交通工具及其他服务要求，逐项计价，现场收取委托服务费用，然后向旅游者开具收据。

如果旅游者委托他人代办委托手续，受托人必须在办理委托时，出示委托人的委托信函及受托人本人的身份证件，然后依照上述程序进行。

3.受理散客在本地的旅游委托

受理散客在本地旅游委托的运作，与代办散客赴外地旅游委托相同。

（二）旅游咨询服务

旅游咨询服务是旅行社散客部人员向旅游者提供各种与旅游有关信息和建议的服务。这些信息包括的范围很广，主要有旅游交通、酒店住宿、餐饮设施、旅游景点、旅行社产品种类以及各种旅游产品的价格等。旅游建议则是旅行社散客部人员根据旅游者的初步想法向其提供若干种旅游方案，供其选择与考虑。旅游咨询服务分为电话咨询服务、信函咨询服务和人员咨询服务。

1.电话咨询服务

电话咨询服务是旅行社散客部人员通过电话回答旅游者关于旅行社散客旅游及其他旅游服务方面的问题，并向其推荐本旅行社有关旅游产品的建议。在进行电话咨询服务中，散客部人员应做到以下几个方面：

（1）尊重旅游者

散客部人员在接到旅游者打来的旅游咨询电话时，要认真倾听旅游者提出的问题，并耐心地予以恰当的回答。回答时声调要热情友好，语音应礼貌规范，以表示对旅游者的尊重。

（2）主动推荐旅游产品

散客部人员在向旅游者提供电话咨询服务时要反应迅速，积极主动地进行推荐，即在圆满回答旅游者提出的各种问题的同时，积极主动地向旅游者提出各种合理的建议，不失时机地向旅游者推荐本旅行社的各种旅游产品。

2.人员咨询服务

人员咨询服务是指旅行社散客部设立的门市柜台人员接待前来进行旅游咨询的旅游者，回答旅游者提出的有关散客旅游方面的问题，并向其介绍、建议和推荐本旅行社散客旅游产品的服务。在向旅游者面对面地提供旅游咨询服务时，门市柜台接待人员应该做到以下几个方面：

（1）热情接待

旅游者来咨询时，接待人员应热情友好，面带微笑，礼貌待客，主动进行介绍。在咨询过程中，要认真地倾听旅游者的询问，并将问题和要求有条不紊地记录下来，然后耐心地进行解答。

（2）主动宣传

门市柜台接待人员在回答旅游者提出的问题时，应向其提供各种可行的建议供旅游者选择。同时还应向旅游者提供本旅行社散客旅游产品的宣传资料，让旅游者带回去阅读，以加深旅游者对本旅行社及其旅游产品的印象，为旅行社争取客源。

（3）促使成交

由于旅游者就在门市柜台，接待人员在向旅游者提出建议的同时，应尽力促成买卖成交。如旅游者提出特殊要求，在可能的情况下，应立即与有关业务人员联系并落实。

3. 信函咨询服务

信函咨询服务是旅行社散客部人员以书信形式答复旅游者提出的有关散客旅游和旅行社旅游产品的各种问题，并提供各种旅游建议的服务方式。信函咨询服务的书面答复应做到语言明确、简练规范、字迹清楚。

4. 网上咨询服务

对于网上咨询，应派专人管理好旅行社的网站，及时给予正确的回复。目前，一般是以现成的资料、产品供访问网站者查询为主，或者可采用电子邮件方式，与信函咨询基本相同。

（三）选择性旅游服务

选择性旅游服务是通过招徕，将赴同一旅行线路或地区或相同旅游景点的不同地方的旅游者组织起来，分别按单项价格计算的旅游形式。选择性旅游的具体形式多样，主要有小包价旅游中的可选部分；散客的市内游览、晚间文娱活动、风味品尝；到近郊或邻近城市旅游景点的短期游览活动，如"半日游""一日游""数日游""购物游"等。旅行社开拓选择性旅游，应抓好销售和接待两个主要环节，下面仅介绍选择性旅游的接待工作。

接待购买选择性旅游产品的旅游者，是旅行社散客旅游服务的另一个重要方面。由于选择性旅游具有品种多、范围广、订购时间短等特点，因此接待选择性旅游的旅游者要比接待团体包价旅游更为复杂、琐碎，为此，旅行社应重点做好如下两个方面的工作：

1. 及时采购

由于选择性旅游产品的预订期极短，而涉及的服务面却很广，因此旅行社要及时、迅速地做好有关旅游服务的采购工作，即建立和完善包括酒店、餐饮、旅游景区景点、文化娱乐单位、交通运输部门、商店等企事业单位的服务网络，以确保旅游者预订的服务项目得以实现。此外，旅行社还应经常了解这些企事业单位的服务价格、优惠条件、预订政策、退订手续等情况及其变化，以便在保障旅游者的服务供应前提下,尽量降低产品成本,扩大采购选择余地,增加旅行社的经济效益。

2. 搞好接待

选择性旅游团队的成员是由来自不同地方的散客临时组成的,旅游时间较短,一般不设领队和全陪,旅游者相互间不相识。因此,与团体包价旅游的接待相比,选择性旅游团队的接待工作其难度要大得多。为接待好选择性旅游团队,旅行社应当为其配备经验比较丰富、独立工作能力较强的导游员。在接待过程中,导游员在组织好各项旅游活动的同时,要随时注意观察旅游者的动向,听取其反映的要求,在不违反对旅游者提供有关服务的承诺和不增加旅行社经济负担的前提下,对旅游活动的内容可作适当调整。

三、散客旅游服务程序与规范

(一)接站服务

1. 服务准备

导游员接受迎接散客旅游者的任务后,应认真做好迎接的准备工作,这是接待好旅游者的前提。

(1)认真阅读接待计划

导游员应明确迎接的日期、航班或车次的抵达时间;旅游者姓名及人数和下榻的酒店;有无航班或车次及人数的变更;提供的服务项目;是否与其他旅游者合乘一辆车至下榻的酒店等。

(2)做好出发前的准备

导游员要准备好所迎接旅游者的姓名或小包价旅游团的欢迎标志、地图;随身携带的导游证、胸卡、旗子、接站牌;检查所需票证,如离港机(车)票、餐单、游览券等。

(3)联系交通工具

导游员要与计调部确认司机姓名并与司机联系,约定出发的时间、地点,了解车型、车号。

2. 接站服务

接站时,要使旅游者或小包价旅游团受到热情友好的接待,有宾至如归的感觉。

(1)提前到达等候

导游员若迎接的是乘飞机而来的旅游者或小包价旅游团,应提前20分钟到达机场,在国际或国内进港隔离区门外等候;若是迎接乘火车而来的旅游者或小包价旅游团,应提前30分钟进车站站台等候。

(2)迎接旅游者

在航班(或列车)抵达时刻,导游员应与司机站在不同的出口(或列车软卧或软座车厢外)易于被旅游者发现的位置举牌等候,以便旅游者前来联系,导游员也可根据旅游者的民族特征上前询问。确认迎接到应接的旅游者后,应主动问候,并介绍所代表的旅行社和自己的姓名,对其表示欢迎。询问旅游者在机场或车站还需办理的事情,并给予必要的协助。询问旅游者行李件数,并进行清点,帮助旅游者提取行李和引导旅游者上车。如果是小包价旅游团,将行李清点后交行李员运送。如未接到应接的旅游者或小包价旅游团,导游员应询问机场(车站)的工作人员,确认本次航班(列车)的旅游者已全部进港和在隔离区内已没有出港的旅游者。导游员要与司机配合,在尽可能的范围内寻找至少20分钟。若确实找不到应接的旅游者,应同计调人员电话联系,报告迎接的情况,核实旅游者或旅游团抵达的日期或航班(车次)有无变化。当确认迎接无望时,经计调部门同意方可离开机场(车站)。

3.沿途导游服务

在从机场(车站)至下榻酒店的途中,导游员对散客或小包价旅游团应像团体包价旅游团一样进行沿途导游,介绍所在城市的概况、下榻酒店的地理位置和设施,以及沿途景物和有关注意事项等。对个体散客,沿途导游服务可采取对话的形式进行。

4.入住酒店服务

入住酒店服务应使旅游者或散客旅游团进入酒店后尽快完成住宿登记手续,导游员应热情介绍酒店的服务项目及住店的有关注意事项,与旅游者确认日程安排与入店的有关事宜。

(1)帮助办理入住手续

旅游者抵达酒店后,导游员应帮助旅游者办理酒店入住手续,向旅游者介绍酒店的主要服务项目及住店注意事项。按接待计划向旅游者明确酒店将为其提供的服务项目,并告知旅游者离店时要现付的费用和项目,记下旅游者的房间号码。散客旅游团行李抵达酒店后,导游员要负责核对行李,并督促行李员将行李送至旅游者房间。

(2)确认日程安排

导游员在帮助旅游者办理入住手续后,要与旅游者确认日程安排。当旅游者确认后,将填好的安排表、游览券及赴下站的飞机(火车)票交与旅游者,并让其签字确认。如旅游者参加大轿车游览,应详细说明各种票据的使用、集合时间和地点,以及旅游者离店时间与送站安排。

(3)确认机票

若旅游者将乘飞机赴下一站,而旅游者又不需要旅行社为其提供机票时,导游员应叮嘱旅游者要提前预定和确认机座。如旅游者需要协助确认机座时,导游员可告知确认机票的电话号码。如旅游者愿将机票交与导游员帮助确认,而接待计划上又未注明需协助确认机票,导游员可向旅游者收取确认费,并开具证明。导游员帮助旅游者确认机票后,应向散客部计调部门报告核实确认的航班号和离港时间。

(4)推销旅游服务项目

导游员在迎接旅游者的过程中,应随时询问旅游者在本地停留期间还需要旅行社为其代办何种事项,并表示愿竭诚为其提供服务。

5. 后续工作

迎接旅游者完毕后,导游员应及时将同接待计划有出入的信息及旅游者的特殊要求反馈给散客部。

对于未在机场或车站接到旅游者的导游员来说,回到市区后,应前往旅游者下榻的酒店前台确认旅游者是否已入住酒店。如旅游者已入住酒店,必须主动与旅游者联系并表示歉意。要按上述安排旅游者停留期间的有关事宜服务,然后向散客计调部门报告全过程。

(二)导游服务

导游员要做好散客的导游服务工作,应有高度的工作责任感,多倾听旅游者的意见,做好组织协调工作。尤其是散客小包价旅游团,旅游者来自不同的国度,彼此语言不通,民族习惯各异,游览中相互无约束,集合很困难。因此,导游员更应尽心尽力,多做提醒工作,多提合理建议,努力使旅游者参观游览安全、顺利、满意。

1. 出发前的服务

出发前,导游员应做好有关的准备工作,如携带游览券、导游小旗、宣传材料、游览图册、导游证、胸卡、名片等,并与司机联系集合的时间、地点,督促司机做好有关准备工作。导游员应提前15分钟抵达集合地点,引导旅游者上车。如是散客小包价旅游团,旅游者分住不同的酒店,导游员应陪同司机驱车按时到各酒店接旅游者。旅游者到齐后,再驱车前往游览地点。根据接待计划的安排,导游员必须按照规定的路线和景点率团进行游览。

2. 沿途导游服务

散客的沿途导游服务与团体旅游者大同小异,如导游员接待的是临时组合起来的散客小包价旅游团,初次与旅游者见面时,应代表旅行社、司机向旅游者致以热烈的欢迎,表示愿竭诚为大家服务,希望大家予以合作,多提宝贵意见和建议,并祝大家游览愉快、顺利。导游员除做好沿途导游之外,应特别向旅游者强调在游览中要注意安全。

3. 现场导游讲解

抵达游览景点后,导游员应对景点的历史背景、特色等进行讲解,语言要生动,引导旅游者观赏。如果是个体旅游者,导游员可采用对话的形式进行讲解。游览前,导游员应向其提供游览路线的合理建议,由旅游者自行选择。提醒旅游者上车的时间、地点及车型、车号。如果是散客小包价旅游团,导游员应陪同旅游团,边游览边讲解,随时回答旅游者的提问,并注意观察旅游者的动向和周围的情况,以防旅游者走失或发生意外事故。接待计划规定的景点游览结束以后,导游员要将旅游者送回下榻的酒店。

4. 其他服务

旅游者回到酒店后,由于散客自由活动的时间较多,导游员应当好他们的顾问。应旅游者要求,可协助其安排购物或晚间娱乐活动,提醒旅游者注意安全,引导他们去健康的娱乐场所。

5. 后续工作

接待任务完成后,导游员应及时将接待中的有关情况反馈给散客部计调部门,或填写《零散旅游者登记表》。

(三)送站服务

旅游者在结束本地参观游览活动后,导游员应使旅游者顺利、安全地离站。

1. 服务准备

(1)详细阅读送站计划

导游员接受送站任务后,应详细阅读送站计划,明确所送旅游者的姓名或散客小包价旅游团人数、离开本地的日期、所乘航班或车次以及旅游者下榻的酒店;有无航班或车次与人数的变更;是否与其他旅游者或散客小包价旅游团合乘同一交通工具到机场或车站。

(2)做好送站准备

导游员必须在送站前24小时与旅游者或散客小包价旅游团确认送站时间和地点。若旅游者不在房间,应留言并告知再次联络的时间,然后再联系、确认。要备好旅游者的机(车)票。同散客部计调部门确认与司机会合的时间、地点及车型、车号。如旅游者乘国内航班离站,导游员应掌握好时间,使旅游者提前60分钟到达机场;如旅游者乘国际航班离站,必须使旅游者提前120分钟到达机场;如旅游者乘火车离站,应使旅游者提前40分钟到达车站。

2. 到酒店接运旅游者

按照与旅游者约定的时间,导游员必须提前20分钟到达旅游者下榻的酒店,协助旅游者办理离店手续,交还房间钥匙,付清账款,清点行李,提醒旅游者带齐随身物品,然后照顾旅游者上车离店。

若导游员到达旅游者下榻的酒店后,未找到送站的旅游者,导游员应到酒店前台了解旅游者是否已离店,并与司机共同寻找,若超过约定时间20分钟仍未找到旅游者,应向散客部计调部门报告,请计调人员协助查询,并随时与其保持联系,当确认实在无法找到旅游者后,经计调人员或有关负责人同意后,方可停止寻找,离开酒店。

若导游员送站的旅游者与住在其他酒店的旅游者合乘一辆车去机场或车站,要严格按约定的时间顺序抵达各酒店。

若合车运送旅游者途中遇到严重交通堵塞或其他极特殊的情况,需调整原约定的时间顺序和行车路线时,导游员在抵达更改后的第一个酒店时,应及时打电话向散客部计调部门报告,请计调人员将时间上的变化通知下榻酒店的旅游者。

3. 到站送客

在运送旅游者到机场或火车站途中,导游员应向旅游者征询在本地停留期间或旅游中的感受、意见和建议,并代表旅行社向旅游者表示感谢。

旅游者到达机场后,导游员应提醒和帮助旅游者带好行李物品,协助旅游者办理登机手续。一般情况下,机场税由旅游者自付,但如送站计划上注明代为旅游者缴纳机场税时,导游员则应照计划办理,回去后再凭票报销。

导游员在同旅游者告别前,应向机场人员确认航班是否准时起飞,若航班延时起飞,应主动为旅游者提供力所能及的帮助。若确认航班准时起飞,导游员应将旅游者送至隔离区入口处同其告别,热情欢迎其下次光临。若有旅游者再次返回本地,要同旅游者约好返回等候的地点。旅游者乘坐国内航班离站,导游员要待飞机预定的起飞时间之后方可离开机场。

送旅游者去火车站时,导游员要安排旅游者从贵宾候车室上车入座,协助旅游者安顿好行李后,将车票交给旅游者,然后同其道别,欢迎其再来。待火车发车后方可离开车站。

送别旅游者后,导游员应及时将有关情况反馈给散客部计调部门。

地陪王小姐在陪同一对老年夫妇浏览故宫时,工作认真负责,在两个小时内向旅游者详细讲解了午门、三大殿和乾清宫,当老人提出一些有关故宫的问题时,王小姐说:"时间很紧,现在先浏览,回酒店后我一定详细回答你的问题。"老人建议休息一会儿,她谢绝了。老太太不想去珍宝馆参观,她动员说:"珍宝馆里有很多稀世的皇家珍宝,你们来一次北京,不参观珍宝馆太可惜了。"最终还是让老人去了珍宝馆。送老人回酒店后,王小姐虽然很累,但内心很高兴,认为自己出色地完成了导游讲解任务。然而,出乎意料的是,那对老年夫妇不仅没有表扬她,反而给旅行社领导写信批评了她。王小姐觉得很委屈。领导了解情况后却说王小姐不了解老年人,有好的动机而没收到好的效果,老年旅游者批评得对。

(范黎光.导游业务.北京:机械工业出版社,2003)

实训练习(三):近程导游训练——一日游

结合当地实际,设计一次一日游——近程导游训练活动。完成后填写《近程导游训练实习报告表》。

近程导游训练实习报告表

学号		姓名		班级	
训练地点		训练日期			
模拟社名		职务		任务	
履行职务报告					
收获与体会					
遵守纪律情况					
备注					
小组评定成绩		教师评定成绩		签名:	

第六章 旅游故障的预防与处理

本章提要

本章首先分析了旅游故障的类型及其成因；阐述了旅游故障处理的基本原则与程序；重点介绍了主要旅游故障的预防与处理的方法。通过学习本章必须熟悉造成漏接、空接、错接、误机的原因，掌握漏接、空接、错接、误机的处理与预防，掌握丢失证件、钱物、行李的预防与处理方法，掌握旅游者走失的处理与预防，掌握旅游者患病的处理与预防，掌握交通事故、治安事故、火灾事故、食物中毒等的处理与预防。

第一节 旅游故障的类型及其成因

由于不可抗拒的自然力及旅游服务的缺陷存在，在导游活动中，导游员常常会遇到一些出乎意料的问题。它们可能影响到旅游活动的正常进行，引起旅游故障。旅游故障不仅会给旅游者带来烦恼或痛苦，为导游员的工作增添麻烦和困难，甚至还会影响到旅游地的形象和声誉。所以旅游故障一旦发生，导游员应采取应对的措施，及时有效地进行排除，将故障所致的各种损失及不利影响降至最小。这就需要掌握不同旅游故障的处理原则和方法。

一、旅游故障的类型

(一)旅游故障的定义

旅游故障是指旅游过程中突然出现的影响旅游活动顺利进行,可能引起损失、造成不利影响的问题或事故。

旅游故障具有突发性、危害性、复杂性和紧急性的特点。

1. 突发性

突发性是指旅游故障什么时候发生、出现怎样的旅游故障,是事先无法预料的。旅游故障的发生具有随机性和偶然性。导游活动虽然是事先进行过周密的计划和安排的,但是由于旅游计划是提前制定的,与旅游计划的具体实施有一段时间间隔。在这段时间里,情况可能会发生或多或少的变化。而且旅游产品的生产与消费是同步进行的,旅游计划的执行是旅游者参与到旅游服务的"生产"之中,所以可能发生一些意想不到的事情。可见,旅游故障的发生带有偶然性,故障的发生往往是防不胜防、出乎预料。导游员没有思想准备,一时难以应付,如天气突然降温,旅游者衣服穿的较为单薄,导致多人患病等,都带有突然性、偶然性,给旅游活动的正常进行带来一些负面影响。

2. 危害性

大多数旅游故障的发生都会或多或少地对旅游者及旅游接待方的利益造成一定的损害。严重的会危及旅游者的生命和财产安全,对旅游地的形象及声誉产生负面影响。一般而言,旅游故障越严重,其危害也越大,造成的损失也越大。

3. 复杂性

复杂性是指引发旅游故障的原因是各方面的因素交织在一起以及处理故障时涉及的方面多、环节多,需要做的工作纷繁而艰巨,如发生误机时,需要尽快与机场联系,争取改乘最近班次离开,同时安排好旅游者滞留期间的食宿,相应调整日程增加一些游览项目,还要及时通知下一站对后续活动做出相应的变动调整。

4. 紧急性

紧急性主要是指出现问题、发生故障后,不论责任在谁,导游员应全力以赴,尽可能迅速而果断地进行处理,尽量降低危害、减少损失。

(二)旅游故障的类型

从不同的角度划分,旅游故障有不同的类型。按旅游故障发生的原因划分,有社会与技术性故障和自然灾害性故障;按旅游故障危害的程度划分,主要有重大故障和一般故障;按旅游故障处理时涉及面大小划分,则有单一性故障和复合性故障。

1.社会与技术性故障和自然灾害性故障

社会与技术性故障是由社会状况和接待方的运行机制的原因而引起的,多是旅游接待环节出现的失误所致,如游览项目安排较多,因时间关系没能一一游览;因行李员工作不细致导致两个团队的行李搞混,造成有的旅游者一时拿不到行李;离站前带领旅游者去人多的商业区购物,无法在规定的时间内集中,导致误机等。这类事故多系人为所致,接待方和其他相关单位的人员加强责任心,工作时尽职尽责,可以预防、控制和避免技术性故障的发生。

自然灾害性故障是指非人力所能控制的原因所引起的故障,如地震、海啸、山洪暴发、公路塌陷使行程受阻;大雾、暴风雨、沙尘暴造成航班改期;旅游者患病或猝死。自然性故障往往突如其来,不可预见,难以控制。处理这类故障比较急迫,困难较多。自然灾害性故障发生后虽然给旅游者带来种种不便,使行程被迫改变,由于是不可抗拒的自然力所致,比较容易得到旅游者的谅解。

2.重大故障和一般故障

重大故障是指严重危害旅游活动正常进行的大事故,重大故障发生后会造成极大的经济损失和重大的负面影响,如旅行团集体食物中毒、恶性交通事故、旅游者猝死等。由于这类事故的危害大,应竭力排除。如果发生,导游员应尽力做好有关工作,将危害、损失和负面影响降至最小。

一般故障是指旅游活动中经常可能发生的差错和小事故。这类故障的危害性较小,如旅游者丢失钱物、旅游日程变更、旅游者患病等。一般故障虽然对旅游活动的影响不大,但也要及时处理,尽快排除,以免积小成大。

3.单一性故障和复合性故障

单一性故障是指处理时涉及面不大的故障,如旅游者丢失钱物、旅游者旅行途中患病等。只涉及个别旅游者,处理问题相对容易。

复合性故障是指处理时涉及面较大的故障。处理这类故障时比较烦琐,要从大局着眼,不仅考虑到眼前的问题,还要想到后续的事情,如旅行途中遇交通事故,首先将伤者送往医院救治,等待交通管理部门现场处理,报告旅行社的领导,对其他的旅游者要安抚情绪,同时安排好继续游览。

二、旅游故障的成因

(一)不可抗拒的自然力

不可抗拒的自然力是指非人力所能控制的一些因素,如前面提到的地震、海啸、山洪暴发、公路塌陷、暴风雪、沙尘暴、大雾、食物中毒、恶性的交通事故、旅游者猝死等。这些因素虽然不可控制,但提前预报,可采取相应的一些措施,减弱其对旅游活动的影响。因而导游员应随时关注天气预报和有关信息报道并与相关部门沟通,收集信息,通报给旅游者。如果规避这类故障需要适当调整日程时,要与旅游者协商,征得他们同意。

(二)人为因素

人为因素是指旅游接待方和相关单位的人员责任心不强或过多考虑局部利益等方面的原因,如旅行社的行李员、导游、司机、计调人员及有关接待单位的人员工作上失误。为了预防由人为因素引起的旅游故障,导游员要坚守岗位,始终与旅游者在一起,认真、细致地做好自己的工作;同时经常与有关接待单位和人员沟通、联系,经常检查、督促,使各部门、各环节不出漏洞。

(三)设备、设施因素

设备、设施因素是指乘用的交通工具,下塌饭店的设备、设施等出现故障,如中途汽车抛锚、住宿饭店无热水供应等。这类因素虽然能通过提高设备设施运行状态的完好率来预防,但难保万无一失。

(四)社会因素

社会因素主要是指社会治安中不安定的因素,如行窃、抢劫、欺诈、谋财害命等。这类因素引起的故障往往危及旅游者财产和生命的安全,造成不好的社会影响。在旅游期间导游员需要保持高度的责任心并时刻提高警惕,观察周围的环境,注意旅游者的行踪。经常提醒旅游者保管好自己的证件和钱物,当出现异常情况时,注意保护旅游者的安全。

(五)旅游者因素

旅游者因素主要是指因为旅游者的种种原因(如个别旅游者的挑剔,团队成员众口难调等)而引发旅游故障,如团队的部分成员希望增加游览内容,部分成员要求按日程表游览,个别旅游者在游览过程中走失。对于这类因素引发的故障,导游员要防患于未然或妥善进行处理,以免造成不应有的损失。

第二节 旅游故障处理的基本原则与程序

一、旅游故障处理的基本原则

(一)将损失降至最少

将损失降至最少的原则要求导游员在处理时尽可能将旅游故障所带来的危害和损失减少到最低。要做到这点应着眼于细微之处,即使发生一个小小的差错,也要迅速及时进行处理。一个小差错也许不会影响旅游的进程,但几个小事件累加起来就容易引起旅游者的强烈不满,并可能引发严重事件,导游员绝不能掉以轻心。例如,游览途中遇上堵车,旅游者可能有所抱怨,游兴受到影响。此时导游员如果不加以引导,听之任之,在旅游过程中又会因为在其他的一些小事件(如提供的餐饮量少质差)的刺激下引发旅游者的不满情绪,甚至导致旅游者的投诉。当然,处理问题时要分轻重缓急,及时采取措施,快速处理,控制损失扩大。

(二)确保按日程安排进行游览

确保旅游活动按日程安排顺利展开是旅行社和导游员的工作目标,也是旅游者的旅游需求。处理故障时应从这个前提出发,尽早妥善地处理好有关事情,确保旅行、游览活动的正常开展。处理故障时还要尽可能地兼顾每一个旅游者的利益,注意不能为了小部分的旅游者的利益而牺牲大多数人的利益,也不能为了大多数的旅游者的利益而损害小部分旅游者的合法权益。

(三)按规章办事

导游服务是一项独立性强,而又具有一定政策性的工作,导游员必须树立法纪观念。在处理旅游故障时要遵守我国有关的法律、法规,执行旅行社的规章制度,切忌擅自主张,我行我素。遇事要多报告,如遇旅游者财物失窃或其他治安事故应向公安部门报告,请求调查;如遇行李丢失、旅游日程变更等向旅行社报告,请求协助处理;根据旅行社的批示,处理旅游故障。

二、旅游故障处理的基本程序

对于突如其来的故障,导游员没有思想准备,一时难以应付。了解、熟悉处理故障的基本程序,有利于减少导游工作的失误,正确、有效地解决问题。

(一)遇事沉着,稳定旅游者情绪

故障发生以后,旅游团中会出现一定程度的混乱,旅游者产生情绪波动。此时导游员的言行可能影响事态的下一步发展。如果导游员也慌乱,旅游者就会更加不知所措,导致事态扩大化。沉着冷静、处事不惊是导游员应该具备的心理素质。面对突如其来的变故,导游员要保持镇静。稳定旅游者的情绪,首先要稳定好自己。行为举止沉着,不可手忙脚乱;说话语调平稳,不可一惊一乍;眼神安宁,不可飘忽不定。镇静、稳定的情绪有助思维清晰,尽快采取相应的措施。

(二)拟定和实施处理方案

旅游故障出现以后,要紧的就是排除故障,寻求解决问题的方案,及时进行处理,处理时需要分清故障的性质。单一性的故障,易处理,无须制定什么方案,直接解决问题就可以了。对于复合性故障要分清轻重缓急,逐个处理。不可夸大故障的严重性,也不可轻视故障发展的态势。要先外后内,先考虑旅游者,后考虑接待方;先重后轻,先办理紧迫的事情,再办理一般的事情。对于复杂的故障还可拟定一套或几套方案,先实施处理方案,当故障一时难以排除时,寻求替代的解决办法。

旅游故障的处理程序往往只提供一般策略,有的故障由于紧急而不容多想,须果断处理。

日本旅游团在北京天坛游览,结束清点人数时,发现少了一位老年男性旅游者,找了两回也不见人影。正在这时,团内一老太太又突然发病,倒在车上不能动弹,而其余的旅游者按计划要去故宫游览。走失的老年旅游者不能不管,发病的旅游者情况危急需要抢救,同时也不能耽误其他旅游者的继续游览。导游员在来不及向旅行社请示报告的情况下,果断作出处理:

①先用车把病人送往医院,并嘱咐其他旅游者在车上等十几分钟再去故宫,以稳定他们的情绪。

②和领队扶病人去就诊。经诊断老太太是心脏病突发,须住院治疗,并且要求留有一人看护。由于老太太在团内没有亲人,导游员既要作翻译,又要为其办理住院手续,他决定让领队带其他旅游者去故宫(领队以前曾去过故宫),就把填写好的门票交给领队,并讲明游览路线、上车地点和时间,同时又让领队转交给司机一张字条,上面写明停车地点、时间及有关注意事项。这样,领队就带着其他旅游者去了故宫。

③为老太太办理了住院手续,导游员立即打电话向旅行社领导汇报了情况,建议社里和天坛附近的派出所帮助寻找走失的旅游者,并同宾馆取得联系。同时请求社里另派一名翻译到医院来替换自己。尔后对老太太发病的过程作了详细记录。

④两小时后,领队带着游览故宫的旅游团返回,社里派来的翻译也及时赶到了医院。而走失的旅游者在有关单位的协助下归了团。(陈永发.导游学概论.上海:上海三联书店,1999)

(三)善后处理

有些旅游故障当时虽然暂时处理了,还可能会遗留一些问题,需要导游员继续协助办理。如上例中的老太太一时不能康复,要通知其在日本的亲属。当亲属到来后,应协助其解决生活方面的问题。

(四)记录、总结

一些重大旅游故障处理完后,导游员要认真总结并向旅行社和有关旅游部门呈交事故处理书面报告。报告的内容大致包括:

1. 故障发生的情况与原因。故障发生的时间、地点、人物、经过及危害程度，原因及其分析。

2. 事故处理过程。事故处理步骤、进展情况、参与处理的单位与人员，以及有关方面的反应与要求(如当事人及其亲属、领队及其他旅游者、当事人所在国驻华使领馆)。

3. 善后处理情况及赔偿情况。

4. 事故造成的影响，应吸取的经验教训，今后的防范和改进措施。

5. 其他需报告的事项。

第三节 社会和技术性旅游故障的预防与处理

一、旅游团(者)要求变更计划行程

旅游计划或活动日程是按旅游合同、协议书的内容制定的。一旦确定，具有法律效应，各方应严格执行，一般不作轻易变更，有时因不可预料因素(如天气突变、自然灾害、交通问题等)迫使旅游团改变旅游活动计划及活动日程。

（一）旅游团(者)要求变更计划和日程

旅游过程中，由于种种原因，旅游团(者)提出变更路线或日程的要求时，导游员原则上应按合同执行，若有特殊情况应上报组团社，根据组团社的指示做好工作。

（二）客观原因需要变更计划和日程

旅游过程中，因客观原因、不可预料的因素(如天气、自然灾害、交通问题等)需要变更旅游团的旅游计划、路线和活动日程。

1. 一般应变措施

(1) 制定应变计划并报告旅行社

分析当时形势，对问题的性质、严重性和后果做出分析，把握旅游者因情况变化可能出现的心理变化及情绪波动，制定出应变计划并报告旅行社。

(2) 做好旅游团(者)的工作

地陪、全陪经商量取得一致意见，然后与领队协商，最后向旅游者说明困难，诚恳地道歉，以求得谅解。解释应变计划安排，争取旅游者的支持和认可。

2.通常可能出现的情况

(1)缩短或取消在一地的游览时间

抓紧时间,争取游遍日程所确定的景点;若有困难,尽量选择最具当地特色、最有代表性的景点游览,并适当给予物质补偿。

如系提前离开,要及时通知下一站(或请旅行社有关部门与下一站联系)。

(2)延长在一地的游览时间

调整活动日程,适当延长在主要景点的游览时间,适当增加游览景点,充实晚上活动。

与旅行社有关部门联系,落实变更后的用餐、用车、订房安排,如延迟离开本地,要及时通知下一站(或请旅行社有关部门与下一站联系)。

(3)在一地的游览时间不变,变更部分旅游计划

减少(超过半天)或取消一地的游览时间,全陪应报告组团社,由组团社做出决定,并通知有关地方接待旅行社。

若替换一地的某一活动,要以精彩的介绍、新奇的内容和最佳的安排激起旅游者的兴趣,力求使新安排能够得到旅游者认可。

二、接送故障的预防与处理

接送故障有漏接、错接、空接及误机(车、船)事故。

(一)漏接

旅游团(者)抵达一站后,无导游员迎接称漏接。

1.漏接的原因

导游员主观原因造成,未按服务规程要求提前到达接站地;没有查对新时刻表,仍按原时刻表时间去接旅游团;旅游团因原定车次、班次变更而提前到达,但导游员未看变更通知仍按原计划去接团;工作疏忽,搞错接站地点。

2.漏接的预防

认真阅读接待计划,了解旅游团抵达日期、时间、接站地点,并核对有无变化;应在旅游团抵达本站的当天,与上一站核实旅游者到达的准确时间;把握出发时间,确保提前半小时到达接站地点。

3.漏接的处理

应实事求是地向旅游者说明情况,诚恳地赔礼道歉,提供更加热情周到的服务来取得旅游者谅解,同时采取弥补措施以高质量地完成计划内的全部活动内容。因漏接导致旅游者发生的费用,主动给予赔付。

(二)错接

导游员在接站时未认真核实,接了不应由他接的旅游团(者)称之为错接。

错接一般为责任事故。

1. 错接的原因

有的旅行社同时派出两个或多个旅游团,有时甚至各团的人数也相同,导游员没有认真核对,自以为是,接了不应由他接的旅游团。

2. 错接的预防

提前到达接站地点迎接旅游团;认真核实客源地组团社名称、本国组团社名称、旅游团代号和人数、领队姓名(无领队的团要核实旅游者的姓名)、下榻饭店等。确认无误,方可接走。提高警惕,严防社会其他人员(非法导游)接走旅游团。

3. 错接的处理

如果错接发生在同一家旅行社接待的两个旅游团时,导游员应立即向领导汇报。经领导同意,地陪可不再交换旅游团,全陪应交换旅游团并向旅游者诚恳道歉。

若错接的是另外一家旅行社的旅游团时,导游员应立即向旅行社领导汇报,设法尽快交换旅游团,并向旅游者实事求是地说明情况并诚恳地道歉。

如果是其他人员(非法导游)接走旅游团,导游员应马上与饭店联系,查看是否已住进饭店,并采取相关措施。

(三) 空接

由于某种原因旅游团推迟到达,导游员仍按原计划预定的班次或车次去接团而没有接到称之为空接。

1. 空接的原因

由于天气原因或某种故障,旅游团仍滞留在上一站或途中,而全陪或领队又无法及时通知地方接待社;因班次或车次变更致使旅游团推迟到达,但接待社有关部门由于没有接到上一站的通知,或接到了上一站的通知后有关人员忘记通知该团地陪造成空接;因旅游者的原因临时决定取消旅游。

2. 空接的预防

与上一站保持联系,确定到站的准确时间;遇到天气等特殊情况与上一站及时联系,看是否能按时到达。

3. 空接的处理

与本旅行社有关部门联系,查明原因。如果旅行社告知旅游者推迟抵达且推迟时间不长,则在原地继续等候;若告知旅游团(者)推迟时间较长,按接待社的有关安排重新落实接团事宜。

(四) 误机(车、船)事故

误机(车、船)事故,是指由于某些原因或旅行社有关人员工作失误,旅游团

(者)没有按原定航班(车次、船次)离开本站而导致的滞留。

1. 误机(车、船)的原因

由于旅游者的原因(如摔伤、走失等)或因途中遇到交通事故、严重堵车、汽车故障等突发情况造成迟误;由于日程安排不当或过紧,使旅游团(者)没能按规定时间到达机场(车站、码头);导游员没有认真核实交通票据,将离站时间或地点搞错;班次(车次)变更旅行社有关人员没有及时通知导游员造成迟误。

2. 误机(车、船)的预防

地陪、全陪要提前做好离站时交通票据的落实工作,并核对日期、班次、时间、目的地等。如交通票据尚未落实,带团期间要随时与旅行社联系,了解班次有无变化;离开本站当天,不安排到范围广、地域复杂的景点参观游览;临行前不安排到热闹的地方购物或自由活动。

安排充裕的时间去机场(车站、码头),乘国内航班至少提前90分钟到机场;乘国际航班至少提前120分钟到机场;乘火车或轮船至少提前60分钟到车站或码头。

3. 误机(车、船)的处理

地陪立即向旅行社及有关部门报告并请求协助;地陪和旅行社尽快与机场(车站、码头)联系,争取尽快改乘最近班次离开,或采取包机(车厢、船)或改乘其他交通工具前往下一站;向旅游者赔礼道歉,稳定他们的情绪,同时安排好滞留期间的食宿、游览等事宜;及时通知下一站,以便对日程作相应调整;写出事故报告,查清事故原因和责任,对责任者给予适当的处分并承担经济损失。

三、丢失钱物和行李的预防和处理

旅游期间处于不断的移动过程,旅游者丢失钱物时有发生。这不仅令旅游者情绪低落造成旅行不便,给导游员的工作带来麻烦和增添困难,而且还会影响旅行社和旅游地的形象。所以应经常关注,注意预防。

(一)丢失钱物的预防和处理

多做提醒工作,防患于未然。参观游览时,要提醒旅游者带好随身物品和钱包,尤其在热闹、拥挤的场所。在购物时,更要保管好钱物。离开饭店时,要提醒旅游者带好随身行李物品,切实做好每次行李的清点、交接工作。每次旅游者下车后,导游员都要提醒司机关窗,并锁好车门。

1. 得知钱物丢失后,先安定旅游者情绪,请其冷静回忆,详细了解情况。
2. 尽量协助寻找。
3. 接待社要出具证明,失主持证明到当地公安局开具遗失证明(若是进关时已登记并须复带出境,以备出海关查验;若是贵重物品向保险公司索赔)。

4. 若是被盗则报案并提供线索,力争破案。

5. 安慰失主,缓解其不快情绪。

个人丢失钱物旅行社没有赔赏责任。

(二)丢失行李的处理

1. 来华途中丢失行李

来华途中丢失行李,一般由所乘飞机的航空公司承担责任。导游员所能做的是帮助查找。

(1)带失主到机场失物登记处办理行李丢失或认领手续。失主须出示机票及行李牌,详细说明始发站、转运站及行李特征,并填写失物登记表。

(2)把失主将下榻饭店的名称、房间号和电话号码(如已知道)告诉登记处并记下登记处的电话、联系人姓名、航空公司办事处的地址、电话,以便联络。

(3)旅游者在当地游览期间,导游员要不时询问寻找行李情况,若一时找不回行李,则要协助购置必要用品。

(4)若离开本地前行李还没有找到,应帮助失主将接待社的名称、全程旅游线路以及各地可能下榻的饭店名称等转告有关航空公司,以便行李找到后能及时运往最适宜地点交还失主。

(5)如确系丢失,失主可向有关航空公司索赔。

2. 在中国境内丢失行李

在中国境内丢失行李一般是交通部门或行李员的责任,但导游员应高度重视并负责查找。

(1)冷静分析情况,找出出错的环节。

①如果旅游者在出站前领取行李时找不到托运的行李,则有可能是在上一站交接行李或托运时出现差错,帮助失主到失物登记处办理行李丢失或认领手续;立即与旅行社联系,请求帮助寻找。

②如果是抵达饭店后旅游者没拿到行李,问题则可能出在饭店内或本地交接时或运送行李的过程中,此时应采取如下措施:地陪应和全陪、领队先在本旅游团所住房间寻找,查看是行李误送还是本团旅游者错拿。如找不到,则与饭店行李部联系,请其设法寻找。如果仍找不到,向旅行社报告。

(2)做好善后工作。

①向失主表示歉意,帮助其解决因行李丢失而带来的生活方面的困难。

②与有关方面保持联系,询问查找情况。

③若找回行李,及时归还给失主。

④如若确系丢失,地陪应报告接待社,由旅行社领导向失主说明情况并表示歉意。

⑤帮助失主依照惯例向有关部门索赔。

(3)事后向旅行社呈交书面报告,说明行李丢失的经过、原因、查找过程及失主和其他团员的反映等情况。

四、丢失证件的预防和处理

(一)丢失证件的预防

由于旅游者在旅游期间必须持有效证件,一旦丢失,不仅旅游者会非常着急,还会影响旅游活动正常进行。

检查是否带齐了旅行证件。提醒旅游者保管好自己的证件。导游员在工作中需要旅游者的证件时,要经由领队收取,用毕立即如数归还,不代为保管。

(二)丢失证件的处理

如果发生丢失,导游员要安定旅游者情绪请他冷静地回忆,详细了解丢失情况,尽量协助寻找。如确已丢失,应马上报告组团社或接待社,根据组团社或接待社的安排,协助旅游者向有关部门报失补办必要的手续。所需费用由旅游者自理。

1.丢失外国护照和签证

(1)由接待社出具证明。

(2)请失主准备照片。

(3)失主本人持证明去当地公安机关挂失,由公安机关出具证明。

(4)持公安机关的证明去所在国驻华使、领馆申请补办新护照。

(5)领到新护照后,再去公安机关办理签证手续。

2.丢失团队签证

(1)准备签证副本和团队成员护照及全体成员名单。

(2)填写有关申请表(可由一名旅游者填写,其他成员附名单)。

(3)到公安机关(外国人出入境管理处)进行补办。

3.丢失中国护照和签证

(1)华侨丢失中国护照和签证

①失主准备照片。

②当地接待社开具证明。

③失主持遗失证明到省、自治区、直辖市公安局(厅)或授权的公安机关报失并申请新护照。

④持新护照去其侨居国驻华使、领馆办理入境签证手续。

(2)中国公民出境旅游时丢失护照、签证

①地陪协助在接待社开具遗失证明,持遗失证明到当地公安机关报案,取得

公安机关开具的报案证明。

②持报案证明和遗失者照片及有关护照资料到我国驻该国使、领馆办理新护照。

③领到新护照后,携带必备的材料和证明到所在国移民局办理新签证。

(3)台胞丢失证件

①失主向遗失地的中国旅行社或户口管理部门或侨办报失。

②核实后发一次性有效的入出境通行证。

(4)丢失港澳同胞回乡证

①失主持当地接待旅行社的证明向遗失地的市、县公安机关报失。

②经查实后由公安机关的出入境管理部门签发一次性有效的《中华人民共和国出境通行证》。

(5)丢失中华人民共和国居民身份证

①由当地接待社核实后开具证明。

②失主持证明到当地公安机关报失,经核实后开具身份证明,机场安检人员核准放行。

五、旅游者走失的预防和处理

在旅游时,时常有旅游者走失的情况。

(一)旅游者走失的原因

1.导游员没有向旅游者讲清停车位置或景区的游览路线。

2.旅游者对某些景点和事物产生兴趣,或在某处摄影滞留时间较长而脱离团队,自己走失。

3.旅游者没有记清地址和路线而走失。

(二)旅游者走失的预防

1.预告各项活动安排

报告当天的行程;讲清上、下午游览地点;中、晚餐用餐的地点;强调集合的时间地点。

2.下车后进入游览点之前,要告知旅游者旅游车的停车地点、车号及车的特征,并强调开车的时间。进入游览区后,在该景区的示意图前,要向旅游者介绍游览路线、所需时间、集合的时间、地点等;旅游者若走失,请直接前往下一站等候。

3.时刻与旅游者在一起,经常清点人数,注意旅游者的动向。

4.全陪和领队要主动负责旅游团的断后工作并与地陪密切配合。

5.地陪行进时掌握好速度,让旅游者能跟上队伍,还要以丰富的讲解内容和高超的导游技巧吸引旅游者。

6.旅游者单独外出时,提醒记住接待社的名称、下榻饭店的名称、地址及电话号码等,并告知与导游员的联系方式。

7.自由活动时,提醒旅游者不要回饭店太晚,不去秩序混乱的地方,要建议旅游者最好结伴同行。

8.地陪与领队、旅游者之间互相掌握手机号码,便于有紧急事时使用。

(三)旅游者走失的处理

1.游览活动中旅游者走失

(1)了解情况,迅速寻找

如有旅游者走失,导游员应首先用手机呼叫,并向其他旅游者、景区工作人员了解情况并迅速寻找。地陪、全陪和领队要密切配合,通常是全陪、领队分头去找,地陪带领其他旅游者继续游览。

(2)向有关部门报告

如果经过认真寻找仍然找不到走失者,应立即向游览地的派出所和管理部门求助,特别是在面积大、范围广、进出口多的游览地。因寻找工作难度较大,尤其应当争取当地有关部门的帮助。

(3)与饭店联系

寻找过程中,导游员可与饭店联系,请他们注意该旅游者是否已经回到饭店。

(4)向旅行社报告

如采取了以上措施,仍未找到走失的旅游者,地陪应向旅行社及时报告并请求帮助,必要时请示领导,向公安机关报案。

(5)做好善后工作

找到走失的旅游者后,导游员要做好善后工作,分析走失的原因。如属导游员的责任,导游员应向旅游者赔礼道歉;即使是走失者的责任,也不要指责或训斥对方,导游员应安慰走失者,讲清利害关系,提醒以后注意。

(6)写出书面事故报告

若发生严重的走失事故,导游员要写出书面报告,详细记述旅游者走失原因、经过、寻找经过、善后处理情况及旅游者的反应等。

2.自由活动时旅游者走失

(1)立即报告旅行社

导游员得知旅游者自己外出走失后,应首先用手机呼叫。如无回应,立即报告旅行社,请求指示和协助,通过有关部门通报管区的公安局和交通部门,提供走失者的特征,请求沿途寻找。

(2)做好善后工作

走失者回饭店,导游员应表示高兴;问清情况,安抚因走失走而受到惊吓的旅游者,必要时提出善意的批评。

找回走失者后,导游员应问清情况,提醒全团引以为戒,避免此类事故再次发生。

旅游者走失后如出现其他情况,应视具体情况作为治安事故或其他事故处理。

六、旅游者患病和死亡问题的处理

在旅行过程中,由于旅途劳累、气候变化、水土不服、起居习惯改变等原因,旅游者,特别是年老体弱的旅游者突然患病、患重病、病危的事也会时有发生。导游员应尽力避免人为原因致使旅游者生病。如遇旅游者患病、突患重病的情况,导游员要沉着冷静,及时处理,努力使旅游活动继续进行。

(一)旅游者患病的预防

1. 了解旅游团成员的健康状况

接团前通过研究接待计划了解本团成员的年龄构成、身体状况,做到心中有数。上团后,可从领队及旅游者之间了解团内有无需要特殊照顾的患病旅游者;察言观色,对肥胖或瘦弱者、走路缓慢、费力者,表情举止异常的旅游者多加关心。

2. 周密安排游览活动

合理安排活动,日程留有余地,注意劳逸结合;体力消耗大的项目不要集中安排;游览项目不要过多;晚间活动安排时间不宜过长。

3. 多做提醒工作

地陪每天根据天气预报提醒旅游者增减衣服、携带雨具,天气干燥时提醒旅游者多喝水、多吃水果。外出游览提醒穿适宜的鞋等。

4. 提醒旅游者注意饮食卫生

不吃摊贩的食物和不洁食品,不喝生水等。

(二)旅游者患一般疾病的处理

1. 旅游者感到身体不适,要求留在饭店休息时,导游员应请其自便,而不要强拉他随团活动。

2. 劝其及早就医并多休息,必要时应陪同患者前往医院就医(向旅游者说明看病费用自理),但不可擅自给患者用药,更不要让患者服用导游员的自备药品。

3. 关心旅游者的病情,如旅游者留在酒店休息,导游员要前去询问病情,并安排好用餐,必要时可通知餐厅为其提供送餐服务。

(三)旅游者突患重病的处理

1. 旅行途中突然患病

(1)如发生在飞机、火车、轮船上,可请求机组人员、列车员或船员就地寻找医生,并通知下一站急救中心和旅行社准备抢救。

(2)如发生在前往景区途中的旅游车上,必须立即拦车,就近送往医院。必要时甚至可让旅游车先送患者到就近的医院,通知旅行社,请求指示和派人协助;如发生在酒店,可先由酒店医务人员抢救,然后送往医院,并及早通知旅行社。

2. 旅游者病危

(1)导游员应立即协同领队和患者亲属送病人去急救中心或医院抢救,或请医生前来抢救。患者如系国际急救组织的投保者,导游员还应提醒领队及时与该组织的代理机构联系。

(2)在医院抢救时导游员应要求领队或患者亲属也在场;导游员需要详细记录患者患病前后的症状及治疗情况。需要签字时,应请患病旅游者的亲属或领队签字,还应随时向当地接待社反映情况。

(3)提醒医院在抢救的每个阶段都必须留下由主治大夫签字认可的书面资料。若旅游者病危但亲属又不在身边时,应提醒领队及时通知患者亲属。患者家属到来后,应协助其解决生活方面的问题;如患者亲属系外籍人士,导游员应提醒领队通知所在国使、领馆。若找不到亲属或不能及时赶来,一切按使、领馆的书面意见处理。

(4)导游员此时应安排好其他旅游者的活动,全陪应继续随团旅游。

(5)如患者转危为安,但仍需住院治疗时,接待社领导和导游员(主要是地陪)要去医院探望,协助患者及其亲属解决生活方面的问题;如果患者不能随团离境,则需要帮助其办理分离签证、延期签证以及出院、回国手续和交通票证等善后工作。

(6)旅游者患病住院的费用自理。离团住院期间未享受的综合服务费由旅行社之间结算,按相关规定退还本人。患病旅游者亲属的一切费用自理。

(四)旅游者死亡的处理

1. 若出现旅游者死亡,导游员应立即向当地接待社报告,并注意保护现场。

2. 由当地接待社按照国家有关规定做好善后工作,导游员应稳定其他旅游者的情绪,并继续做好旅游团的接待工作。

3. 如死者亲属不在身边,导游员必须立即通知其亲属,如死者亲属系外籍人士,应提醒领队或经由外事部门及早通知死者所属国驻华使、领馆。

4. 由参加抢救的医师向死者的亲属、领队及死者的好友详细报告抢救经过,并写出抢救报告、死亡诊断证明书，由主治医师签字后盖章并复印，分别交给死者的亲属、领队和旅行社。如需要，可请领队向全团宣布对死者的抢救经过。

5. 一般不做尸体解剖，如要求解剖尸体，应由死者的亲属或领队提出书面申请，经医院同意后方可进行。

6. 死者的遗物由其亲属或领队、死者生前好友代表、全陪、接待社代表共同清点，列出清单，一式两份，上述人员签字后分别保存。遗物由死者的亲属或领队带回（或交使、领馆）。

7. 遗体的处理一般应以在当地火化为宜。火化前，应由死者的亲属或领队（或代表）写出火化申请书，交我方保留。

如死者的亲属要求将遗体运送回国，除需办理上述手续外，还应由医院对尸体进行防腐处理。由殡仪馆成殓，并办理装殓证明书。运送许可证、尸体/灵柩进/出境许可证及经由国家的通行护照等证件。灵柩要用铁皮密封，外廓要包装结实。

8. 事故处理完毕后，要写出该旅游者死亡及其处理经过的详细报告，并将报告及全部证明文件和清单等存档备查。

七、旅游者越轨言行的预防和处理

越轨行为一般是指侵犯一个主权国家的法律和世界公认的国际准则。

（一）越轨行为的预防

1. 处理要慎重，事前要认真调查核实。分清越轨行为和非越轨行为的界限，分清有意和无意的界限，分清无故和有因的界限，分清言论和行为的界限。

2. 积极向旅游者介绍中国的有关法律及注意事项。多做提醒工作，以免个别旅游者无意中越轨。

3. 对有意越轨者，有针对性地给予必要的提醒和警告，迫使预谋越轨者知难而退；对顽固不化者，对其越轨言行一经发现应立即汇报，协助有关部门进行调查处理。

（二）越轨行为的处理

1. 不当言论的处理

（1）积极有效宣传，认真回答提问。友好地介绍我国国情，阐明我方对某些问题的立场、观点，求同存异。

（2）若有个别旅游者对我国进行攻击和诬蔑时，要理直气壮、观点鲜明、立场坚定地严正驳斥，必要时报告有关部门，查明后严肃处理。

2. 对违法行为处理

（1）因对中国的法律、法规缺乏了解而违法的，导游员讲清道理、指出错误，并报有关部门,视情节适当处理。

(2)对明知故犯者,导游员要提出警告,并配合有关部门依法处理。

(3)对偷盗机密和经济情报、走私、贩毒、偷盗文物等犯罪活动,一旦发现,导游员应立即汇报,并配合司法部门查明情况,严肃处理。

3.对散发宗教宣传品的处理

(1)旅游者若散发宗教宣传品,导游员一定要予以劝阻,并向其宣传中国的宗教政策,指出不经我国宗教团体邀请和允许,不得在我国布道、主持宗教活动和在非宗教活动场合散发宗教宣传品。

(2)注意政策界限和方式方法。对不听劝阻,并有明显破坏活动者应立即报告,由司法、公安等有关部门处理。

4.对违规行为的处理

(1)当发生旅游者对异性有不轨行为时,应阻止;对不听劝阻者指出问题的严重性,必要时采取断然措施。

(2)对酗酒闹事者应先规劝并严肃指明可能造成的严重后果,尽力阻止。不听劝告、扰乱社会秩序、侵犯他人并造成财物损失者,要让其自行承担一切后果,甚至法律责任。

八、旅游安全事故的预防与处理

涉及旅游者人身、财产安全的事故称之为旅游安全事故。

(一)交通事故的预防和处理

1.交通事故的预防

(1)导游员应具有安全意识,时刻注意旅游者的安全,尤其在乘旅游车旅行中,一定要与司机很好配合,不与司机聊天,提醒他不开"英雄车""斗气车",不要疲劳驾驶,协助司机做好安全行车工作。

(2)接待旅游者之前及旅行途中,提醒司机检查车辆,发现事故隐患及时提议更换车辆。

(3)安排活动日程时,应在时间上留有余地,不催促司机为抢时间赶行程而违章、超速行驶。

(4)遇天气不好、路况不好、交通拥挤等情况时,主动提醒司机注意安全,谨慎驾驶。

(5)提醒司机不要饮酒;如遇酒后驾车的司机,应立即阻止,并报告旅行社有关部门,要求改派其他车辆或调换司机。

(6)禁止非本车司机开车。

2.交通事故的处理

交通事故多种多样,常见的是汽车所致的交通事故。遇交通事故时,如果导游员无重伤,神智还清楚时应果断冷静地采取措施,把事故造成的人员伤害、财物损失和不利影响降至最小。通常采取如下措施:

(1)组织抢救

发生交通事故出现伤亡时,应立即组织现场人员迅速抢救受伤旅游者,特别是抢救重伤员;如不能就地抢救,应立即将伤员送往距出事地点最近的医院抢救(医疗急救电话120)。

(2)保护现场,立即报案

事故发生后,要沉着冷静,不要在忙乱中破坏现场,应指定专人保护现场,并尽快通知交通、公安部门(交通事故报警电话122),请求派人来现场调查处理。

(3)向接待社报告情况

应迅速向接待社报告情况,听取领导对下一步工作的指示和意见。

(4)做好团内其他旅游者的安抚工作

交通事故发生后,做好团内其他旅游者的安抚工作,继续组织参观游览活动;事故原因查清后,应向全团旅游者说明。

(5)写出书面报告

交通事故处理结束后,写出书面报告。内容包括事故的原因和经过、抢救经过、治疗情况,事故责任及对责任者的处理、旅游者的情绪及对处理的反应等。报告要清楚、详细、准确,最好和领队联名撰写。

(二)食物中毒的预防和处理

旅行中食品卫生至关重要。旅游者食用不洁或已变质的食物常常引起食物中毒,食物中毒的主要症状是上吐下泻。而且食物中毒潜伏期短、发病快,常常集体发病,若抢救不及时会有生命危险。因此导游员不能掉以轻心。

1.食物中毒的预防

(1)严格执行在旅游定点餐厅就餐的规定。

(2)提醒旅游者不要在小摊上购买食物。

(3)不饮用不洁饮料,不采摘、食用山野果。

(4)用餐时,若发现食物、饮料不卫生,或有异味、变质的要立即请求更换,并要餐厅负责人出面道歉,必要时向旅行社汇报。

2.食物中毒的处理

(1)催吐

治疗食物中毒最快捷有效的方式就是催吐,可以用筷子、勺柄或手指刺激、压迫咽喉部,强行催吐。

(2)洗胃

对于神志清醒的食物中毒者,让其喝下大量的水后,用催吐法吐出,反复多次,直至吐出的液体无色无味为止。

(3)就医

立即将患者送医院抢救。请医生开具诊断证明,迅速报告旅行社并追究供餐单位的责任。

(三)治安事故的预防和处理

在旅行游览过程中,遇到坏人的骚扰、行凶、诈骗、偷盗、抢劫等,导致旅游者身心及财物受到不同程度的损害的事件称之为治安事故。

1. 治安事故的预防

(1)要提醒旅游者不要将房号随便告诉陌生人,更不要让陌生人或自称酒店维修人员的人进入房间;出入房间注意锁好门,尤其是夜间不可贸然开门,防止意外发生。

(2)不要与私人兑换外币。

(3)入住饭店建议旅游者将贵重财物存入酒店保险柜,不要随身携带或存放在客房内。

(4)离开旅游车时提醒旅游者不要将贵重物品和证件放在车内,提醒司机关好窗、锁好门。

(5)汽车行驶途中提醒司机不得停车让无关人员上车。

(6)旅游活动中,导游要始终和旅游者在一起,注意观察周围的环境和动向。经常清点人数。

2. 治安事故的处理

导游员带团游览期间要注意观察周围的环境和动向,做到眼观六路、耳听八方。一旦发生治安事故,导游员应采取措施。

(1)保护旅游者的安全

立即将旅游者转移到安全地点,挺身而出保护旅游者人身、财产安全。力争与在场群众、当地公安人员缉拿罪犯,追回钱物;如有旅游者受伤,应立即组织抢救。

(2)立即报警

治安事故发生后,立即向当地公安部门报案并协助破案。报案时实事求是地介绍事故发生的时间、地点、案情和经过,提供作案者的特征和受害者的姓名、性别、国籍、伤势及损失物品的名称、数量、型号、特征等。

(3)及时向旅行社报告

要及时向旅行社领导报告事故发生的情况并请求指示,必要时请求协助。

(4)安定旅游者情绪

治安事故发生后,采取措施努力稳定旅游者的不安情绪,继续进行参观游览活动。

(5)写出书面报告

写出详细、准确的书面报告交旅行社管理部门,除上述内容外,还应写明案件的性质、采取的应急措施、侦破情况、受害者和旅游团其他成员的情绪、反应、要求及侦破情况等。

(6)做好善后工作

在领导的指挥下,准备好必要的证明资料,协助其做好善后工作。

(四)火灾事故的预防和处理

下塌饭店发生火灾,严重威胁旅游者的生命及财产安全,不能因为遇到饭店火灾的可能性不大而掉以轻心。

1.火灾事故的预防

(1)提醒旅游者不携带易燃、易爆物品,不乱扔烟头和火种(对旅游者讲明交通运输部门的有关规定,不得将禁止运输的物品夹带在行李中)。

(2)告诉旅游者查看疏散通道及楼层的太平门、安全出口、安全楼梯的位置,以准备在万一发生火灾时能迅速逃生。

(3)掌握领队和旅游者所住房间的号码。

2.火灾事故的处理

(1)立即报警

发现火情,立即打饭店的火灾报警电话,并迅速通知领队及全团的旅游者做好撤离的准备。

(2)引导自救

配合饭店工作人员的统一指挥,引导旅游者迅速通过安全出口疏散(千万不可搭乘电梯)。

若火已蔓延但火势不大时,引导旅游者披上浸湿的衣服并用湿手巾捂住口鼻(因烟雾和毒气造成的窒息和死亡,是火灾中人员死亡的第一原因)离开房间时,随手锁门,并带好房间的钥匙,顺墙弯腰爬行出去。

若已被大火及浓烟包围,逃生之路被阻断,此时不可惊慌失措,应退回室内,最好在卫生间(此处的可燃物最少)关闭门窗,用湿毛巾或床单沿门缝塞上,以防被烟熏,且不断向门窗浇水,以冷却温度,等待救援。

必要时去楼顶迎风站立,摇动色彩鲜艳的衣物呼唤救援人员。

生命受到威胁时,也不可盲目跳楼(地面无保护措施,很难生还),应用绳子或床单撕成条状连接起来,拴在门窗上,滑至安全楼层而逃生。

(3)协助处理善后事宜

导游得救后立即组织抢救受伤者,若有重伤者,应迅速送医院;若有旅游者死亡,按有关规定处理;采取措施稳定旅游者的情绪,解决因火灾造成的生活困难,设法继续旅行。

协助领导处理善后事宜,并写出详细书面报告。

某国外旅游团在乘车前往下一个旅游目的地的途中,在高速公路上全速行驶的旅游车,在拐弯处后轮胎突然爆裂。在强大的离心力的作用下,后排一位老年旅游者从车窗中甩出车外。车内的一些旅游者不同程度地被碰伤、被碎玻璃划伤。作为导游员你将如何处理?

分析:导游员要处理三件事,交通事故处理、抢救伤员、带领旅游者继续游览。但冷静思考,抢救伤员最为紧急、重要,一刻也不能延误。处理交通事故及组织继续旅游可再想方设法进行。

现场处理:

①打医疗急救电话120,请求医生赶赴现场,对受伤者先进行基本救护。

②打交通事故电话122,请交警来现场勘察处理。

③向旅行社报告,请求另派车。保护好现场,安抚旅游者,等待救援。

后续处理:

①与领队一同陪重伤者去医院,由于患者需要住院治疗,导游既要作翻译,又要为其办理有关的住院手续。请领队先回到旅游团,向旅行社领导报告后,社里决定再派一位导游接替工作,带领旅游者继续游览。

②与交警部门联系,了解事故处理结果,请求出示有关证明,便于患者向保险公司索赔。

③通知患者家属,并提醒领队通知所在国驻华使、领馆。

④患者家属到来后,协助解决生活方面的问题。

⑤不时去医院探望,帮助患者办理分离签证、延期签证以及出院、回国手续及交通票证等善后事宜。

启示:对于这一突发事件,导游员没有乱方阵,而是沉着冷静地进行处理,按照事情的轻重缓急,分头处理。比较复杂、棘手的事,经导游员果断的安排、妥善的处理,得到比较圆满的解决。

第四节 自然灾害性旅游故障的预防与处理

自然灾害性旅游故障在旅游行程中是不可避免的,只是几率大小和影响不同而已。比较严重的自然灾害性旅游故障极大地影响旅游团队的出行计划和人员安全,导游员必须当机立断及时处置,消除威胁,甚至取消出行计划并报告旅行社和当地行政主管机关。

一、地震

(一)地震概述

地震分为天然地震和人工地震两大类。

天然地震主要是构造地震,它是由于地下深处岩石破裂、错动把长期积累起来的能量急剧释放出来,以地震波的形式向四面八方传播出去,到地面引起的房摇地动。构造地震约占地震总数的90%以上。

由火山喷发引起的地震,称为火山地震,约占地震总数的7%。此外,某些特殊情况下也会产生地震,如岩洞崩塌(陷落地震)、大陨石冲击地面(陨石冲击地震)等。

人工地震是由人为活动引起的地震,如工业爆破、地下核爆炸造成的振动;在深井中进行高压注水以及大水库蓄水后增加了地壳的压力,有时也会诱发地震。

地震波发源的地方叫做震源。震源在地面上的垂直投影叫作震中。震中到震源的深度叫做震源深度。通常将震源深度小于70公里的叫浅源地震,深度在70~300公里的叫中源地震,深度大于300公里的叫深源地震。破坏性地震一般是浅源地震。如1976年唐山地震的震源深度为12公里,2008年5月12日的四川汶川大地震,震源深度33公里。

对人类影响最大,造成破坏最严重的是天然地震,所以,以下我们所提及的地震的概念,一般指天然地震。

1. 地震灾害形成的条件

地震以其猝不及防的突发性和巨大的破坏力而被认为是威胁人类生存安全、社会经济发展和社会稳定的最可怕的自然灾害之一。特别是1906年美国旧金山大地震、1923年日本关东大地震、1976年中国唐山大地震、2008年中国汶川大地震,让人谈"震"色变,更加重了人们对地震的恐惧感和神秘感。

地震作为一种地质现象,并不一定会给人们的生产生活造成灾害。而地震灾害则是由地震所引起的社会性事件。地震是否对人、对社会造成灾害,取决于下述条件:

第一,地震本身的状况,如地震的强度等,较强的地震才有破坏力。一般而言,中强度以上地震便可造成破坏,但破坏的轻重程度还与震源深度、地震类型、地震发生时间等多种因素有关。微小的地震对人类几乎没有什么影响。据不完全统计,全球每年大约发生大小地震500万次,其中人们能够感觉到的约占1%,即5万次左右,这当中能造成轻微破坏的约1000次,而能造成巨大破坏的强烈地震不过十几次(全球每年平均发生7级以上地震18次,8级以上地震1次)。只有强震或中强以上地震,在其他条件具备的情况下,才可能造成灾害。

第二,地震发生的地方是否有人群居住和社会文明存在。地震灾害与其他自然灾害一样,都是自然和人类社会相互作用而形成的。离开了人与社会,任何自然现象都不会构成灾害。一般说来地震发生的地方,人口越稠密,经济越发达,其人员伤亡和经济损失越大。这些只占全球15%的大陆内部地震所造成的人口死亡竟占全球地震死亡人数的85%。这是因为大陆地区是人类的主要生息地。

第三,人们对地震的警觉性和防备程度如何。如建筑物的抗震性能,城市水、电、气等生命线工程的抗震设防能力,社会对地震灾害的监测、预报及应急救助能力,人们是否具备防震知识等。即使在人口稠密的地方发生一次强震,假如人们能有足够的警觉,能迅速知晓地震的发生,并已提前为抵御震灾做好了充分的准备,那么灾害所造成人员伤亡和财产的损失就能大大减少。虽然人们为地震多发地带的人工建筑物及某些自然物上作了抗震处理,在地震探测方面作了不少努力,也取得了巨大的进步,但总体来说,在人们生存区内发生的强震所造成灾害仍是不可避免的,但却可以大大减轻地震灾害对人和社会的影响。

2. 地震灾害机制

地震灾害大致有四种机制:

(1)原生灾害

原生灾害是指地震原生现象直接造成的灾害,是由于地震的作用而直接产生的地表破坏、各类工程结构类的破坏,以及由此而引发的人员伤亡与经济损失。如地震断层,地震时造成的大范围的地面倾斜、升降与变形等。1906年4月18日美国旧金山8.3级大地震,就是由于圣安德烈斯断层的重新活动引起的。该断层长约430公里,断层的最大水平位移达7米,其造成的破坏与灾害可想而知。

(2)直接灾害

直接灾害是指地震产生的弹性波引起地面震动而造成的直接后果。它大致可分为三种情形：一是人工建筑物的破坏，如房屋建筑、工程设施、水坝堤防等的破坏，这类破坏是造成人员伤亡最直接、最主要的原因，也是造成社会财产损失最重要的原因。二是地表破坏，常见的有山崩、滑坡、地裂、坍塌、喷砂、冒水等。三是地震波引起的水的激荡。由于地震波的激发，引起江河湖海中水的激荡，也能造成灾害，其中以地震海啸规模最大、破坏力最强，有时它所造成的损失甚至会超过地震本身。

(3)次生灾害

次生灾害是指既非地震本身也不是地震波或其他中介所造成，而是由于人工建筑或自然物体遭到破坏后，打乱了社会与自然原有的平衡状态或正常秩序，从而导致一系列继发性异常现象出现所形成的灾害，如地震火灾、地震水灾等。

(4)诱发灾害

诱发灾害是指由地震灾害引发的种种社会性灾害。这些灾害的发生和灾害的大小，往往与社会条件有着更为密切的关系，常见的有瘟疫和饥荒等。

(二)旅游中地震危机的应对处理

即使在一场严重的地震灾害中，自救仍然是可能的，这已为许多震例所证实。1976年7月28日发生了震惊世界的唐山大地震，在震后的数小时之内，从倒塌的废墟中挣脱出来的仅市区内就有20万～30万人。据事后估算，唐山市区90万人中约有2/3的人在震时被埋(压)在废墟中。这被埋压的60多万人中，死亡的人数约为3万～5万人，约占这部分人的5%～8%；有20万～30万人因未受伤或受伤较轻，依靠自身力量从废墟中挣脱出来；另有30万～40万人，或因受伤，或因处境极其困难而不能自行脱身。之后在救援人员的帮助下，有20万～30万人获救。

2008年5月12日发生的四川汶川大地震，震级达8.0级。震中位于四川省阿坝藏族羌族自治州汶川县境内，距四川省省会成都市西北方向仅90千米。根据中国地震局的数据，此次地震波及川陕甘等数省几十个县，破坏地区超过10万平方公里。这次大地震共造成6.9万人死亡，近1.8万人失踪，37万多人受伤，是新中国成立以来破坏力最大的地震，也是唐山大地震后伤亡最惨重的一次。地震发生时，有506个旅游团、1万多旅游者被困震区。经多方营救，仍有50多名旅游者遇难。

强烈地震发生时，人们究竟应当采取什么样的行动，目前很难作出统一的、带有必然性的结论。因为地震发生的时间极其短促，顷刻之间，一切都过去了，人们选择的余地很小。加之地震时人们的处境又千差万别，彼此行动选择的比较性极低,因而很难规定出普遍适用的统一模式。尽管如此,人们在历次地震中血的教训里,仍总结出一些值得汲取、可以参考的震时避险经验。

1. 地震发生时,求得生存为第一原则

地震发生时,每个人能逃则逃,能躲则躲,地震发生突然,瞬间就过去了,容不得左顾右盼,要最大限度地争取时间。

首先,一切按照震时的环境条件,抓住一切有利时机,努力扩大生存机会。这里无固定模式可循,必须迅速做出选择和判断,力争险中求安。做到这一点,需在震时的紧急情况下,保持清醒意识,迅速判明周围情况。无论采取何种避险行动,都要迅速、果断,力戒迟疑、徘徊。以往的经验表明,在震时的险境中,许多生存机会是因行动迟缓贻误的。

其次,充分发挥个人的应变能力,紧急避险。充分发挥个人的应变能力,包括个人心理、知识、体力等诸多主观因素的综合发挥和运用,这既包括个人平时有关经验的积累,也包括在震时特定条件下,个人应变能力的发挥。如日本、美国等,为了培养和训练人们震时应变反应能力,经常采取模拟震时情景的避险演习,这对提高震时人们应变的能力,是十分有益的。

最后,避险行动要果断,不求万全。事实上,在震时的复杂情况下,要求万全的避险行动是不可能的。不论是采取脱离危险建筑物的行动,还是就近应急避险,都要视条件而定。

震时如能迅速脱离危险建筑物是最理想的,但能否做到这一点,则要依具体环境和条件而定。如避险者具有一定的防震知识,对临震的征兆察觉敏锐,处于平房或楼房低层,出入方便,且屋外地势开阔,则可取此对策。逃离后疏散场地的选择应本着就近、安全、便利和水源充足等原则,避开危险的易燃、易爆源,高压电力线以及高大建筑物,同时应考虑人员密度等因素,宜选择广场、学校操场、停车场、绿化草地等场所。

上述条件不完全具备,则不可强求。如果发觉地震太迟,大震已开始,尤其是处于楼房上层,下楼迂回费时、跳楼危险的情况下,则可迅速地避开墙体、砖砌烟道、门窗等薄弱易塌部位,就近在床边、炕边或家具旁或者在有支撑作用的立柱边躲避,以求处于空隙中而获生存机会。唐山地震中,许多幸存者就是在室内借炕、箱、柜等物的隔挡,减少了梁柱、顶板坠下的伤害力量,因而得以脱险的,但不宜钻到不坚固的床、桌下面,以免一旦砸毁,人身挤压更重,活动反而更困难。

震时最应避免的是盲目行动。震时慌乱,不顾环境、条件所限,盲目跳楼,慌乱拥挤等,往往会招致不应有的伤亡。总之,震时避险行动应依所处环境而定,不可一律强求,一概而论。更重要的是,平时就要具有防灾意识,主动对自身居住的环境及各种可能遇到的场合,作出防震避险环境的分析与选择。这样,一旦地震灾害发生，便可迅速地作出抉择，采取行动，从而收到较好的防灾效果。

2.抢救生命的活动必须实行就近原则

当旅游团内人员发生不幸时，应从最近处救起，切不可舍近救远，这样极可能两头都被耽误；要先救活人，先救容易救的人，这样在短时间内便会壮大救援者队伍。同时，要注意避免对被救人员造成新的伤害，被救人员的处境往往十分复杂而危险，稍有不慎，就会引起新的伤害，如楼板、碎石等进一步塌落……

尽可能地联系当地接待社、当地救援机构和组团社，获得进一步的帮助。

二、海啸

（一）海啸概述

海啸是一种灾难性的海浪，通常由震源在海底50千米以内、里氏地震规模6.5级以上的海底地震引起的，水下或沿岸山崩或火山爆发也可能引起海啸。在一次震动之后，震荡波在海面上以不断扩大的圆圈，传播到很远的距离，正像卵石掉进浅池里产生的波一样。海啸波长比海洋的最大深度还要大，在海底附近传播也没受多大阻滞，不管海洋深度如何，波都可以传播过去，海啸在海洋的传播速度大约为每小时500～1000千米，而相邻两个浪头的距离也可能远达500～650千米，当海啸波进入大陆架后，由于深度变浅，波高突然增大，它的这种波浪运动所卷起的海涛，波高可达数十米，并形成"水墙"。由地震引起的波动与海面上的海浪不同，一般海浪只在一定深度的水层波动，而地震所引起的水体波动是从海面到海底整个水层的起伏。此外，海底火山爆发、土崩及人为的水体核爆也能造成海啸。

2004年12月26日于印度尼西亚的苏门答腊外海发生里氏9级海底地震。地震及其引发的海啸波及印度尼西亚、斯里兰卡、泰国、印度、马来西亚、孟加拉国、缅甸、马尔代夫等国，造成20多万人丧生。泰国南部地区特别是普吉岛等旅游胜地的直接经济损失超过5亿美元，灾区重建费用将高达7.5亿美元；印度尼西亚北苏门答腊地区的大量村镇被夷为平地，10多万房舍被毁，灾区重建需近1.6亿美元；斯里兰卡全国沿海岸线2/3的地区遭损毁，经济损失约10亿美元，灾民达70余万人；马尔代夫全国受灾，整个国家陷入停滞，经济损失估计为10多亿美元；印度南部近4个邦和2个中央直辖区受灾害影响，直接经济损失超过12亿美元；马来西亚北部的四个州受海啸波及，经济损失估计达2630万美元。

这是一次深刻的教训。有专家认为，印度尼西亚海啸有90%的死伤者是完全可以避免的，不应该有这么大的伤亡人数。因为地震的传播速度是每秒8千米，而海啸的传播速度是每秒200米。因此，当地震发生的时候，当地政府完全可以预料到可能发生的海啸，并且是白天，逃避海啸的机会完全是有的。但是，由于这次发生海啸一带的国家经济不是很发达,科学技术也不发达,很少有人掌握海啸知识,所以产生了麻痹大意的心理,致使在海啸发生的时候逃都来不及。英国萨里郡奥克斯肖特市 10 岁小女孩蒂莉成功挽救了在普吉岛的 100 多名欧洲旅游者的报道,从实例上支持了这种说法。据报道,2004 年 12 月 26 日,海啸袭击泰国普吉岛海岸,就在当天,来自英国萨里郡奥克斯肖特市的 10 岁小女孩蒂莉也正和自己的母亲潘妮在泰国海滩上游玩。圣诞节前两周,蒂莉在学校上过一堂地理课,老师讲的也正好是有关海啸的知识,因此当第一波很小的海啸波浪抵达泰国海岸的时候,蒂莉立即意识到更大的海啸波浪将在后面,会将海滩和低地上的建筑彻底淹没,于是她立即跑到母亲潘妮跟前,告诉母亲她们即将面临的危险。母亲潘妮听了后,立即向海滩上的 100 多名欧洲游客发出了警告。那些游客听了蒂莉母女的警告后,都纷纷离开海滩,撤退到了高地上。当他们刚刚抵达高地时,只见惊天海啸奔涌而来,一瞬间就淹没了他们刚才待过的地方,那些逃生的游客被吓得目瞪口呆。

(二)旅游中海啸的应对处理

1. 记住海啸的征兆,及时采取行动。海啸来临前常会有一些征兆。海啸到达海岸之前,首先是海水后撤,有点类似退潮,不过海水退得更远;若是浅海,水位有可能下降到超过 800 米,甚至会在岸边留下一片深海死鱼。深海鱼大多生活在 2000 米以下的水中,骨骼和肌肉都不发达,腹部一般薄如蜡纸却富有弹性,视觉退化后一般有长长的触须或者发光器。由于深海环境和水面有巨大差别,深海鱼绝不会自己游到海面,只可能被海啸等异常海洋活动的巨大暗流卷上浅海。一旦突然到了浅海或海滩,深海鱼会出现内部血管破裂、胃翻出、眼睛突出眼眶外等明显特征,并很快死亡。因此,深海鱼出现在海面上,是海啸等海洋异常活动的预报,这可以帮助人们避开灾难。不知道这是海啸来临前征兆的人,可能因好奇或想抓海鱼而逗留在沿海地带,结果来不及逃生。其次,海啸的排浪与通常的涨潮不同,海啸的排浪非常整齐,浪头很高,像一堵墙一样。最后,海啸到达前会发出频率很低的吼声,与通常的波涛声完全不同,在海边旅游者如果听到奇怪的低频涛声应当尽快撤离。

不是所有地震都会引起海啸,但任何一种地震都可能引发海啸。当感觉大地颤抖的时候,要抓紧时间尽快远离海滨,登上高处。不要去看海啸——如果和海岸靠得太近,危险来临的时候就会无法逃脱。如果收到海啸警报,没有感觉到震动也需要立即离开海岸,快速到高地等安全处避难。通过收音机或电视等掌握信息,在没有解除海啸警报之前,不要靠近海岸。

2. 一旦发生海啸,居住在低处的人们一定要往高处跑,否则你跑的速度再快也很难逃生。若轮船在大海中航行遇到海啸,需要以最快的速度往深海里开,开得越远,危险就越小。这是因为,波高跟水深成反比,海域越深,波浪就越弱。海啸的能量会在浅海积聚起来,形成一堵几十米高的水墙,沿岸无论有多么坚固的防波堤也难以抵挡巨大的波涛。

3. 面临海啸,应该尽量牢牢抓住能够稳定自己的东西,而不要到处乱跑。因为海啸发生的时间往往很短,人是跑不过海浪的。在浪头袭来的时候,要屏住一口气,尽量抓牢不要被海浪卷走,等海浪退去后,再向高处转移。海啸的浪墙是一组,第一个浪墙过后,会有近 10 分钟时间的间隙,第二堵浪墙才会到达。如果能够在第一个浪墙到达后生存下来,那么必须尽快抓住这宝贵的间隙时间逃生。

4. 万一不幸被海水卷入海中,需要冷静,要确信自己一定能够活下去。同时尽量用手向四处乱抓,最好能抓住漂浮物,但不要乱挣扎,以免浪费体力。人尽量放松,努力使自己漂浮在海面,因为海水的浮力较大,人一般都可以浮起来。如果在海上漂浮,要尽量使自己的鼻子露出水面或者改用嘴呼吸。能够漂浮在水面上后,要马上向岸边移动,海洋一望无际,该如何判断哪边靠近海岸呢？漂浮物越密集代表越离岸越近,漂浮物越稀疏说明离岸越远。

三、台风

(一)台风概述

台风是指发生在热带海洋面上具有暖中心结构的强烈气旋性旋涡(热带气旋),它是一种圆形气旋,直径为 100～2000 千米,中心气压低,在海上一般为950 百帕,最低的曾达 887 百帕。台风在世界不同地区有不同的名称,在美国称为飓风,在印度洋上称为热带风暴。国际上规定的热带气旋名称和等级标准是:中心最大风力小于 8 级称热带低压,8 级～9 级称热带风暴,10 级～11 级称强热带风暴,12 级以上称台风。台风的生命期一般为 3 天～8 天,最长 20 天以上。

台风时常伴有狂风、暴雨、巨浪和风暴潮,而且活动范围很大,常常从热带侵入中纬度地区,有着强大的破坏力,常给人类带来巨大的灾难,被列为 10 种灾害死亡人数之首。世界气象组织(WMO)的技术报告指出,全球每年死于热带气旋的人数为 2～3 万人。我国是世界上受台风袭击次数最多的国家,台风每年发生于 6～7 月,其中 7、8 月份频率最高、强度最大,平均每年登陆 7 个台风,每年平均约有 420 人死亡。

引起台风灾害的第一方面是狂风巨浪。台风附近最大风速可达 12 级,具有极大的破坏力,可以翻船、拔树、倒屋,造成严重破坏。1988 年 8 月 7 日,8807 号台风登陆浙江,风力达 12 级,横扫 41 个县市,特别是杭州市遭到建国以来最严重的洗劫,一夜之间数以万计的树木被刮倒,有的水泥电线杆被折断,造成全市停电、停水长达 5 天,铁路、公路和市内交通一度中断,直接经济损失达 11 亿元。

在海上,大风巨浪可以把巨轮抛出,拦腰折断。

引起台风灾害的第二方面是风暴潮。如果风暴潮与天体引力所产生的天文大潮重叠,则会造成极大的损失。强大的风暴潮可以冲毁海堤、房屋和其他建筑设施,海水涌入城市,淹没田舍。

台风成灾的第三个方面是特大暴雨。

(二)旅游活动中台风灾害的危机处理

在旅游活动中,预防与处理台风的危机主要应注意以下几点:

1. 及时掌握天气预报

目前,气象卫星的应用对台风的影响、台风的时间和台风的范围能作比较准确的预报,因此,在台风盛行的时节前往台风影响地区旅游,要注意天气预报。一旦知道台风要来的消息后,最好不要外出旅游、露营、钓鱼、洗海水浴等,并且要经常注意听广播和看电视以随时掌握天气情况。

2. 台风来临时,要根据所处的环境,增强一些自我保护措施

比如在海边旅游,要立刻撤离;在城市内旅游时,尽量减少外出,不要待在危险建筑内,不要靠近大树、广告牌、电线杆、高压线和高大建筑;行走在街道上,要注意楼房阳台上坠落花盆等物品;在山区旅游时,注意暴雨带来的泥石流、滑坡、塌方等灾害。

3. 注意台风预警信号

台风遇警信号根据逼近时间和强度分为四级,分别以蓝色、黄色、橙色和红色表示。

(1)台风蓝色预警信号图标

含义:24 小时内可能受热带低压影响,平均风力可达 6 级以上,或阵风 7 级以上;或已经受热带低压影响,平均风力为 6～7 级,或阵风 7～8 级并可能持续。

预防指南:

①做好防风准备。

②注意有关媒体报道的热带低压最新消息和有关防风知识。

③把门窗、围板、棚架、临时搭建物等易被风吹动的搭建物固紧,妥善安置易受热带低压影响的室外物品。

(2)台风黄色预警信号图标

含义:24小时内可能受热带风暴影响,平均风力可达8级以上,或阵风9级以上;或已经受热带风暴影响,平均风力为8~9级,或阵风9~10级并可能持续。

预防指南:

①进入防风状态,建议幼儿园、托儿所停课。

②关紧门窗,处于危险地带和危房中的居民,以及船舶应到避风场所避风,通知高空、水上等户外作业人员停止作业,危险地带工作人员撤离。

③切断霓虹灯招牌及危险的室外电源。

④停止露天集体活动,立即疏散人员。

其他同台风蓝色预警信号。

(3)台风橙色预警信号图标

含义:12小时内可能受强热带风暴影响,平均风力可达10级以上,或阵风11级以上;或已经受强热带风暴影响,平均风力为10~11级,或阵风11~12级

并可能持续。

预防指南：

①进入紧急防风状态，建议中小学停课。

②居民切勿随意外出，确保老人小孩留在家中最安全的地方。

③相关应急处置部门和抢险单位加强值班，密切监视灾情，落实应对措施。

④停止室内大型集会，立即疏散人员。

⑤加固港口设施，防止船只走锚、搁浅和碰撞。

其他同台风黄色预警信号。

(4) 台风红色预警信号图标

含义：6小时内可能或者已经受台风影响，平均风力可达12级以上，或已达12级以上并可能持续。

预防指南：

①进入特别紧急防风状态，建议停业（除特殊行业）、停课。

②人员应尽可能待在防风安全的地方，相关应急处置部门和抢险单位随时准备启动抢险应急方案。

③当台风中心经过时风力会减小或静止一段时间，切记强风将会突然吹袭，应继续留在安全处避风。

其他同台风橙色预警信号。

四、暴雨洪灾

(一)暴雨洪灾概述

暴雨是指在短时间内出现的大量降水。在气象上，根据12小时内、24小时内的降雨量，将降雨强度分为6个等级：小雨、中雨、大雨、暴雨、大暴雨和特大暴雨，如表3-1所示。

表 3-1　降水量强度分级

等级	12h 降水总量(mm)	24h 降水总量(mm)
小雨	0.0～5.0	0.0～10.0
中雨	1.1～15.0	10.1～25.0
大雨	15.1～30.0	25.1～50.0
暴雨	30.1～70.0	50.1～100.0
大暴雨	70.1～140.0	100.1～200.0
特大暴雨	>140.0	>200.0

产生暴雨的重要条件是空气中要含有大量水气,并有较强的上升对流运动。暴雨的发生和大气环流的季节性变化有密切的关系。

在山区旅游时遇到暴雨,少则十几分钟、多则半小时,就有山洪暴发的可能。在平原地带也可能因河流上游的暴雨而遭遇洪灾。缺少经验的城里人往往在大雨来临后,还在山沟里游玩、在河水中游泳,旅游车仍在危险地段行进,以致遭遇灾难。如在日本某地,就发生过这样的故事:上百万人在河滩避暑,水库当时要紧急泄洪,警报已发出,巡警车也对游人不断地广播,而避暑的人们就是漫不经心,以为洪水绝不会那么快到来,而当洪水迅速包围上来时,才慌了手脚,结果淹死了 11 人。1999 年 7 月 27 日,瑞士一旅行团遇山洪暴发 19 人死亡、2 人失踪。近年,在张家界、黄山、嶂石岩、崂山等著名景点,都发生过此类伤亡事故。因此,在外旅游遭遇暴雨时,应注意山洪、泥石流、滑坡等灾害的预防和危机应对。

(二)旅游中暴雨洪灾的应对处理

1. 山区旅游遭遇暴雨洪灾

旅游中山洪暴发,危险性大,应对处理比较复杂。因此,在旅游中应注意以下几方面:

(1)旅游前要了解目的地及经过路段是否经常有山洪或泥石流暴发,要避开这些地区。山洪和泥石流的发生通常有一定季节特征,在多发季节内不要到这些地区旅游。

(2)要注意天气预报,凡有暴雨或山洪暴发之可能,就不能贸然出行。

(3)山区旅游时遇到暴雨,应立即停止旅游,尽快下山。下山时要尽量避开山体容易滑落的地区。山洪暴发常有行洪道,千万不要在沟道内避雨,以免遭山洪或泥石流的袭击,而造成人身伤害。同时,山区降雨往往是上游下雨形成洪水,而下游并不知情,对这种情况尤其要警惕,要通过观察作出准确判断,并及时选择避险方式。

(4)如果山洪暴发,河水猛涨已无法前进或返回,困于山中,要选一高处的平地或山洞等离开山洪暴发处远的地方等待救援。将能带的食物、火种以及必须用品带上并保管好,做好待救需 1~2 日的准备,节约粮食和熟食,注意饮水清洁。无通讯工具的,可寻找一些树枝和其他可燃物点燃,同时在火堆旁放一些湿树枝或青草,使火堆升起大量的浓烟,以引起搜救人员的注意。

(5)行车途中遇到暴雨,车辆应停止行驶躲在安全的地方。在雨中和雨后的一段时间内,特别容易发生路基塌陷,如确有急事需要行车,一定要注意观察路况和山体情况,车辆尽量在道路的外侧行驶,避免山体滑坡时砸坏车辆,遇有山石塌落在路上,不要贸然通过,更不要在情况不明时自行清理路障,以避免后续的山石滑落造成伤害。如遇山体发生滑坡,应下车探明情况,确认堆积物未全部堵截道路,车辆可以通过时再行驶;如道路已被阻断,应将车辆停放在安全地区,并向道路主管部门报告情况。

(6)车辆和行人在汛期过漫水桥时也需要特别注意。所谓漫水桥,是指平时桥面无水,汛期洪水从桥面漫过的桥梁。洪水冲击力很大,当车体与水流形成直角后,洪水依靠横向推力可迅速将车推翻。行人或车辆在汛期过漫水桥时,一定要观察水深和流速。一般情况下,水深在 20 厘米、流速在每秒 2 米时,行人禁止通行;水深在 30 厘米、流速在每秒 3 米时,小型机动车禁止通行;水深在 50 厘米、流速在每秒 3 米时,大型机动车禁止通行;洪水在上涨期间,禁止所有行人和车辆通行。

(7)在山间如因洪水将桥梁冲垮无法过河,而又必须向对岸目的地进发时,可沿山涧行走,找河岸较直、水流不急的河段试行过河。一般来说,河面宽、水浅处其流速自然慢,是过河的好地方。会游泳者可游泳过河,一般斜着向上流方向游,避免水流冲向岸上。当估计无力游到对岸时可试行涉水过河。在水中行走时,水流不急、水深在膝盖以下,尚能保持平稳,能做各种动作,如果水已齐腰就不能涉水,因有倾倒可能,必须有可扶的绳索或固定物体。过河时如有绳子则一手拉绳,无绳时可用一竹棍、木棒,手持住,它可以探水深以及河床情况,并有利于支撑保持平衡。迈步时要前一足踏稳,后一足才提起,步幅不宜过大。有数人时,可 2~3 人相互挽在一起过河。一般先由会游泳者腰上系一安全绳,另一端扎在岸边大树或岩石上,并由旅伴抓住,下水探河水深度,探河床是否结实。试探可以涉水时,游到对岸,将绳牢牢扎在树上或岩石等处,其他人再抓住绳子涉水,比较安全。

2.平原旅游遭暴雨洪灾

(1)在平原遇洪水,要向山冈、楼房等高层建筑处转移。如洪水来势很猛,就近无高地及楼房可避,也应就近抓住有浮力的物品如木盆、木椅、木板等,有船则更好。必要时爬上高树也可暂避,如洪水继续上涨,估计所待之处已不安全,要迅速找一些木板、桌椅等有浮力的物品扎成筏,准备逃生,无绳子可用布条,但要扎紧,到房已没顶时上筏。

(2)不要爬到泥坯墙的屋顶,这些房屋水浸后很快会坍塌。平原洪水一般能较快地得到救助,只要度过紧急时刻就易获救。

五、暴风雪

对突然袭来的狂风并携带着吹雪或降雪的天气现象称为暴风雪。暴风雪的形成与暴风雨相似。在冬天,当云中的温度变得很低时,使云中的小水滴结冻。当这些结冻的小水滴撞到其他的小水滴时,这些小水滴就变成了雪。当它们变成雪之后,会继续与其他小水滴或雪相撞。当这些雪变得太大时,它们就会往下落。多数雪是无害的,但当风速达到每小时56千米,温度降到−5℃以下,并有大量的雪时,暴风雪便形成了。

暴风雪天气易发生路面结冰、冻伤、滑坠、被雪掩埋、迷路等,暴风雪给游客出行、宿营等带来了极大的困难和危机。2004年10月4日突然袭击黄龙景区的一场暴风雪,使景区内的沥青路面很快结冰,路面积雪最深达200毫米,将返程的近4000名游客围困在平均海拔3300米的川(主寺)黄(龙)公路上。暴风雪天气旅游,车子容易受困,游客容易迷路、冻伤。

在旅游中遭遇暴风雪,应注意以下几方面:

(一)保存体力,不要盲动

如果被围困在车上,待在车中最安全,贸然离开车辆寻求帮助十分危险。开动发动机提供热量,注意开窗透气。燃料耗尽后,尽可能裹紧所有能够防寒的东西,并在车内不停地活动。如果孤身于茫茫雪原或山野、露天受冻、过度活动会使体能迅速消耗,此时求生应减去身上一切不必要的负重,在合适的地方挖个雪洞藏身,只要食物充分,这种方式可以坚持几天时间。

(二)调整心态,适时休息

遭遇暴风雪时由于恐惧、孤独、疲劳,易造成生理、心理素质下降,此时要保持稳定的心态,判断正确的方位和路线。疲劳时要适时休息,走到筋疲力尽时才休息十分危险,许多人一睡过去就不再醒来。正确的方法是走一段,停下来休息一会儿,调整呼吸,休息时手、脚要保持活动并按摩脸部。

(三)相互激励,保持"兴奋"

思维迟钝产生头脑麻木十分危险,暴风雪中必须保持"兴奋"状态。此时团队精神特别重要,同行者相互搀扶、相互激励,才更有希望获救。

若在登山露营时突然遇到暴风雪,应加固帐篷,严禁离营下撤或进行攀登活动。保管好防寒装备,计划好燃料、食品的使用。及时清除帐篷上覆盖的积雪,以防帐篷被积雪压塌。遇到较大的暴风雪天气,高空风强烈,帐篷必须有人管理以防大风把帐篷吹跑。

六、泥石流

(一)泥石流概述

泥石流是一股泥石洪流,在瞬间暴发,多发生在峡谷地区和地震、火山多发区。它是含有大量泥沙石块的介于挟沙水流和滑坡之间的土、水、气混合流并且暴发突然、来势凶猛,具有很大的破坏力。泥石流的主要危害是冲毁城镇、矿山、乡村,造成人畜伤亡,破坏房屋及其他工程设施,破坏农作物、林木及耕地。此外,泥石流有时也会淤塞河道,不但阻断航运,还可能引起水灾。

我国每年有近百座县城受到泥石流的直接威胁和危害,有20条铁路干线的走向经过1400余条泥石流分布范围内。1949年以来,我国先后发生中断铁路运行的泥石流灾害300余起,有33个车站被淤埋。在我国的公路网中,以川藏、川滇、川陕、川甘等线路的泥石流灾害最严重,仅川藏公路沿线就有泥石流沟1000余条,先后发生泥石流灾害400余起,每年因泥石流灾害阻碍车辆行驶时间长达1～6个月。泥石流还对一些河流航道造成严重危害,如金沙江中下游、雅砻江中下游和嘉陵江中下游等,泥石流活动及其堆积物是这些河段通航的最大障碍。

自然景区受泥石流的危险比较大。以北京为例,据初步统计,全市有泥石流沟584条,潜在泥石流沟232条。6个区县的七大旅游景区都有泥石流分布。如密云云蒙山景区(包括云蒙山森林公园、云蒙峡、天仙瀑、精灵峪、京都第一瀑、黑龙潭、番字牌、不老屯山庄等八个旅游景点)、怀柔云蒙山景区(包括幽谷神潭、鸳鸯湖风景区、神堂峪自然风景区等三个旅游景点)、延庆龙庆峡风景区和松山林场景区、平谷四座楼景区、房山十渡风景区、门头沟百花山林场和灵山景区等。

泥石流对旅游的影响除了破坏交通外,有时甚至危及旅游者的生命安全。四川省丹巴县"7·11"特大泥石流共造成51人死亡或失踪,其中包括4名上海游客。触目惊心的灾难给忽视泥石流灾害的旅游业敲响了警钟。2003年7月11日,4名上海游客在1名成都某旅行社工作人员陪同下来到丹巴。晚上10时,这个县巴底乡水卡子村个体经营的"休闲山庄"为他们举办歌舞晚会,有60多名村民到场。人们万万没想到,10时30分,一场泥石流从天而降,现场只有10多人侥幸逃出。

近几十年来国际上严重的泥石流灾难也屡屡发生。1970年,秘鲁的瓦斯卡兰山暴发泥石流,500多万立方米的雪水夹带泥石,以每小时100公里的速度冲向秘鲁的容加依城,造成2.3万人死亡,灾难景象惨不忍睹。1985年,哥伦比亚的鲁伊斯火山泥石流,以每小时50公里的速度冲击了近3万平方公里的土地,其中包括城镇、农村、田地，哥伦比亚的阿美罗城成为废墟，造成2.5万人死亡，15万家畜死亡，13万人无家可归，经济损失高达50亿美元。1998年5月6日，意大利南部那不勒斯等地突然遭遇该国建国以来非常罕见的泥石流灾难，造成100多人死亡，2000多人无家可归。2005年，雅加达西南部一个村庄遭遇泥石流袭击，造成至少140人死亡。

泥石流形成有如下直观性的特征条件：

1. 丰富的固体物质是泥石流形成的因素之一。泥石流中含有足够数量的泥沙石等固体碎屑物，其体积含量最少为15％，最高可达80％左右，因此比洪水更具有破坏力。

2. 陡峭的地形是泥石流形成的主要原因。这类地形有利于暴雨径流汇集，造成大落差，使泥石流获得巨大的能量。

3. 足够的水源是激发泥石流暴发的主要条件。水是泥石流的组成部分和搬运介质。因自然地理环境和气候条件的不同，泥石流触发水有暴雨（如特大暴雨、连续性降雨后的暴雨）、冰雪融水、水体溃决等形式。

4. 多种人类活动在多方面加剧也会引发泥石流的暴发。比如，毁林开荒、陡峭垦植、矿山开采中乱挖乱采和不合理弃渣，以及山区修建公路、铁路时非科学地就地取料（如土石和弃渣等）。

泥石流主要是由于集中冲刷、撞击磨蚀、漫流淤积、弯道泥位超高、直进性爬起壅高、渡河阻水、侵蚀河岸、剥蚀山体等造成的。

（二）旅游中泥石流灾害危机的应对处理

1. 旅行社必须随时了解旅游线路上每一站的天气、水文和交通情况，尽量避免在峡谷河滩、山沟沟口、高山顶部和地质条件不稳定的坡地举行人员集中的活动，住宿地的选择也要多从安全角度考虑。

2. 沿山谷徒步时，一旦遭遇大雨，要迅速转移到附近安全的高地，离山谷越远越好，不要在谷底过久停留。

3. 注意观察周围环境，特别留意是否听到远处山谷传来打雷般声响，如听到要高度警惕，这很可能是泥石流将至的征兆。

4. 要选择平整的高地作为营地，尽可能避开有滚石和大量堆积物的山坡下面，不要在山谷和河沟底部扎营。

5. 当泥石流发生时，必须遵循泥石流的规律采取应急措施。发现泥石流后，要马上与泥石流成垂直方向向两边的山坡上面爬，爬得越高越好；跑得越快越好，绝对不能往泥石流的下游走。

6. 遇到因泥石流造成交通阻断，应及时与接待社联系，并向组团社汇报请示。

七、高山

在高山上,除了因其特殊的地理位置所致的服务、应急条件相对落后,当旅游者发生意外给抢险带来不便外,高山还会给旅游者带来其他方面的风险,如高山反应、雷击、滑坠、雪崩等。

(一)高山反应

1.高山反应概述

在海拔 1800 米左右,敏感的人就可能有一些轻度的高山反应,如乏力、运动量较大时气喘吁吁等;在海拔 3000 米以上的地区,很多人都会出现高山反应的症状;在海拔 5000 米以上,高山反应会更加明显。

人们生活在海平面上,大气压在 1 个标准大气压左右,也就是 760 毫米汞高。空气是由氧气、氮气等气体组成的混合气体,其中氧气的含量是 20.95%,随着地势的增高,其气压也逐渐降低,肺泡内的气体、动脉血液和组织内氧气的分压也相应降低。当人们从平原进入高原地区时,一般人需要 2~3 个月的时间,慢慢适应当地的低氧环境,使人们能在这种环境下生存,并能进行一般正常或接近正常的脑力及体力活动,但有一临界限度。如果人不能适应高山低氧环境则要发生高山病,如高原性心脏病、高原性细胞增多症、高原性高血压、高原性低血压。高山病形成的原因是由于高度越高,空气越稀薄,气压就越低,因此人体所需要的氧气压力也随之降低,但是人体所需要的氧气含量仍然不变,为使血液中维持人体所需之含氧量,故必须增加红血球的含量,但人体自动增加红血球之含量需要几天的时间,因此在刚进入山区时,会因为海拔突然增高,人体来不及适应,而产生体内氧气供应不足的情形。高度越高,过渡时间越短,产生的反应就越剧烈,这种生理反应一般称为"高山病"。急性高山反应的主要症状是头疼、恶心呕吐、睡不着、吃不下以及呼吸困难等。另一种比较严重的高山反应表现为肺水肿、脑水肿以及由于心肌缺氧而导致的心肌梗死。严重的高山反应是导致旅游者登山死亡的重要原因之一。

2.高山反应的应对处理

(1)由于每个人对环境改变的适应程度不同,即使身体状况正常的人亦会受到环境突变而出现高山反应。高山反应经常发生在从水平地方飞往高海拔地方的游客,当中不少发病者都是在下机后即刻驾车或攀爬到更高的地方,可见身体对环境需时适应的重要性。因此去高山旅游之前,必须对身体进行一番认真检查,凡患有严重心血管疾病、冠心病、心绞痛、高血压、慢性肺部疾病、急性中耳炎以及怀孕的妇女,最好不要去高山旅游。

(2)登山前小心计划行程。尽量安排多些时间登山,让自己有机会适应不同高度,千万不要勉强自己。登山的速度不宜太快,最好步调平稳,并配合呼吸,同时要视坡度的急缓而调整,使运动量和呼吸成正比,尤其避免急促的呼吸。

(3)行程不宜太紧迫,睡眠、饮食要充足正常,经常作短时间的休息,休息时以柔软操及深呼吸来加强循环功能及高度适应,登山的高度应逐渐增加,每天攀爬的高度应控制,以适应高山气压低、空气稀薄的环境。在海拔 3000 米以上,一般每升高 500 米要适应一夜,如不能适应,要暂缓继续上升,对初次登山者尤应如此。在山上,尽可能不要服食镇静剂、安眠药、含麻醉成份的止痛药,或是饮酒等,因为这些会令呼吸节奏减慢,使得高山反应的病征不易被察觉,十分危险。应吃低热量、低盐分、含维生素多的食物,并且多喝水。

(4)轻度的高山反应类似感冒,容易被人忽视,而不能给予正确处理。在高山上找不出原因的"感冒"症状,如果没有明显发烧(高山反应也有低烧)、流鼻涕、咳痰、鼻塞等,要更多地考虑是不是高山反应。

(5)发生高山反应后,给氧及降低高度是最有效的急救手段。一般而言,高山病患者降低至平地后,即可不治而愈。若有休克现象,应优先处理,注意失温及其他并发症。立即休息,将患者移至无风处,若疼痛严重,可服用镇痛剂止痛。如果仍不能适应,则需降低高度,直到患者感到舒服或症状明显减轻之高度为止。虽然如此,严重的高山病患者仍需送医院处理。

(6)出发前最好询问医生,评估身体状况,亦可按医生处方,开些防止高山反应的药,并于上山前一天开始服用。

(二)雷击

1. 雷击概述

雷电是发生在大气层中的一种声、光、电的气象现象,主要发生在雷雨云内部及雷雨云之间,或者在雷雨云与大地之间产生的放电现象。全球每天约发生 800 万次闪电,平均每分钟约有 2000 个地区遭遇雷暴。我国雷暴活动主要集中在每年的 6~8 月。雷击不一定是发生在高山旅游途中,旅游作为一种户外活动,在任何高度、任何户外景点都可能遭遇雷击,如 2004 年 7 月 23 日,一道闪电和紧跟着的一声巨雷让挤在居庸关长城烽火台避雨的数十人被震倒在地上,一些游客瞬时失去了知觉,至少有 15 人因伤住进医院,其中包括 1 名外国游客。

由于高山旅游景区多为群山起伏、云雾环绕、天气变幻无常的户外,在雷雨多发季节,应特别提高警惕,预防雷击。

2. 旅游中雷击的应对处理

(1)雷雨天不宜登山,更不要用手扶铁索或在树下避雨。

(2)在游览途中如果突遇电闪雷鸣,游客就应中止游览,及时返回住地;不能及时返回的,就应找到安全的地方躲避并且必须在下雨之前迅速找到避难场所,否则等到地面被淋湿之后,再开始移动就很危险。但不应在以下地方停留:山顶、山脊、空旷田野、各种露天停车场、运动场和建筑物顶部;避雷针及其引线附近,孤立的树下、亭榭内;铁栅栏、架空线附近,还要避免走进被淋湿或已经有水的地方。应尽量寻找下列地方掩蔽:有金属顶的各种车辆,并及时关闭车门、车窗;大型金属框架的建筑物、构筑物内;较深的山洞,但勿触及洞壁并要并拢双脚。如找不到合适的避雷场所,应采用尽量降低重心和减少人体与地面的接触面积,可蹲下,双脚并拢,手放膝上,身向前屈,千万不要躺在地上,如能披上雨衣,防雷效果就更好。

(3)遇上雷雨时不宜打伞,不可使用金属尖顶的雨具,无金属附着物的雨衣是最好的避雷工具。还要注意一点:把带在身上的所有能导电的物体拿下放在背包中,尤其金属框的眼睛一定要拿下来,千万不能拿着导电物品在旷野中奔跑,否则会成为雷击的目标。如果感到头发竖起来时应立即双脚合并、下蹲、向前弯曲、双手抱膝。在室内躲雨时,不应依着建筑物或构筑物墙站立。雷雨天气上下车时,不宜一脚在地上一脚在车上,双脚应同时离地或离车。

(4)雷雨天气时,在野外的游客应关闭手机及其他无线电通信工具,不宜手持固定电话话筒通话。

(5)还要注意的一点是大家不要集中在一起,尽量分散,以免万一受灾时造成更大灾害。

(6)预知打雷和雷击很重要。如果看到天空积雨云变大变黑,就要想办法到安全地方躲一躲。如果带小型收音机收听广播时,有刺耳的杂音,即表示附近有雷云。如果忽然下大颗雨滴,也是要打雷的表现。

(7)对于遭受雷击的旅游者,急救应分秒必争。发生呼吸、心跳停止的病人,病情都非常危重,这时应一面进行抢救,一面紧急联系,就近送病人去医院进一步治疗;在转送病人去医院途中,抢救工作不能中断。

(三)滑坠

在高山由于山路陡峭险峻,或者游客体力不支、注意力分散等,容易造成失足滑坠。滑坠是高山旅游的常见事故,也是造成山难的最主要原因,据中、英、日学者统计,滑坠占登山死亡事故的37.3%~70%。其他造成死亡事故的原因依次为:雪崩、高山病、掉入裂缝和全身衰竭。

1.登山应轻装简从。以穿布鞋、胶底鞋、旅游鞋为宜,切忌穿高跟皮鞋、塑料凉鞋,防雨应备好雨衣,切忌打伞。

2.不宜单人游山,不宜身临其境。登山时,老、幼者应有人陪同为宜。

3.登山时身体宜前俯,下山尤需缓步,铭记"看景不走路,走路不看景""大景不放过,小景不流连"的游览原则。

4. 发生滑坠及时请求景区管理人员援助和现场急救处理。

（四）雪崩

到高山滑雪或到冰封的山区旅行，受到许多中青年人的欢迎，但有可能遇到雪崩。积雪的山坡上，当积雪内部的内聚力抗拒不了它所受到的重力拉引时，便向下滑动，引起大量雪体崩塌，人们把这种自然现象称作雪崩，也有人把它叫做雪塌方、雪流沙或推山雪。雪崩具有突然性、运动速度快、破坏力大等特点。它能摧毁大片森林，掩埋房舍、交通线路、通讯设施和车辆，甚至能堵截河流，发生临时性的涨水。同时，它还能引起山体滑坡、山崩和泥石流等可怕的自然现象。因此，雪崩被人们列为是积雪山区的一种严重自然灾害。如1999年初法国、意大利、瑞士连降大雪，导致雪崩频发，造成70余人死亡。旅游者应了解摆脱雪崩的自救要点：

1. 雪崩多发生在冬春季，在雪层未稳定或有溶解时极易发生；雪崩往往有多发区，进入这些地区，危险性较大，一些国家的地方政府和旅游部门在这些地区的入口处设有值班哨卡提示，行人和旅游者应听从指挥。还有些国家对山区、滑雪旅游区发布雪崩的预报，当有危险时就应中止到这些地区旅行。

2. 进入积雪较厚的山区旅游，除应请向导和携带一般旅行用品外，还应带雪崩逃生绳和雪崩信号呼救器等，以备遇险后逃生呼救，不要个人单独行动。为了便于受灾后迅速被找到，登山者应该在身上系上颜色鲜明的缎带，当不幸被雪崩卷进时，雪崩产生的气浪会把缎带吹起，救护者可以根据缎带，迅速找到被埋的人。

3. 攀登积雪山坡时，不要横穿斜坡。因为横穿斜坡，容易踩裂雪层，诱发雪崩。最好径直向山顶方向前进。当然这样做，体力消耗较大，在万不得已的情况下，可以采用"之"字形的攀登路线，但"之"字的角度应尽可能放大。行走时，脚步要轻，要稳，不要另开脚印，要踏着前面人的脚印走。当到人迹罕至和积雪山区或在积雪显得较不稳定时，不要发出剧烈的震动，如打枪、放音乐、高声吼叫等，这均有可能因声波的震动而引发雪崩。还要特别注意的是，降雪以后，不能立即爬坡登山。一般来说，中等强度的降雪，必须过一天之后，才能去登山爬坡。下大雪之后，特别是连续数天高强度的大雪之后，必须停留三四天，才可在积雪上攀登。因为新雪比较疏松，内聚力较差，人在其上活动，容易触发雪崩。

4. 雪崩发生时，常有低沉的轰鸣声或冰雪破裂之声，易于觉察，此时可辨别声音来自的方向。当到高处看到云状白色尘埃，说明该处有雪崩，如若在另一个山头，则不致构成威胁。如到我国新疆的一号冰川旅游，有时就可听到远方山头雪崩传来的声响。如若旅游者处在山谷或山坡上，雪从高处大量滑下，这有很大的威胁。要尽快向雪崩下滑的横向路跑，企图同方向前跑是错误的，雪崩下滑的速度每秒可达 2500 米,人是无法从同方向逃脱的。

5. 如雪崩面积很大,离的很近时,已无法摆脱,可就近找一掩体,如岩石等躲在其后;在无任何物体可依时,身体前倾,脸朝山上双手捂脸以免被雪呛,也便于雪崩停后手部的活动。

6. 若已埋在雪内、自己意识清醒时,要迅速辨识体位,让口水流出;如流向两侧为侧卧位,流向鼻子为倒立位,流向下巴为站立位,向下流为俯卧位。应设法使身体处于站立位的姿态,头顶向前,用手等全身力量尽最大努力将头冲出新积雪层表面。丢掉包裹、雪橇、手杖或者其他累赘,以免它们将在你被挖出时妨碍你抽身。

7. 如果不能从雪堆中爬出,要减少活动,放慢呼吸,保存体能,当听到有人来时大声呼救。据奥地利因斯布鲁克大学最新研究报告分析,75%的人在被雪埋后 35 分钟死亡,被埋 130 分钟后获救成功的只有 3%。要尽可能自救,冲出雪层。被雪崩掩埋的遇难者,大多数不是被雪崩压死的,而是因为呼吸不到新鲜空气窒息致死的。

八、荒野

荒野地是很少或者没有人类干扰的一大片地区。这些地方大多是风光秀美且还未完全被开发的地区,无论是山水景色还是风土人情,旅游者们都可以从中找到自己梦寐以求的自然天堂。荒野旅游地常常缺乏旅游所需的基础设施和服务条件,因此,遭遇的困难也会比较多,常见的如迷路、缺乏旅游条件的保障等。为保障荒野旅游的安全,以自驾车组团出行为例,应注意以下一些事项:

(一)要对旅游目的地及沿途情况作调查研究

调查的内容包括选择路线、了解路况、沿途景点、风土人情、气候及近期天气变化情况、社会安全状况等。如果到少数民族地区旅游,要事先了解一些民族习俗,尊重他们的生活习惯,以免惹出事端。

(二)在出行前应做好准备

1. 用到车辆的话,要对车辆进行一次全面的检查和维护保养,确保车辆处于良好状态。还要带上必备的工具及配件,以免车辆发生故障无法修理。

2. 在野外旅行时,要做好旅行计划,带好地图。不要随意离开旅行路线盲目进入荒野,更不要轻易进入无人区,防止迷路或者不能在天黑前到达能寻求后勤支援的地方。

3. 没有做好充分准备的时候,千万不要尝试在野外过夜,尽可能在天黑前完成行程。

4. 进入高原野外,一定要准备帽子,最好是有沿的帽子,一是防止高原紫外线对脸部皮肤的伤害(如果可能,最好带上防晒霜和墨镜);二是防止体温通过头部快速散失。在高原空旷的野外,防止体温散失比低海拔地带更加重要。准备好雨衣或者防雨的衣物,高原天气变化很快,一天多变,即便最晴朗的天气也要有所防备。

5. 在野外,居民点间的距离很远,很多地方没有通讯网络覆盖,因此要随身携带一些应急的东西,在意外的情况下能够帮助自己。要准备一些不容易变质的应急食品,如方便面、听装八宝粥、饼干、巧克力、牛肉干、坚果类食品等,防止旅途耽搁时挨饿;自备饮用水,养成随身带个水壶或者矿泉水的习惯,只要能补充的时候,就保持里面至少有半壶水。随身带一个小手电,在走夜路的时候可能会使你得救,在一些偏远的地方也能使你的生活更方便些。

6. 在荒野穿越或探险时,除了要配备那些专业装备外,还建议带上一个小小的野外急救盒(也可以称它为野外求生盒)。它在关键时刻说不定会起到很大的作用。"求生盒"的内容有:

(1)饭盒。选择一个铝制或不锈钢制的饭盒(最好是带把手的)。因为饭盒本身可以用来加热、提水或者化雪,同时,饭盒的金属盖可以当做反光镜使用,关键时刻可以发出求救信号。

(2)多功能工具刀。在野外时配一把多功能的工具刀是绝对有必要的。比如瑞士军刀,它除了集成常规的小刀、起子、剪刀以外,还有锯、螺丝刀、锉刀等,甚至还带有一个放大镜!

(3)针线包。针线包一直是军队的野外必备品。当然,现代针线包的功能已经不仅是原来单纯的缝缝补补,针不但可以挑刺,更能在有些时候弯成鱼钩(当然你的针线包里起码得配两根钓鱼线),改善伙食,甚至是救命。

(4)火种。在野外,火种几乎是一切。带上防风防水的火柴是很重要的,但如果你买不到这样的火柴,也可以自己制作一些。方法很简单:先将蜡烛融化,均匀地涂在普通火柴上,使用的时候,将火柴头上的蜡除掉即可。为了能更好地发挥这些火柴"强大"的防风防水功能,可以把它们放在空的胶卷盒内。磷皮(擦火柴用的)也绝对不能忘了。

(5)蜡烛。一小节蜡烛在野外是绝对有用的。当你所带的手电、头灯等现代化照明装置没有电池了,这时,蜡烛就能派上用场了。蜡烛除了照明,还可以取暖、引火。如果把一个矿泉水瓶剪去底部能做成灯罩,就形成一盏野外使用的防风灯。

(6)哨子。一般的哨子可以充当你的求生哨。当你遇险时,可以用哨声引来救援,或者吓走一些小野兽。

(7)镀铝薄膜。一张2米×2米的镀铝薄膜,不但可以防风防雨,也可以支起来做成一个凉棚,防止太阳直射。在寒冷地区,可以用它裹住自己,保持体温。铝膜的最大作用是可以反光,使救援人员可以及时发现你。平时可以把它铺在地上当地席使用。

(8)指南针。在野外,谁都无法保证先进的设备不出岔子,哪怕是先进的GPS或你手表上自带的电子罗盘。这时,小小的指南针可以帮你找到回家的路。

(9)医疗胶布。医疗胶布是最快的修补剂。当你外衣被划破、帐篷被吹裂时,发挥一下想象力,就能发现它能派上的用处会很多。

(10)燕尾夹。燕尾夹虽然是很普通的办公用品,但在野外缺乏资源的时候,可以被用来夹断裂的背包带、开线的裤子、脱了底的鞋等。

(11)其他。还要备上几支2B的铅笔和一些白色的即时贴。再准备几个瓶子,分别放上食盐、水果糖、维生素C。这些不起眼的食品在危急关头可能是救命的良药。

最后,建议急救盒外面再套上个防水的密封袋。

九、沙漠

(一)沙漠旅游故障概述

骑骆驼漫游沙漠是久居闹市的人修整身心、调整情绪、锻炼意志、体验难忘神奇经历的最佳选择。那叮咛作响的骆铃,浩瀚无垠的大漠,沙海里的日落和日出,无一不显出沙漠的浩瀚、神秘和淳朴。沙漠旅游虽然新奇刺激,但它毕竟属于探险旅游范畴。

沙漠旅游的危险首先来自沙漠气候。沙漠的气候特点很多,比如说,晴天多、阳光强、干燥、夏季热、昼夜温差大、风沙多等,其中的关键是"干"。因为干,云雨少、阳光强、日照时间长,容易灼伤皮肤、视觉过度疲劳。因为干,天上没有云彩,不能挡掉部分阳光,地面没有水分,无法蒸发降温,太阳晒到地面的热量,全都用来加热大地和空气,所以昼夜温差特别大。午后最高气温和清晨最低气温之间,常常可以相差数十摄氏度。温度日差较大容易受凉,晚上甚至可能冻伤、冻死。因为干燥,地面很少有植物,一起风就刮沙,在沙漠中经常会发生沙漠风暴,沙丘移动,没有经验的人容易被沙丘活埋。

此外,沙漠中难以分辨方向,易迷路;看到沙漠中的野生动植物难以辨别有无毒害,易好奇而受伤等,都是沙漠旅游者应警惕的。

(二)沙漠旅游故障的应对处理

1.沙漠旅游,切莫单独行动,彼此要精诚团结。准备好高精度地图,携带指南针或全球卫星定位仪(GPS),使导航、记录航线有保证。

2. 进入沙漠前,必须做好充分准备。如沙漠中光线强,准备好太阳帽、太阳镜。太阳镜最好有两副,一副是平时使用,另一副是防风沙的,可用摩托镜或滑雪镜。一个大号水壶、一筒爽身粉、手电筒、宽胶带、小圆镜、塑料袋等小物品都会在沙漠中给你带来意想不到的方便。比如爽身粉可以擦在你运动时经常被摩擦的身体部位,小圆镜用于求生时发射信号,塑料袋用于防沙尘。

3. 进入沙漠,一定要穿上大而厚的鞋,如靴子之类的。不要贪一时凉快,或者觉得穿厚鞋焐脚、难受。沙漠的温度,白天达到50多摄氏度,不穿厚鞋,如光脚,或者穿平底凉鞋,皮肤可能会被烫起泡,甚至会引起化脓感染。要学会用双杖走路。负重在沙漠中行军,在松软的沙丘上下翻越,对膝盖构成很大的压力,很容易造成损伤。用双杖行走能减轻膝盖的压力,也能节省很多体力。

4. 带足干粮和淡水。即使乘车前往,难免有轮胎爆裂之虞,可能需要步行数小时才能得到援助。沙漠中温度高,沙漠里人脱水速度很快。并不是渴了才喝水,等到真正感到口渴的时候,就难以解渴了。一进沙漠,哪怕不觉得口渴,不想喝,也要一小口一小口地喝。万一在沙漠中遇险发生缺水,要注意保存体内的水分,如赶路采取夜行晓宿。例如,有一名英国飞行员,迫降在西撒哈拉沙漠后,在11天内步行了324千米而获救,秘诀就在于"夜行晓宿"。如果在白天行走,他所带的水是绝对不够的。此外,形形色色的仙人掌也是天然的水库。另外,在炎热、缺水、干渴、焦虑的情况下,千万不要被海市蜃楼的假象迷惑。

5. 不要怕走弯路。一望无际的沙海,并不是一马平川。在沙漠中会遇到许多大的沙丘或沙山,一定要绕过去,切忌直越陡坡。要避开背风面松软的沙地,尽量在迎风面和沙脊上行走,因为迎风面受风蚀作用,沙被压得很实,比较硬,在上面行走比较容易,也省力气;而背风面主要是风积形成的,比较松散,在上面行走,陷入较深,比较消耗体力。如果有驼队的话,踏着骆驼的蹄印走,可以节省很多体力。在沙漠探险中,在前面带路的人很重要,要能找出好走的路,并且采用慢行、每小时休息10分钟的方法,一般队伍一天行走不要超过直线距离20公里。

6. 租用骆驼。骑骆驼时,要防止骆驼站起来和卧倒时将人甩下,这时要抱紧骆驼鞍或驼峰。平时不要靠近骆驼的后脚和头部,以防它踢人和用嘴喷人。骆驼虽然温顺,但受惊后却很危险,要防止突然的响声,如突然的喊叫、刺目的颜色、突然打开色彩艳丽的自动伞等刺激骆驼。长途骑骆驼不要绷着劲,要顺着骆驼的步伐自然骑坐,随时调整坐姿,并适时下来步行一段。

7. 躲避沙暴。在我国,一般不要在春季和夏季去沙漠,同时要注意当地的天气预报。从3月中下旬开始,一直到5月份,沙漠的气候可谓瞬息万变,风很大,特别是沙暴,游客容易迷途并危及生命。沙暴到来的异常迅猛,当感觉到好像有种声音从很远的地方传来时,仅在几秒中之内,天地就变成了黄色。一场沙暴过后,即使大难不死,抬头一看,所有的景观全变了,很容易迷路。当天边涌来了黑黑的云,慢慢地向所在的方向逼近,这时,就要从骆驼上下来,用毡子把自己全身包起来。最好躲在骆驼的身边,千万不要到沙丘的背风坡躲避,否则有被窒息或被沙暴埋葬的危险。骆驼比较有经验,它会随着沙子的埋伏不断地抖动,这样就不致于被沙子埋了,人也要随着动一动,这样也就不会被沙子埋了,同时也不会被沙暴吹跑。

8. 不要随便招惹野生动物,比如野猪、狼等。平时你不去主动袭击它,它也不会攻击你,但是一旦把它惹火了,它就非得和你拼命不可。另外,沙漠里的一些小动物如野兔等,也不要打它,不要随便吃野味,因为这些动物身上往往有很多病菌,吃了以后,就难保安全。沙漠有时也会遇到小型湖泊水塘等,不要在很热的时候,图一时的痛快,脱了衣服就往水里跳,湖里也许有很多危险的情况。

第七章　旅游者要求的处理

本章提要

本章应掌握导游在带团过程中对旅游者要求处理的基本原则；掌握旅游者要求亲友随团活动，转递物品、信件的处理方法；掌握有时需劝阻旅游者要求自由活动的几种情况；熟悉允许旅游者离团单独活动的几种情况。

第一节　旅游者要求的处理原则

一、合理可能的原则

旅游者是导游员的主要工作对象，满足他们的要求，使他们愉快地度过旅游生活是导游员的主要任务。所以，旅游者提出的要求只要是合理的，又有可能办到的，即使很困难，导游员也要设法给予满足。很多旅游者以"不打扰别人"为生活座右铭，往往不轻易求人，一旦开口，说明他们确实需要导游员的帮助，所以，对他们的要求，导游员绝不能掉以轻心。不提任何要求的旅游者并不是不需要导游员的帮助，而是不愿意开口求人。因此，导游员要细心地观察旅游者的言行举止，设法了解旅游者的心理活动，即使旅游者不开口，也要向旅游者提供需的服务。导游员若能做到这一点,他的工作必然会得到旅游者的高度评价。

二、耐心细致的原则

旅游者提出的要求大多数是合情合理的,但总会有人提出一些苛刻的要求,给导游员的工作增加一定的难度。苛求,即过高的要求。有些要求看似合理,但旅游合同上没有规定这类服务或在中国目前还无法提供这类服务;有些要求本身就不合理,但总会有人提出来,要求导游员给予满足;还有些人出于某种心态,对导游员的工作横加指责、过分挑剔。

面对旅游者的苛求和挑剔,导游员一要认真倾听,不要没有听完就指责旅游者的要求不合理或胡乱解释;二要微笑对待,不要一听到不顺耳的话就表示反感还恶语相向;三要耐心解释,对合理的但不可能办到的要求,要耐心地、实事求是地进行解释,不要以"办不到"一口拒绝。总之,对旅游者的苛求和挑剔,导游员不得意气用事。

三、服务至上的原则

到中国的旅游者,不管来自哪个国家、属于哪个民族,不管其社会经济地位高低、年老年幼,都是我们的旅游者,都是导游员的服务对象。导游员要尊重旅游者的人格,热情周到地为其服务,维护其合法权益,满足其合理又可能办到的要求,切忌亲疏偏颇、厚此薄彼。

旅游团中不免有无理取闹的人,对这类人的言行,导游员始终要沉着冷静,或一笑了之。处理这类问题,要坚持原则;不伤主人之雅,不损旅游者之尊,理明则让。若个别旅游者的无理取闹影响了旅游团的正常活动,导游员可请领队协助出面解决,或直接面对全体旅游者,请他们主持公道。这就要求导游员在平时多向旅游者提供热情周到的服务,多提供超常服务,这样的导游员往往能获得大多数旅游者的赞赏和支持,可在客观上孤立一味苛求者和无理取闹者。确有困难时,导游员应向领导汇报,请其协助。

四、一视同仁的原则

导游员要记住自己是主人。是主人就要有主人热情好客的态度,要有主人的度量,要对旅游者礼让三分。旅游者可以挑剔,甚至可能吵架,但作为主人的导游员却必须保持冷静,始终有礼、有理、有节,坚持不卑不亢的原则。在一般情况下,对旅游者要以礼相待,不与其争吵,更不能与其正面冲突,以免影响旅游活动,造成不良影响。对无理取闹者,导游员仍要继续为其热情服务,对他们的合理且可能办到的要求,仍要尽力设法予以满足。

第二节 旅游者各项要求的处理

一、生活方面要求的处理

（一）特殊的饮食要求

由于宗教信仰、生活习惯、身体状况等原因，旅游者会提出饮食方面的特殊要求。有些旅游者在旅游协议书中已作说明，而有些旅游者在到达后才提出要求。无论哪种情况，导游员都应尽可能满足。

若所提要求在旅游协议书中有明文规定的，接待方旅行社需早作安排，地陪在接团前应检查落实情况，不折不扣地兑现。

若旅游团抵达后才提出要求，需视情况而定：一般情况下地陪应与餐厅联系，在可能的情况下尽量满足；如确有困难，地陪可协助其自行解决。

（二）要求换餐

有时外国旅游者对食用中餐不习惯，要求换餐，如将中餐换成西餐，便餐换成风味餐等。

如旅游团在用餐前3小时提出换餐要求，地陪要尽量与餐厅联系，按有关规定办理。接近用餐时提出换餐，一般不应接受要求，但导游员应做好解释工作；若旅游者仍坚持换餐，导游员可建议他自己点菜，费用自理。旅游者要求加菜、加饮料等应满足，但费用自理。

（三）要求单独用餐

由于旅游团的内部矛盾或其他原因，个别旅游者要求单独用餐。此时，导游员要耐心解释，并告诉领队请其调解；如旅游者坚持，导游员可协助与餐厅联系，但餐费自理，并告知综合服务费不退。

（四）要求提供客房内用餐服务

若旅游者生病，导游员或饭店服务员应主动将饭菜端进房间以示关怀。若是健康的旅游者希望在客房用餐，应视情况办理；如果餐厅能提供此项服务，可满足旅游者的要求，但须告知服务费自理。

（五）要求自费品尝风味

有些旅游团在旅游协议中没有风味餐这项内容，但旅游团要求外出自费品尝风味，导游员应予以协助，与有关餐厅联系订餐；风味餐订妥后旅游团又想不去,导游员应劝他们在约定时间前往餐厅,并说明若不去用餐需赔偿餐厅的损失。

(六)要求推迟晚餐时间

在实际带团中,地陪经常会遇到旅游者因生活习惯或其他原因要求推迟用晚餐时间,导游员可与餐厅联系,视餐厅的具体情况处理。一般情况下,导游员要向旅游团说明餐厅有固定的用餐时间,过时用餐需另付服务费。

(七)要求调换房间

1.客房内不干净,有蟑螂、臭虫、老鼠等,旅游者要求换房,应满足其要求,必要时应调换饭店;客房内设备尤其是房间卫生达不到清洁标准应立即打扫、消毒。

2.旅游者要求调换不同朝向的同一标准客房,若饭店有空房,可适当予以满足,或请领队在内部调配;无法满足时,应做耐心解释,并向旅游者致歉。

(八)要求更高标准的客房

旅游者要求换住高于合同规定标准的房间,地陪可直接与饭店联系,如有空房,可予以满足,但旅游者要交付原定饭店退房损失费和房费差价。如饭店没有符合旅游者要求的客房,应向该旅游者解释清楚,求得其谅解。

(九)要求住单间

住双人间的旅游者要求住单人间,如饭店有空房可予以满足,但房费自理;同屋旅游者因闹矛盾或生活习惯不同而要求住单间,导游员应请领队调解或在内部调整;若调解、调配不成,饭店有空房可满足其要求,但导游员须事先说明,房费由旅游者自理(一般是谁提出住单间谁付房费)。

(十)要求购买房中摆设

旅游者看上了客房内的某一摆设,要求购置,导游员可协助其与饭店有关部门联系。

(十一)计划内的文娱活动

旅游团在一地是否有文娱活动一般在协议书中有明确规定,若无明文规定,导游员最好事先与旅游者商量,然后安排。

旅行社已安排观赏文娱演出后,旅游者要求观看另一演出,若时间许可,又有可能调换,可请旅行社调换;如无法安排,导游员要耐心解释,并明确告知票已订好,不能退换,请他们谅解;旅游者若坚持要求观看别的演出,导游员可协助,但费用自理。

部分旅游者要求观看别的演出,处理方法同上。若决定分路观看文娱演出,在交通方面导游员可作如下处理:如两个演出点在同一线路,导游员要与司机商量,尽量为部分旅游者提供方便;若不同路,则应为他们安排车辆,但车费自理。

(十二)计划外的娱乐活动

有的旅游团在计划中没有娱乐活动,但旅游者提出自费观看文娱演出或参加某种娱乐活动,导游员一般应予以协助,如帮助购买门票、要出租车等,通常不陪同前往。

如果旅游者要求去大型娱乐场所或情况复杂的场所,导游员须提醒旅游者注意安全,必要时应陪同前往。

二、旅游活动方面要求的处理

大多数旅游者都愿意在旅游目的地买些物品作为纪念或馈赠亲友。地陪虽然安排了购物时间,但旅游者仍然会提出各种各样的要求。导游员要不怕麻烦地设法予以满足。

(一)要求单独外出购物

旅游者要求单独外出购物,导游员要予以协助,当好购物参谋,例如建议他去哪家商场购物,为他安排出租车并写中文便条让其带上(条上写明商店名称、地址和饭店名称)等。在旅游团快离开本地时,要劝阻旅游者单独外出购物。

(二)要求退换商品

旅游者购物后发现所购的商品是残次品、计价有误或对物品不满意,要求导游员帮其退换,导游员应积极协助,必要时陪同前往。

(三)要求再去商店购买相中的商品

旅游者欲购某一商品,当时犹豫不决,回饭店后下决心购买,要求导游员协助。一般情况下,只要时间许可,导游员可写个便条(上写商品名称,请售货员协助之类的话),让其乘出租车前往商店购买,也可陪同前往。

(四)要求购买古玩或仿古艺术品

旅游者对古玩或仿古艺术品很感兴趣,希望购买,导游员应带其到文物商店购买,买妥物品后要提醒旅游者保存发票,不要将物品上的火漆印(如有的话)去掉,以便海关查验;旅游者要在地摊上选购古玩,导游员应劝阻,并告知有关规定;若发现个别旅游者有走私文物的可疑行为,导游员须及时报告有关部门。

(五)要求购买中药材

旅游者想购买中药材,导游员应告知海关的有关规定。

(六)要求代办托运

旅游者购买大件物品后,要求导游员帮忙托运,导游员可告知外汇商店一般经营托运业务,若当地外汇商店无托运业务,导游员要协助旅游者办理托运手续。

旅游者欲购某一商品,但当时无货,旅游者离去前想请导游员代为购买并托运。对旅游者的这类要求,导游员一般应婉拒;实在推托不掉时,导游员要请示领导,一旦接受了旅游者的委托,导游员应在领导指示下认真办理委托事宜:收取足够的钱款(余额在事后由旅行社退还委托者)、发票、托运单及托运费收据要寄给委托人,旅行社保存复印件,以备查验。

(七)旅游者要求自由活动

参加团队的旅游者,大部分时间是集体活动。出于种种原因要求自由活动或单独活动,导游员应根据不同情况,按"合理而可能"原则妥善处理,并认真回答旅游者的咨询,提出建议,尽量满足他们的要求。

有的旅游者已多次来华游览过许多景点,因而希望单独活动,如果其要求不影响整个旅游活动,可以满足其要求并提供必要的协助,如提醒其带上饭店的店徽,写一便条交旅游者(上写前往目的地的名称、地址及下榻饭店的名称和电话),帮助找出租车,提醒旅游者晚饭的用餐时间和用餐地点等。

到某一游览点后,若有个别旅游者因个人爱好,希望自己游览或摄影,希望不按规定的线路游览,若环境许可(游人不太多,秩序不乱),可满足其要求。导游员要提醒其集合的时间和地点及旅游车的车号,必要时留下字条,写上集合时间、地点和车号以及饭店名称和电话号码,以备不时之需。

晚上如无活动安排,旅游者要求自由活动,导游员应建议不要走得太远,不要去秩序乱的场所,不要太晚回饭店等。

当旅游者向导游员提出要求单独自由活动时,下述情况不宜让旅游者单独活动:

1.如旅游团计划去另一地游览,或旅游团即将离开本地时,若有人要求留在本地活动,由于牵涉面太大,为不影响旅游团活动计划的顺利进行,导游员要劝其随团活动。

2.如地方治安混乱、有危险,导游员要劝阻旅游者外出活动,更不要单独活动,但必须实事求是地说明情况。

劝阻旅游者去复杂、混乱的地方自由活动。不宜让旅游者单独骑自行车去人生地不熟、车水马龙的街头游玩。

3.游览江河湖泊时,旅游者提出希望划小船或在非游泳区游泳的要求,导游员不能答应,不能置旅游团于不顾而陪少数人去划船、游泳。

4.旅游者要求去不对外开放的地区、机构参观游览,导游员不得答应此类要求。

总之,出现以上情况时,导游员要向旅游者耐心地解释,说明原因,以免发生误会。

(八)要求探亲访友

探亲访友也是旅游者旅行的目的之一。旅游者到达某地后,希望探望在当地的亲戚朋友。当旅游者向导游员提出此类要求时,应设法予以满足。

如旅游者知道亲友的姓名、地址,导游员应协助联系,并向旅游者讲明具体乘车路线。

如旅游者只知亲友姓名或某些线索,但地址不详,导游员可通过旅行社请公安户籍部门帮助寻找,找到后及时告知旅游者并帮其联系;若旅游期间没找到,可请旅游者留下联系的地址和电话号码,待找到其亲友后通知他。

(九)旅游者要求会见中国同行

若旅游者要求会见中国同行洽谈业务,联系工作,捐款捐物等。导游员应向旅行社汇报,在领导指示下给予积极协助。

(十)要求会见名人

若旅游者慕名求访某位名人,导游员应了解旅游者要求会见的目的并向领导汇报,按规定办理。

导游员在帮助外国旅游者联系会见亲友或同行时,一般不参加会见,没有担当翻译的义务。

(十一)要求会见在华外国人或驻华使领馆人员

若外国旅游者要求会见在华外国人或驻华使领馆人员,导游员不应干预;如果要求协助,导游员可给予帮助;若外国旅游者盛情邀请导游员参加使领馆举行的活动,导游员应先请示领导,经批准后方可前往。

(十二)要求亲友随团活动

有的旅游者到某地亲友很多,又不舍得放弃游览活动,希望亲友随团活动甚至一同到外地去旅行游览,当旅游者向导游员提出此类要求时,导游员应根据不同情况处理:

先征得领队和旅游团其他成员的同意。

与旅行社有关部门联系,如无特殊情况可到旅行社办理入团手续:出示有效证件、填写表格、交纳费用。

若是外国外交官员随团活动,应请示旅行社,严格按我国政府的有关规定办理。

若随团活动的亲友身份是记者,应请示有关部门,获准后方可办理入团手续。

(十三)要求中途退团

旅游者要求中途退团虽不多见,但也时有发生;旅游团或部分旅游者被迫或主动要求延长旅游期的现象相对多一些。旅游者这种特殊要求,不是导游员所能解决的。所以,当旅游团或部分旅游者提出此类要求时,导游员必须立即报告接待方旅行社,由其视具体情况做出决定。导游员则在领导指示下协助旅游者做些具体工作。

旅游者因患病,或因家中出事,或因工作上急需,或因其他特殊原因,要求提前离开旅行团,中止旅游活动,经接待方旅行社与组团社协商后可予以满足,至于未享受的综合服务费,按旅游协议书规定,或部分退还,或不予退还。

旅游者无特殊原因,只是某个要求得不到满足而提出提前离团。导游员要配合领队做说服工作,劝其继续随团旅游;若接待方旅行社确有责任,应设法弥补;若旅游者提出的是无理要求,要做耐心解释;若劝说无效,旅游者仍执意要求退团,可满足其要求,但应告知其未享受的综合服务费不予退还。

外国旅游者不管因何种原因要求提前离开中国,导游员都要在领导指示下协助旅游者重订航班、机座,办理分离签证及其他离团手续,所需费用由旅游者自理。

三、额外服务要求的处理

(一)转递物品要求的处理

一般情况下,导游员应建议旅游者将物品亲手交给或邮寄给收件部门或收件人,若确有困难,可予以协助。转递物品,尤其是转递重要物品,或向外国驻华使、领馆转递物品,手续要完备。

旅游者要求转递物品,导游员一般要婉拒。无法推托时,应请旅游者书写委托书,注明物品名称和数量并当面点清,签字并留下详细通讯地址;收件人收到物品后要写收条并签字盖章;导游员将委托书和收条一并交旅行社保管。

旅游者要求转递的物品中若有食品,导游员应婉言拒绝,请其自行处理。

(二)旅游者要求转递信件和资料

若要求转递信件或资料,导游员应说服旅游者自己去邮局办理,但可提供必要的协助。

若要求转递的是重要信件和资料,最好让其自行处理;若导游员答应转递,则应做必要的记录并留下委托者的详细通讯地址;收件人收到信件和资料后要出具收据,交旅行社保存。

若是转递给外国驻华使领馆及其人员的信件和资料,导游员应建议其自行办理,但可给予必要的协助;若旅游者确有困难不能亲自转递,导游员应详细了解情况并向旅行社领导请示,将信件和资料交旅行社,由其转递。

(三)旅游者要求延长旅游期限

外国旅游者因伤因病需要延长在中国的居留时间,导游员应为其办理有关手续；还应前往医院探视，并帮助解决伤病者及其家属在生活上的困难。

外国旅游者在旅游团的活动结束后要求继续在中国旅行游览，若不需延长签证，一般可满足其要求；若需延长签证，原则上应予婉拒。若个别旅游者确有特殊原因需要留下，导游员应请示旅行社，然后向其提供必要的帮助：陪同旅游者持旅行社的证明、护照及集体签证，去当地公安局办理分离签证手续和延长签证手续，协助其重订航班、机座，帮其订妥客房，所需费用由旅游者自理。

旅游团离境后，留下的旅游者若继续需要旅行社为其提供导游等服务，则应另签合同。

下编 导游服务知识

下编　吴越文化论思

第八章 在旅游饭店的服务

本章提要

本章论述导游员在旅游饭店对旅游团、散客、VIP 的服务程序，旅游饭店服务故障与缺陷的处理方法。

第一节 在旅游饭店的服务程序

一、对团体旅游者的服务程序

团体旅游者是饭店的重要客源。接待团体旅游者对建立稳定的客源市场、提高饭店的出租率、保持与增加收入有重要的意义。饭店应根据自己的特点，制定具体的接待程序。

（一）入店前的准备工作

1. 团体旅游者抵达前销售部应发给接待员《接待通知单》和排房名单（填写好《团体用房分配表》），提前安排好客房。

2. 准备钥匙信封。接待员应在钥匙信封的封面上正确打印旅游者的姓名、称呼及房间号码，信封内除了装有客房钥匙外，还装有房卡、欢迎信、饭店宣传册、用餐券等。

3.大型团队的准备。如果是大型团队，团队联络员或接待员应事先在大厅某个适当的地方排好桌子，将钥匙信封按旅游者姓名字母顺序排列好，并在桌子旁竖立起醒目的写明团队名称的告示牌，以便旅游者抵达后能在指定区域办理入住手续。

做好团体旅游者抵店前的准备工作，可以避免在旅游者抵店时，饭店大厅内出现拥挤阻塞的混乱现象。有些饭店设有机场代表，团体旅游者抵达机场时，机场代表应前去迎接旅游者，并与陪同或领队联系，以了解一些基本情况，然后将团体旅游者乘坐车辆的车号、离开机场的时间、行李件数及其他需引起注意的特殊情况通知大堂值班经理，由大堂值班经理再通知团队协调员或接待员。

_____旅行社旅游接待住宿通知单

团 别			下塌饭店			
人 数			实抵人数		标准/人、天	
甲 房	（间）		进房时间		年 月 日	
乙 房	（间）		退房时间		年 月 日	
备 注						
接待员			通知日期		年 月 日	

_____旅行社住宿分配表

_____宾馆　　20___年___月___日

姓名	性别	楼名/楼号	姓名	性别	楼名/楼号

(二)入店时的服务程序

1. 团队抵达饭店时,由大堂值班经理、团队协调员迎接,致欢迎辞,并简单介绍饭店的情况。

2. 将钥匙信封发给旅游团。

3. 大堂值班经理、团队协调员将旅游者送至电梯厅。

4. 客房部主管及楼层服务员在楼层电梯厅迎接旅游者,并引领旅游者进入客房。

5. 团队协调员与陪同或领队再次确认下列事项:

(1)用房数量有无变化;

(2)人数及旅游者姓名有无变化;

(3)用餐要求有无变化;

(4)对叫醒服务的要求;

(5)出行李时间及离店安排;

(6)其他事项。

6. 行李车抵达后,大堂服务部必须组织力量尽快将旅游者行李送往客房。

7. 接待员或团队协调员制作团队接待单、更改通知单、特殊要求通知单等资料尽快送往有关部门。

8. 收回旅游者登记表。

9. 制作团队主账单和分账单。团队的主账单是用来记录与全团有关的费用,帐单所列的款项将由组团单位或接待单位支付。团队旅游者的分账单是用来记录需要旅游者自付的款项的账单,其数量应根据用房数或人数而定。

10. 填写在店团队统计表。

(三)住店期间的服务工作

团体旅游者住店期间,饭店方要积极与接待或组团方密切配合,做好服务工作。主要有:

1. 做好每天的叫醒服务工作;

2. 核对每天及近几天的日程安排;

3. 积极做好旅游者提出的要求,尽量满足旅游者的需要;

4. 积极配合全陪或领队工作,在餐饮、娱乐等方面提出意见时应努力改进;

5. 其他方面。

(四)离店时的服务工作

1. 提前与领队或全陪核实离店的具体时间,做好准备工作。

2. 检查团队的总账单和个人分账单,以保证账单正确无误。

3. 检查有无团体旅游者的留言、邮件,并请领队或全陪协助收回钥匙。

4. 做好离店团队旅游者的用车及行李搬运的工作。

5. 旅游者离店时出示团队总账单请领队或全陪过目并签字核准，出示旅游者的分账单请旅游者结账。

6. 向旅游者表示感谢，并做好各种收尾工作。

(五) 几个不同团体同时入住酒店的处理程序

几个不同的团体同时入住饭店时，为了避免在总台形成拥挤混乱的情况，饭店方要提前做好准备。在一般的团体旅游者入店准备工作的基础上，可以在大厅的角落事先摆放好桌子，并摆好明显的团队标识，等旅游者入店时分区域同时进行；团队联络员也可以及时和领队或全陪联系，在旅游者到饭店的途中，先分发好钥匙，让旅游者到饭店后可以直接进房间，事后再补办各种手续；如果途中时间较长，时间充分的话，也可以在途中就填写好登记表格，到饭店后核对即可。总之，我们的目的是使旅游者及时进入客房，使接待工作能够有条不紊地进行。

同样，几个团队同时离店时也需要事前做好准备工作，以防意外发生，如下例所示：

清晨，某饭店大堂内，几批团队旅游者正要离店(以下分称 A 团、B 团与 C 团)。饭店大门口同时堆了三堆行李，其中两堆行李(B 团与 C 团)加了行李网，另一堆行李(A 团)正在装车。二十分钟后，A 团已经出发，剩下的两个团队也正在装运行李准备离店。这时，B 团队一位刚用完早餐来到集合点的旅游者发现他的行李少了一件。据称这件行李是他自己拿到集合点放在自己团队的行李边的，然后去了餐厅。领队急忙与饭店行李员进行核对查找，C 团队的行李核对无误，那么最大的可能便是这位旅游者的行李被放到 A 团行李边，而被误装到这个团队的车上去了。时间紧迫，B 团队要去机场办理登机手续，而旅游者因为丢失行李而焦急万分。

分析：

事情已经发生，此时重要的不是追究到底是谁的责任，而是如何能以最快速度为旅游者排忧解难。行李员应迅速与大堂副理协商，与 A 团的领队及陪同联系，明确 A 团路线及去向。如果追车及送往机场的时间允许，应在记录行李特征后立即派人追车，取回行李再直接送往机场。同时 B 团的行程不变，按时前往机场。如果追车希望不大，或 A 团的行程不容耽误，那么只有与 A 团的下一站饭店联系，请他们帮助将行李托运至 B 团的下一目的地。(邹益民，张世琪. 现代饭店房务管理与案例. 沈阳：辽宁科学技术出版社，2003)

二、对散客的服务程序

(一)散客入店的服务程序

1. 识别旅游者有无预订

接待员面带微笑,向旅游者表示热情欢迎,同时问清旅游者有无预订。如有预订,复述旅游者预订要求并确认、请旅游者填写登记表。对于持有订房凭证(Voucher)的旅游者,接待员应首先从旅游者那里得到订房凭证的正本,然后注意检查下列八项内容:旅游者姓名、饭店名称、居住天数、房间类型、用餐安排、抵店日期、离店日期、订房凭证发放单位的印章。接待员应向旅游者解释订房凭证所列的内容,并回答旅游者的疑问。对于已付订金的旅游者,接待员应再次向旅游者确认所收到的金额数。对于未经预订、直接抵店的旅游者,接待员应了解其用房要求。设法使这类旅游者留宿饭店对增加客房销售有重大意义。

2. 填写住宿登记表

在办理入住登记的过程中,花费时间最多的步骤是填写住宿登记表。接待员应在保证质量的前提下,千方百计地为旅游者减少办理入住登记手续的时间。

对于已办预订客房手续的贵宾或常客,由于饭店已掌握了较完整的信息,所以旅游者抵店前的准备工作可以做得更充分更仔细。预订员或接待员可以根据旅游者的订房单和电脑中客史档案卡的内容,提前准备好电子登记表、欢迎卡、钥匙信封等,客人抵店时请客人出示证件、确认并签名即可。

未经预订、直接抵店的旅游者,由于饭店无法进行抵店前的准备工作,因此要求这部分旅游者出示证件,询问相关事宜,由接待员填写电子登记表等。

3. 排房、定房价

为了减少旅游者等候的时间,接待员应在订房旅游者抵店前,根据其订房要求提前预留好适当的客房;然而,具体房号则应在征求旅游者的意见之后再定。饭店内同类型的客房因位置、景色、装潢的不同仍存在着差别。接待员在为旅游者办理入住登记时,应核实旅游者的订房要求有无变化,同时还要了解旅游者对客房的具体要求(如连通房、相邻房、希望的朝向等)。在充分了解旅游者需求的基础上,接待员还要根据当时的客房状况(占用、空房、待修等)及饭店未来用房的需要(对其他订房旅游者用房要求的承诺),为旅游者选定客房与定价。定价时,接待员必须遵守预订确认书中已确认的报价,不能随意变更。

对于未经预订、直接抵店的旅游者,接待员要根据登记表的资料与旅游者直接交谈,在充分了解旅游者愿望的基础上,根据饭店的可售房情况,进行排房、定房价的工作。

排房、定房价阶段,最关键的是要了解旅游者的需求并尽量满足。如果匆匆忙忙地给旅游者排了房，有可能引起更大的麻烦（旅游者对客房不满意的话，会来前台投诉并要求重新排房）；为了避免出现这样的情形，接待员在排房、定房价前要深入了解旅游者的真正需求。

4. 决定付款方法

接待员可以从登记表内付款方法一栏中了解旅游者最终选择的结账方法，从而决定旅游者住店期间的信用限额。

大多数旅游者采用信用卡结账的方法。接待员应在办理入住登记手续时，用信用卡压印机影印旅游者的信用卡签购单。在影印前，接待员需确认旅游者所持的信用卡是否属中国银行规定的、在我国可以使用的信用卡之列；信用卡是否完好，有无残缺损坏；还要检查信用卡的有效期。接待员应将旅游者所使用的信用卡在住宿期间的最高挂账金额数目告诉旅游者。

如果旅游者在订房时就提出了使用转账方法付款，并且这一要求已经得到有关负责人的批准，在办理入住登记手续时，接待员应向旅游者说明属于转账款项的范围。

对于使用现金结账的旅游者，接待员应根据本饭店制定的预付款政策来判断旅游者是否需要预先付款，并根据旅游者交付的订金数量来决定给予旅游者的信用限额。

5. 完成入住登记手续

旅游者只需在接待员已准备好的欢迎卡上签名，就可以拿到客房钥匙。如有邮件、留言等应在办理登记手续时交给旅游者。提醒旅游者将贵重物品寄存到贵重物品保险箱内。旅游者办好手续后，接待员应安排行李员运送旅游者行李到客房，且把电梯的位置告诉旅游者，最后对旅游者的光临表示感谢并祝旅游者住店愉快。接待员应把旅游者入住的消息及时通知客房部。

6. 制作有关表格

入住登记手续完成后，接待员需制作相关表格。

（二）散客住店期间的服务工作

散客住店期间，饭店要做好下列服务工作：叫醒服务、清扫客房服务、洗衣服务、擦鞋服务、问讯服务、会客服务、借用物品服务、托婴服务等。

（三）散客离店的服务工作

旅游者离店的基本程序为：

1. 收银处夜班人员在下班前要将预定当天离店旅游者的账户抽出，检查应收款项，作好结账准备。

2. 旅游者离店要求结账时，收银员应面带微笑，问清旅游者房间号码，找出账卡，并重复旅游者的姓名，以防拿错。与此同时，收回客房钥匙。

3.收银员在习惯上要询问旅游者在不久前是否接受过要付费的服务,如结账前有否在餐厅用餐并检查这些消费是否已经入账,以避免漏账。

4.向旅游者报告在饭店的消费总数,开出总账单。如果旅游者支付现金,则在账单上盖上"收讫"戳;如果旅游者使用信用卡,则按照饭店有关信用卡的使用规定和要求来进行处理。

5.收银员要对旅游者表示谢意,并欢迎再次光临。征求旅游者对改进饭店服务工作的意见,询问是否要为他们预订下次来的房间。旅游者离开账台时,祝愿他们旅途愉快,一路平安。

6.结账后,收银员应将旅游者的登记卡、结账单等各种凭据存档,并通知各有关部门调整旅游者资料。

三、重要旅游者的服务程序

VIP是Very Important Person的缩写,是指重要旅游者、贵宾,是有较高身份地位或因各种原因对饭店有较大影响力的旅游者。在接待VIP旅游者的过程中,应根据旅游者的不同等级遵循一定的礼遇规格,周密安排,但也要注意给旅游者以自由的空间。一般情况下,政府部门有关领导、大公司、大企业、大集团及旅行社的管理者,社会名流,以前、现在或将来为饭店提供帮助的人,在饭店中高消费的旅游者等都可视为VIP。

VIP通常会给饭店带来经济效益和社会效益,所以对VIP的服务非常重要。

(一)VIP的入店服务

1.根据《VIP情况日报表》提前做好准备工作。

2.为VIP安排房间应该是同种类型中最好的。

3.VIP入店之前准备好房卡和钥匙。

4.客房部提前检查客房,按客房中心要求的规格布置好。

5.VIP抵店时根据情况由中层以上管理人员迎接。

6.迎接者陪同旅游者办理入住登记手续,或者先进房间后上门办理。

7.做好电脑登记(Check-in),注明注意事项并通知有关部门。

8.凡是VIP要求代办的,都要做好记录并一丝不苟地完成。

(二)VIP的离店服务

VIP旅游者离店应提前做好准备工作。提前抽出旅游者的账单并认真核对;如果是由旅游者所在单位与饭店结账的应请旅游者签字以确认消费额;注意微笑服务,并欢迎旅游者再次光临。

（三）VIP 的特权

因为 VIP 有较高的社会经济地位，对饭店的经营和发展非常重要，VIP 在饭店期间会有一些特权。如可以在专用楼层用餐，免费使用会议室，在客房服务上采取"随出随进"的服务方式，可以先入住后登记，可以不交预付款，房间里有印有其名字的浴巾等物品等。当然不同饭店、不同级别的 VIP 会享有不同的特权，但都是为了接待好旅游者，给旅游者一种重要旅游者的感觉。

（四）VIP 的分级

VIP 旅游者有不同的类型，为了对 VIP 旅游者予以区分，也为了饭店节约不必要的开支，需要对 VIP 旅游者进行分级。VIP 旅游者可以分为 VIP 甲、VIP 乙、VIP 丙，或 VIP A 级、VIP B 级、VIP C 级，或 VIP、VVIP、VVVIP 等。

1. VIP A 级

A 等级 VIP 旅游者为最高等级的贵宾，如国家领导人、外国总统、元首、首相、总理、议长等。

迎送要求：

要求饭店总经理率部分员工在大厅门口列队等候迎送贵宾，需要一定的迎接仪式。

客房要求：

- 放置与房间格调相协调的工艺品，放置精美的插花与盆景。
- 每天放置一篮四色水果（专用果篮、盘、刀、叉、口布、洗手盅）及精美糕饼点心。
- 放置饭店总经理亲笔签名的致敬信与名片。
- 每天提供两种以上的报纸（外宾应提供英文报纸）。
- 做夜床时赠送一份精致的工艺品。
- 专人提供服务。
- 客房清洁采取随出随进制，当旅游者出门时进行客房清洁与小整理服务。

餐饮要求：

- 旅游者抵店的第一餐，由总经理引领旅游者进餐厅，使用专用包厢。
- 事先确定菜单。
- 专人服务。
- 专人烹制菜肴。

保安要求：

- 事先保留车位。
- 加强饭店四周警卫和巡视。
- 专用客梯。

2. VIP B 级

B 等级 VIP 旅游者包括我国及其他国家的部长级官员、世界著名大公司的董事长、总裁或总经理以及我国各省市自治区的负责官员。

迎送要求：

要求总经理、大堂经理在大厅门口等候迎送旅游者。

客房要求：

- 放置精美的插花与盆景。
- 每天放置一篮四色水果(专用果篮、盘、刀、叉、口布、洗手盅)及精美糕饼点心。
- 放置饭店总经理亲笔签名的致敬信与名片。
- 每天提供两种报纸(外宾应提供英文报纸)。
- 做夜床时赠送一份饭店的纪念品。
- 客房清洁采取随出随进制，当旅游者出门时进行客房清洁与小整理服务。

餐饮要求：

- 旅游者抵店第一餐，由总经理或副总经理引领旅游者进餐厅。
- 使用专用包厢。
- 事先确定菜单。

保安要求：

事先保留车位。

3. VIP C 级

C 等级 VIP 旅游者包括：

(1)各地市的主要党政官员。

(2)各省市自治区旅游部门的负责官员。

(3)国内外文化艺术、新闻、体育等各界负责人员或著名人士。

(4)各地星级饭店的总经理。

(5)各地物资部门的负责官员。

(6)国内外著名公司、企业及合资企业、外资企业的董事长或总经理。

(7)与饭店有重要协作关系的企业的总经理。

(8)饭店总经理要求按 VIP 规格接待的旅游者。

迎送要求：

总经理、副总经理或大堂副理在大厅门口等候迎送旅游者。

客房要求：

- 放置精美的插花与盆景。
- 每天放置一篮两色水果(专用果篮、盘、刀、叉、口布、洗手盅)。

- 放置饭店总经理亲笔签名的致敬信与名片。
- 每天提供两种报纸(外宾应提供英文报纸)。
- 做夜床时赠送一份饭店的纪念品。
- 客房清洁采取三进房制,当旅游者出门时进行小整理服务。

餐饮要求:
- 旅游者抵店第一餐,由总经理或副总经理引领旅游者进餐厅。
- 使用专用包厢或餐厅留座(视总经理要求而定)。
- 每天开出专用菜单(视总经理要求而定)。

以上仅为常规划分,各饭店应根据自己的实际情况制定等级标准;以上等级标准仅为参考标准,各饭店应注意根据实际情况适当调整。(邹益民,张世琪.现代饭店房务管理与案例.沈阳:辽宁科学技术出版社,2003)

第二节 旅游饭店服务故障与缺陷的处理方法

一、旅游者对饭店的硬件设施不够满意

旅游者对饭店硬件设施不够满意是旅游饭店服务中经常遇到的问题,在处理时可根据具体的情况采取不同的措施。

(一)对硬件的档次不满

对饭店的硬件档次不满一般与旅行社的具体安排直接相关,很多时候是因为旅游者在与旅行社签订旅游合同时对饭店的具体情况不是很了解,旅游者又对饭店有比较高的期望所导致。遇到此类情况时,饭店方协助接待社做好旅游者的思想工作,争取得到旅游者的理解和配合;若旅游者非常不满,非要换饭店或者换房间,饭店应在了解旅行社最后决定的基础上,尽最大可能满足旅行社的要求。当然这应该是在旅行社和旅游者达成一致的情况下完成的。

(二)设施不能正常使用

饭店应提前做好接待前的准备工作,提前检查所有客房,使所有设备处于正常的运行状态。

在设备设施不能正常使用时应该做如下工作:

1.向旅游者道歉并立即维修。

2.暂时维修不好的,如果有多余的同类客房,可以为旅游者更换房间,并把

变更事宜通知旅行社。

3.维修不好又没有多余同类客房的情况下,可以安排高档客房,房价应按原来的价格收取。

4.本饭店的客房没有挖掘余地时,如果是散客,在旅游者同意的情况下,可以联系其他同档次的饭店;若是团队旅游者,则只能请旅游者谅解,给予一定的补偿,并请旅行社做好解释工作,妥善处理好此事。

某年7月,某四星级宾馆,香港王女士入住1408房间。晚上,王女士回到房间,发现空调坏了,于是打电话通知客房部派人维修。客房部派小张来处理此事。服务员小张知道1408房的空调暂时修不好,而且现在宾馆已无一空房,怎么办?他一边走一边想。来到房间,小张先认真查看空调后,告知旅游者空调已坏,诚恳地向王女士道歉;然后,当着旅游者的面跟总台通话,强烈要求给旅游者调换房间。总台服务员回答说没有空房可供调换,小张一再恳求,未果。接着小张又打电话到工程部坚决要求立即修理空调。工程维修人员解释说这个空调某部件坏了,一时难以修好。小张把情况一边说给王女士听,一边强烈抗议,言辞异常激烈,强调"要为旅游者的健康负责"。小张这一番努力,让王女士非常感动,对小张说:"先生,谢谢您为我操心,您别为难了,给我加个电扇就行了。"小张抱歉地说:"那好,先给您加个电扇,一有空房就马上给您调房。谢谢您对我们的谅解!"于是,马上给旅游者安了一台电扇,平息了这棘手的事情。

分析:

第一,作为星级酒店,必须加强设备的维修,保证客房所有设施设备的良好运转,若设施设备损坏,属故障房,是不能出售的。因为故障房不仅会使旅游者使用不便,还存在事故隐患。

第二,如果由于某种原因发生上述事件,服务员在处理时,应掌握以下原则:

①首先向旅游者赔礼道歉。

②给旅游者调换同档空房或及时修复。

③采取"升格"或"降格"的方法处理,并在价格上给予优惠。

④上述办法行不通时,可采取变通的办法,如用某些临时设备等,但这样做必须征得旅游者的同意;如不同意,应向旅游者推荐其他饭店,并免费派车将旅游者送去。

第三,处理此类事件,应注意研究旅游者心理,讲究处理方法和语言艺术。

本案例中服务员小张就注意了以上三个方面,处理得非常巧妙。小张明知空调暂时不能修好且无空房可调,但他没有简单地把这些情况告诉旅游者请旅游者谅解,而是当着旅游者的面努力争取旅游者的利益,让其他部门告诉旅游者这些情况。这样一来,旅游者了解清楚了真实情况,亲身感受到了服务员对旅游者真诚的关怀,旅游者感动了,大度地谅解了酒店,妥善地解决了问题。这样,硬件的缺陷用软件——感情服务与服务艺术给予了弥补。这是运用服务技巧达到旅游者满意的成功一例。(张永宁.饭店服务教学案例.北京:中国旅游出版社,2000)

(三)旅游者人数的变更导致排房的困难

旅游者人数的减少一般不会导致排房的困难;在旅游淡季时,人数的增减一般也不会出现影响到排房的问题。所以,此类问题多出现在旅游旺季旅游团的人数增加时,遇到这种情况,饭店人员应妥善处理,以免得罪旅游者。

1. 在征得旅行社及旅游者同意的情况下,采取加床的方法。这是最好的一种结局。

2. 若旅行社没能征得旅游者的同意,只能向旅行社和旅游者解释酒店困难,求得谅解,并积极为其联系其他酒店。

3. 如果旅游者不肯离开,前厅人员应立即通知预订部,为有预订又即将到来店的旅游者另寻房间(可适当改变房间的类型和条件)。如实在无房,只好为即将来店的旅游者联系其他酒店。满足当前团体旅游者的要求。

总之,处理这类问题的原则是:宁可让即将到店的旅游者住到别的酒店,也不能赶走已住店旅游者。

二、旅游者对住房提出个别要求

旅游者可能会因为房间价格、房间设施、房间布置风格以及房间朝向等向饭店或旅行社要求更换房间。更换房间旅游者应在场,并通过接待社的同意。换房工作大致由以下8个步骤组成:

1. 向旅游者或旅行社弄清旅游者要求换房的原因。

2. 向旅游者介绍准备调换的客房情况,如旅游者同意,最好由接待员带领前去实地观看。

3. 填写换房通知单,并与接待社相关人员联系。房间价格若有不同,妥善做好差价的处理工作。

4. 更改欢迎卡、客房状况卡以及《团队旅游者分房表》上的有关项目。

5. 把换房通知单送往有关部门。接收部门应在换房通知单上签字,以确认换房的信息已经收到。

6. 填写接待报告,在备注栏中注明旅游者的原房号以便更好、更准确地为旅游者提供服务。

7. 填写客房状况调整表。

8. 在客史档案上留下记录。

三、旅游者在客房中声称丢失物品

1. 发生此种现象应请旅游者确定是否确实丢失还是暂时没有找到。如果暂时无法找到的,客房部可以协助旅游者查找,此时旅游者应该在场。如确实无法找到的需要报告饭店保安部,并通知接待社相关人员。

2. 接到通知后保安人员赶到现场,若发生在房间,则同时通知客房部主管前往。

3. 请保安部通知监控室注意店内有关区域是否有可疑人物。

4. 查询旅游者被盗物品及是否曾有客来访的有关资料,并做记录,视旅游者要求,由旅游者决定是否向公安机关报案。

5. 若旅游者有物品遗失,无论酒店有无责任赔偿,均应酌情给予关照。

6. 通常情况下,酒店不开据遗失证明,若旅游者信用卡遗失,可由大堂副理代为联络银行止付。

7. 一般要由旅游者自己报案,大堂副理派人协助。最好由保安部和大堂副理以及接待社人员同时出面与旅游者交涉,外籍旅游者需报市公安局外管处;国内旅游者报案,可到当地派出所,也可报公安局。

8. 若住店旅游者在店外被盗,征得旅游者同意后,大堂副理可协助旅游者向事发地区公安机关报案。

9. 协助接待社做好后续工作。

夜晚,某宾馆保安部电话铃突然响起,保安部经理拎起话筒,脸色突然一变:"什么,517房间失窃?"

接到电话后,保安部经理与大堂副理急匆匆进了517房。此时房间内已有数人,包括旅游者夫妻。男客坐在床沿,颓丧地说:"晚上我和妻子去吃饭前从密码箱中取出4 000元用红纸包好后放在这里。"旅游者指着沙发的座垫与靠背间的夹缝。旅游者口气一转,气愤地用坚定的口吻说:"你们服务员手段可真高明厉害啊!"服务员委屈地咕嘟:"你不要报复。"同时,保安部经理安慰旅游者:"不要急,慢慢说,慢慢说。"夫妇两人回忆说:他们晚饭后回到宾馆,在大堂吸烟时将烟灰缸打碎,服务员按规定让其作了赔偿,他很不服气……大堂副理小声地对保安部经理说:"旅游者外出后,没有出现过外来人员,服务员进去过,但是为了做夜床,并且是按规定时间出了房间。"大堂经理想:"是不是刚赔了烟灰缸而找麻烦呢?"保安部经理将旅游者夫妻分开询问……

保安部经理若有所思,突然恍然大悟,一个箭步跑到沙发前,把沙发翻倒,果断撕开沙发底座上的装饰部位。这时,一个红包露了出来!

旅游者脸上露出了明显的尴尬相。

原来旅游者将红纸包塞进沙发的夹缝中,后又发现还露出一点,经其妻提示,他又往下塞了塞。之后,男客又坐在沙发上压了几下,直到肯定看不见为止。

分析:

旅游者在声称物品丢失时,首先要帮助旅游者回忆整个过程,看是否真的丢失,有时也会是旅游者的故意刁难。所以,具体问题要具体分析,做出正确的判断和处理。(张永宁.饭店服务教学案例.北京:中国旅游出版社,2000)

四、旅游者生病或受伤的处理

1. 旅游者若在居住期间生病或受伤,先以电话询问病情,然后再依病情和旅游者之要求,决定请医生来或是去医院治疗,严禁随便拿药给旅游者服用。

2. 若旅游者确实病情严重或有特殊要求,可联系医院请求医生出诊并及时通知领队或全陪。

3. 请医生出诊应事先电话提供病人的详细情况。

· 情况紧急,可拨打电话120,请急救中心出诊,并及时联系领队或全陪。

· 在紧急情况下,如心脏病等,白天可请医务室帮忙就诊。

· 病人若行走不便,可安排轮椅(存在行李房)或担架(客房加床用的折叠床即可)。

4. 在与医院联系后,要协助旅游者订好出租车,并告知司机医院的确切位置。在联系不到出租车的情况下,可联系酒店车队。

5. 旅游者需要住院治疗时,将旅游者之病情及房号等做记录,如有可能协助接待社通知其在当地的亲友。

6. 保留房间:旅游者在住院期间若欲保留其房间,则通知客房部;若不需要保留房间,则征得旅行社和旅游者同意后,帮助整理行李并寄存于行李房,衣服可存于客房服务中心。

7. 对于患有传染病的房客,应和接待社联系劝其离店,并对房间及房内物品做彻底消毒,同时对楼道及有关区域进行消毒处理。

8. 要求药物:旅游者通常会要一些药物,此时应委婉告知旅游者,碍于规定,酒店无法提供。小擦伤等可用大堂副理药箱中之创可贴、纱布等。

五、对醉客的服务与处理

对醉客的服务,既要耐心、周到,又要注意安全,包括旅游者的安全、饭店财物安全及员工的自身安全。其服务要点是:

1. 发现醉酒旅游者,视情况采取措施

当发现旅游者在房内不断饮酒时,客房服务人员应特别留意该房旅游者动态,并通知领班、领队或全陪。若客房服务人员在楼层发现醉酒旅游者,而且是住店旅游者,应通知领班或请同事帮忙,安置旅游者回房休息。

2. 视旅游者醉酒程度给予适当服务

若旅游者已饮酒过量,应扶旅游者上床,将纸篓放在床边,并备好面巾纸、漱口水。对呕吐过的地面进行及时清理。安顿旅游者休息后,留夜灯或廊灯,退出房间,关好房门。

3. 注意安全

密切注意房内动静,以防房内物品受损或因旅游者吸烟而造成火灾。若遇旅游者倒地不省人事和有发生意外的迹象,如酒精中毒的旅游者,应及时通知大堂副理,同时通知医务室医生前来检查,以保证旅游者安全。对醉客的纠缠不休应机警应对,礼貌回避,不应单独与醉客相处。

4. 做好记录

在工作表上详细填写醉酒旅游者房号、姓名,旅游者状况及处理措施,接待社名称等,做好记录。

第九章 出入境知识

本章提要

本章介绍出入境证件及关于护照、签证及其他出入境有效证件的知识和中华人民共和国护照的办理,各国办理旅游签证程序和所需资料;介绍入境卫生检疫程序与规定;简述外国人在我国的权利与义务。

第一节 出入境证件

一、出入境有效证件

(一)外国公民进入中国的证件

《中华人民共和国宪法》总纲明确指出:"中华人民共和国保护在中国境内的外国人的合法权利和利益。在中国境内的外国人必须遵守中华人民共和国的法律。"

在中国境内,外国旅游者享有合法权益和人身自由不受侵犯的权利,但必须遵守中国的法律,不得进行危害中国安全、损害公益事业、破坏公共秩序的活动。违法者必将受中国法律的制裁。

在签证有效期内,外国旅游者可在中国对外开放地区(截止到 2004 年底,我国对外开放的县市已达 2650 个)内自由旅游,但必须尊重旅游地区的民风习俗。若希望前去未开放地区旅游,须事先向所在市、县公安局申请旅行证,获准后方可前往,未经允许不得擅自闯入非对外开放地区旅行。

外国公民进入中国国境须在指定口岸向我边防检查机关交验有效证件,填写入境卡,经边防检查机关核准并盖章后方可入境。

1. 护照

这里的有效证件主要指护照与边民证。护照是一国主管机关依照法律规定发给本国公民和特定对象出入本国国境和在境外旅行时使用的身份证件和国籍证明。

边民证仅供邻国居民在指定的边境地区使用。

2. 签证

护照必须经过签证才能出入境。签证是一国政府主管机关在外国人所持有效证件或能够代替有效证件的证件上签注盖印,表示允许其入出本国国境的许可证明。签证将告知持证人入境时间、停留时间、通行口岸和注意事项。

华侨回国探亲、旅游无须办理签证。

旅游签证属于普通签证,在中国为 L 签证,发给来中国旅游、探亲或因其他私人事务入境的人员。

去欧洲联盟参与签订《申根协定》的国家旅游,申请申根签证会给游程带来极大的方便,节省签证时间和签证费用。《申根协定》约定,外籍人士持有任何一个申根会员国核发的有效入境签证,就可以进出其协定国,而无须另外申请签证。目前,加入《申根协定》的国家有奥地利、比利时、丹麦、芬兰、法国、德国、冰岛、意大利、希腊、卢森堡、荷兰、挪威、葡萄牙、西班牙、瑞典、爱沙尼亚、匈牙利、立陶宛、拉脱维亚、马耳他、波兰、斯洛文尼亚、斯洛伐克、捷克等 26 国。

(二)中国公民因私出境的证件

中国公民出入中国国境同样必须持有效证件,接受边防检查机关的检查。

1. 中华人民共和国普通护照

中华人民共和国普通护照由公安机关签发,16 周岁以下有效期为 5 年,16 周岁以上有效期为 10 年。

2. 中华人民共和国旅行证

中华人民共和国旅行证分 1 年一次有效和 2 年多次有效两种,由中国驻外国的外交代表机关、领事机关或者外交部授权的其他驻外机关颁发。

3. 中华人民共和国入出境通行证

中华人民共和国入出境通行证,是入出中国国(边)境的通行证件,由省、自治区、直辖市公安厅(局)及其授权的公安机关签发。这种证件在有效期内一次或者多次入出境有效。一次有效的,在出境时由边防检查站收缴。

(三)往返港澳台地区的证件

1. 港澳同胞来往大陆通行证

港澳同胞来往大陆通行证有效期分10年和3年两种。港澳同胞来往内地通行证均由广东省公安厅签发,香港中国旅行社为委托代理机构。

2. 前往港澳通行证

前往港澳通行证由各省、市、自治区公安机关签发。证件在有效期内一次使用有效。

3. 往来港澳通行证

往来港澳通行证由各省、市、自治区公安机关签发,有效期为5年。往来港澳通行证可以延期两次,须在有效期满前提出申请延期,每次延期不超过5年。出境时须向公安机关申请办理签注,并在签注有效期内出入境。

4. 大陆居民往来台湾通行证和台湾居民往来大陆通行证

由大陆公安机关签发,有效期为5年。台湾方面还规定,大陆居民进入台湾必须持有台湾方面的邀请书和入台证。

(四)中华人民共和国香港特别行政区和澳门特别行政区护照

中华人民共和国香港特别行政区护照和澳门特别行政区护照,由中华人民共和国香港特别行政区政府和澳门特别行政区政府签发,供香港特别行政区和澳门特别行政区永久居民中的中国公民赴外国旅行时使用。其中16岁以下儿童的护照有效期为5年,其他人员的护照有效期为10年。

二、持有效证件出境

(一)外国旅游者出境

外国旅游者应当在签证准予停留的期限内从指定口岸出境。

外国旅游者出境,须向口岸边防检查站交验有效护照或者其他有效证件。

以下几种人不准出境:

1. 刑事案件的被告人和公安机关或者人民检察院或者法院认定的犯罪嫌疑人。

2. 人民法院通知有未了结民事案件的不能离境。

3. 有其他违反中国法律的行为尚未处理,经有关主管机关认定需要追究的。

下列人士,边防检查机关有权限制其出境:

1. 持无效出境证件的。

2. 持伪造、涂改或他人护照、证件的。

3. 拒绝接受查验证件的。

4. 外国旅游者携带我国出口的文物(包括古旧图书、字画等),需向海关递交中国文物管理部门的鉴定证明,不能提供证明的不准携出。

(二)中国旅游者出境

中国旅游者出境须向我口岸边防检查站交验有效护照和前往国家或地区的签证(赴香港和澳门提交往来港澳特别行政区通行证和签注)。

中国游客出境如携带有需复带进境单价超过人民币5000元的照相机、摄像机、手提电脑等旅行自用物品应将其数量、品名、规格等详细填写《出境旅客行李物品申报单》一式两份,海关将其中一份签章退回游客本人留存,待回程时交入境地海关查验核对,免税带进。

三、中华人民共和国普通护照的办理

(一)申办护照

1. 领取《中国公民因私出国(境)申请审批表》

申办人携带身份证或户口簿到户口所在地派出所、公安分(县)局外事科(处)或公安局出入境管理机关领取《中国公民因私出国(境)申请审批表》(简称申请审批表)。

领表时须说明前往国家(地区)和事由,以免领错表格。

2. 填写申请审批表

(1)申请审批表须用黑色或蓝色墨水填写,字迹清楚、整洁,不准涂改。

(2)填写申请人姓名须使用国家标准简化汉字,与户口簿、居民身份证一致。

(3)拼音姓名须按普通话拼写;出生日期须与户口簿、身份证一致;出生地填写省、自治区、直辖市即可;婚姻状况按实际情况填写。

(4)户口所在地指申请人户口所在地的详细地址,须与户口簿一致。

(5)政治面目可填中共党员或共青团员或民主党派的名称或群众。

(6)文化程度按国家主管教育部门承认的最高学历填写。职业、职务、职称按申请人现状和国家承认的职称填写。

(7)工作单位须填写全称。申请人人事档案与工作单位不一致的,填写现工作单位,在备注栏内注明档案存放地。退休人员人事档案存放在原单位的,填写原单位。

(8)属第几次申请因私出境是指在公安机关申请出境的次数。未被批准的也合并计算,并在备注栏内说明未被批准的情况。

(9)本人简历应从初中填起,起止日期要准确、衔接。

(10)国内外家庭主要成员按实际情况填写。家庭成员在境外的,用中文填写境外单位、地址。

(11)前往国家按出境后第一个国家填写(不含过境国家),事由只能选择一项。

3.关于单位或派出所意见的说明

(1)国家公职人员,由其组织、人事部门按干部管理权限出具意见。

(2)国有和国有控股企业、事业单位员工,由所在企事业法人代表或其授权的单位人事、保卫部门签署意见,法人代表本人申请出国,由相应的上级人事管理部门出具意见。

(3)14周岁以上(含14周岁)的在校学生,由所在学校出具意见。未满14周岁的,由其父母或监护人出具同意出国的证明,免交单位或派出所的意见。监护人是祖父母、外祖父母或近亲属的,须提交能证明亲属关系的证明,如派出所或监护人单位出具的亲属关系证明,能证明亲属关系的户口簿等。

4.提交申请表,拍摄护照专用照

备齐上述材料后,由本人携带全部原件和复印件,到公安局出入境管理处提交申请。

同时需要提交下列材料:

(1)户口簿首页、本人资料页和居民身份证的复印件;

(2)填写完整的申请审批表原件;

(3)近期直边正面免冠彩色单人半身证件照一张。

照片标准:光面相纸,背景颜色为淡蓝色,人像清晰,层次丰富,神态自然,公职人员不着制式服装,儿童不系红领巾。尺寸为半身证件照尺寸,即48毫米×33毫米,头部宽度:21~24毫米,头部长度:28~33毫米。不符合上述要求及一次性快照、翻拍的照片或彩色打印机打印的照片不予受理。

在国家规定的北京、上海、广东和江苏等省和直辖市的193个大中城市,实行"按需"办理领取护照和其他出境证件的制度。居民凭户口簿和身份证,填就《中国公民因私出国(境)申请审批表》即可办理护照和其他出境证件。

5.电子护照

我国2012年5月15日开始颁发启用电子护照。

电子普通护照的规格为125毫米×88毫米,共48页。封皮为枣红色,印有中华人民共和国国徽、"中华人民共和国护照"中英文字样以及电子护照标识等烫金内容。

费用:办理电子普通护照的费用与以往相同,即首次办理电子普通护照费用为200元/本。

申领周期:从民警受理群众递交的申请表之日起,15个工作日内完成证照制作；符合急事急办类型的证照，从民警受理群众递交的申请表之日起，5个工作日内完成证照制作。

有效期：电子普通护照的有效期仍为护照持有人未满16周岁的5年，16周岁以上的10年。

保存：电子普通护照中内置敏感的电子元件，为保持其最佳性能，勿将电子普通护照弯折、打孔或者曝露在极端温度、湿度的环境中。

办理电子护照与以往有不同，必须进行：

(1) 指纹采集

按照规定，16周岁以上的公民申请电子普通护照，均应当现场采集申请人的指纹信息。不满16周岁的公民申请电子普通护照，监护人同意提供申请人指纹信息的，可以现场采集。申请人因手指条件等原因无法采集指纹信息的，不影响电子普通护照的申办和出入境边防检查。

按照采集流程，采集指纹将按照先右手、后左手的顺序轮流进行，每只手各采集1枚指纹。手指优先顺序为：拇指、食指、中指、环指和小指。当有效的指纹信息不足2枚时，应当按指位优先高低提取不足数量的指纹图像。此外，针对申请人因指纹缺失、损坏无法按捺指纹的，可以不采集指纹信息。

(2) 现场签名

申请办理电子普通护照申请人签名由原来在护照上签名改在申请表上签名。按照规定，公民申请电子普通护照，应当在办理人员面前当场签名，以便公安机关出入境管理机构将申请人签名信息扫描至电子普通护照资料页。学龄前儿童等不具有签名能力的申请人可以不签名。

(3) 申请需要提供的材料

近期免冠照片一张以及填写完整的《中国公民因私出国(境)申请审批表》；居民身份证和户口簿及复印件；在居民身份证领取、换领、补领期间，可以提交临时居民身份证和户口簿及复印件。

未满16周岁的公民，应当由其监护人陪同，并提交其监护人出具的同意出境的意见、监护人的居民身份证或者户口簿、护照及复印件。

国家工作人员应当按照有关规定，提交本人所属工作单位或者上级主管单位按照人事管理权限审批后出具的同意出境的证明。

省级地方人民政府公安机关出入境管理机构报经公安部出入境管理机构批准，要求提交的其他材料。

现役军人申请电子普通护照，按照管理权限履行报批手续后，由本人向所属部队驻地县级以上地方人民政府公安机关出入境管理机构提出。

电子护照与现有护照的区别：

封面区别不大，但内部差异很大。电子普通护照是在传统本式普通护照中嵌入电子芯片，并在芯片中存储持照人个人基本资料以及面部肖像、指纹信息的新型本式证件。电子普通护照继续保留了现有护照的各项功能，同时采用更为可靠的数字加密技术、更加先进的印刷防伪技术以及更加美观的主题图案，既确保了电子普通护照的高安全性，又展示了国家形象。

电子普通护照第 2 页为资料页，设有持照人标准照、姓名、性别、国籍、出生日期、出生地点、签发日期、签发地点、有效期、签发机关、持照人签名等栏目。资料页下方为机读区，上面打印有标准机读码。第 3 页为声明辞页。第 4 页至第 7 页为备注页。

第 8 页至第 46 页为签证页。

第 47 页为应急资料页，申请人可在此项填写两位亲友的联系方式。第 48 页为注意事项页。护照封三页内嵌有芯片，内存有持照人的基本资料。护照号码由大写英文字母 E 加 8 位阿拉伯数字组成。电子普通护照采用了以"辉煌中国"为主题的图案元素，并采用常光、荧光及水印三种图案形式共同表现主题。其中常光、荧光图案分别选择了 31 个省、自治区、直辖市及香港、澳门、台湾具有地域性代表的元素进行设计，并通过天安门、长城、天坛 3 个代表国家形象的元素进行联接。水印图案选择的是我国 56 个民族的人物形象，从人文的角度将地域性的元素连成一体。主题图案印刷在电子护照的第 8 页至第 46 页。其中国家形象代表元素每图占二个页面，采用双页联幅设计；地域代表元素每图占一个页面，按照行政区划顺序排列。少数民族人物形象的水印图案位于第 4 页至第 46 页的纸张内，每页包含 2 至 3 个不同民族的人物形象。整个图案设计恢宏大气、蕴意深刻，既展示了我国的自然风貌，又展现了我国源远流长的历史文化和中华民族和谐统一的精神理念。

电子普通护照采用符合国际民航组织有关标准的高安全性智能卡芯片，并采用具有较高安全强度的非对称密码技术对芯片数据进行保护，确保了电子普通护照的数字防伪性能。在物理防伪方面，电子普通护照采用了异型隔色、光彩油墨、激光穿孔、高分辨全息等多项防伪技术，增强了电子普通护照的物理防伪水平。

在国家规定的北京、上海、广东和江苏等省和直辖市的 295 个大中城市，实行"按需"办理领取护照和其他出境证件的制度。居民凭户口簿和身份证，填就《中国公民因私出国（境）申请审批表》即可办理护照和其他出境证件。

6. 领取护照

申请被受理后将取得《因私出境证件申请回执》。申请人凭《回执》按标明的取证日期领取护照。

（二）换发护照

换发护照适用于以下情况：(1)护照签证页用完；(2)护照过期；(3)旧版护照有效期满；(4)护照损坏或出现质量问题；(5)护照被涂改并被处罚，处罚终结3个月后申请换发；(6)公安机关认可的其他情况。

（三）补发护照

遗失护照大致有三种情况：在出境前遗失、在境外遗失、在国外定居短期回国时遗失。根据情况不同须履行下列手续，并在申请被受理后拍摄护照专用照方可补发护照：

1. 国内居民在出境前遗失护照的补发手续

(1)遗失地公安机关开具报失证明；

(2)在出入境管理处备案；

(3)凭备案证明到当地公安报登报声明遗失护照作废；

(4)提交报失证明、登报声明、户口簿、身份证原件和相应复印件，申请补发；

(5)出入境管理处经核实无误，于备案3个月后受理补发护照的申请。

2. 国内居民在境外遗失护照回国后的补发手续

(1)提交驻外使领馆签发的《中华人民共和国旅行证》；

(2)提交户口簿、身份证原件和相应复印件，申请补发；

(3)出入境管理处与护照丢失地的我驻外使领馆核实后补发。

3. 在国外定居的中国公民短期回国遗失护照的补发手续

(1)就近的公安机关开具报失证明；

(2)在出入境管理处备案；

(3)凭备案证明到当地公安报登报声明遗失护照作废；

(4)提交登报声明及在国外定居、学习、工作的有效证明，申请补发，5个工作日后即可领取。

（四）护照加注

持照人因资料登记页内容发生变更要求加注，须填写《变更申请表》，提交申请。具体要求如下：

1. 加注中文姓名须提交相应的户籍证明，加注外文姓名须提交注有该姓名的相应材料复印件。

2. 出生日期：提交相应的户籍证明及出生证。

3. 注减少携行人：持照人出具要求减少携行人的说明。

四、签证的办理

(一)签证及签证的种类

签证是指一国家政府主管机关在外国人所持有效护照或者其他有效出入境证件上签注、盖印,表示允许外国人入出或者通过该国国境的许可证明。

签证的种类根据持照人的身份和所持护照的种类分为外交签证、礼遇签证、公务签证和普通签证。

1. 外交签证

发给持外交护照的人。获得外交签证的人有资格享受外交特权与豁免。

2. 礼遇签证

发给前国家领导人、前政府重要官员或者身份较高的知名人士。

3. 公务签证

发给持公务护照、官员护照、特别护照的人。

4. 普通签证

能够获取上述签证以外的人。

(二)旅游团体常用签证

在普通签证中,根据入境事由可分为定居、职业、留学、访问、旅游、过境、临时记者签证等。中国公民出境旅游所涉及的主要是旅行签证。目前旅行签证签发的形式有个人签证、团体签证、落地签证和返签。

1. 个人签证

个人签证是发给申请人的独立签证。签证式样是在护照的签证页上贴纸打印或加盖印章,持证人可独立出入目的地国。也有另纸式样的个人签证,即签证页是与护照分离的,如新加坡个人签证。

2. 团体签证

团体签证是团体名单形式的签证。不同国家有签发团体签证基本人数的规定。

3. 落地签证

落地签证是指旅游者抵达目的地国后,机场移民局现场为旅游者签发的签证。

4. 返签

返签是指事先得到目的地国移民局准许入境的许可,在目的地国境内为旅游者签发的签证。

(三)申根签证

1985年6月24日,法国、德国、荷兰、比利时和卢森堡五国在卢森堡边境小镇签订申根协定。该协定规定,其成员国对短期逗留者颁发统一格式的签证,即申根签证,申请人一旦获得某个国家的签证,便可在签证有效期和停留期内在所有申根成员国内自由旅行。

到参与签订《申根协定》的欧洲国家旅游,申请申根签证会给游程带来极大的方便,节省签证时间和签证费用。《申根协定》约定,外籍人士持有任何一个申根会员国核发的有效入境签证,就可以进出其会员国,而无须另外申请签证。目前,加入《申根协定》的国家有法国、德国、波兰等26国。

(注:《申根协定》26国是:奥地利、比利时、丹麦、芬兰、法国、德国、冰岛、意大利、希腊、卢森堡、荷兰、挪威、葡萄牙、西班牙、瑞典、匈牙利、捷克、斯洛伐克、斯洛文尼亚、波兰、爱沙尼亚、拉脱维亚、立陶宛、马耳他、瑞士和列支敦士登)

欧洲申根旅游签证所需材料:

1.申请人10年因私护照(有效期6个月以上),如有旧护照,请一并提供,并在护照后面持照人处自己签名。

2.申请人6个月内所照2寸护照照片4张(尽量和护照照片一致,须白底彩照)。

3.身份证复印件1份(A4纸);新版身份证,请分别复印正反两面。

4.全家户口本每页的复印件1份(A4纸);已婚的必须提供配偶的户口本复印件,如夫妻双方不在一个户口本的,需提供结婚证的复印件;如为集体户口,请提供本人的户口页及集体户口的首页的复印页。

5.有公司抬头的空白信签纸4张,加盖公司公章,公司负责人签字(申请人本人/配偶或同行者不能为签字人)。离、退休人员,请提供离、退休证的每页复印件。

6.加盖公章的营业执照副本复印件一份(须有年检章);事业单位,如学校、医院、银行等提供加盖公章的机构代码证复印件。

7.请提供个人财产证明:银行开具的存款证明原件,金额不得少于人民币5万元或等值外币,存期须跨过旅游期限(开户行最好为中、农、工、建、招商等国家所属大银行)。

8.请提供房产证、汽车行驶证复印件等(有利于您的签证成功率)。

9.年龄18岁以下的孩子需随监护人出行,应提供必要的相关文书。

(四)部分国家申办旅游签证所需资料及时间(表9-1)

表 9-1 申办部分国家旅游签证所需资料及时间

（注：申根签证只能最多停留三个月，超过三个月由各国自行签证。）

序号	国家	所需资料	所需时间（工作日）
1	泰国	半年以上有效期的护照原件并有足够的签证空白页、一张相片、签证申请表	3
2	马来西亚	半年以上有效期的护照原件并有足够的签证空白页、两张相片、签证申请表	4
3	新加坡	半年以上有效期的护照原件并有足够的签证空白页、一张相片、签证申请表	3
4	韩国	半年以上有效期的护照原件并有足够的签证空白页、两张二寸相片、签证申请表、在职证明、身份证复印件	3
5	菲律宾	半年以上有效期的护照原件并有足够的签证空白页、两张相片、签证申请表	5
6	澳大利亚	半年以上有效期的护照原件并有足够的签证空白页、一张相片（70岁以上老人须体检另加两张照片）；父母一方携子女出行的，需有另一方委托公证书、签证申请表	3
7	新西兰	半年以上有效期的护照原件并有足够的签证空白页、一张相片、签证申请表	5
8	日本	半年以上有效期的护照原件并有足够的签证空白页、一张相片、签证申请表	5
9	越南	半年以上有效期的护照原件并有足够的签证空白页、一张相片、签证申请表	5
10	柬埔寨	半年以上有效期的护照原件并有足够的签证空白页、两张相片、签证申请表	4
11	缅甸	半年以上有效期的护照原件并有足够的签证空白页、三张相片、签证申请表	
12	文莱	半年以上有效期的护照原件并有足够的签证空白页、两张相片、签证申请表	
13	马耳他	半年以上有效期的护照原件并有足够的签证空白页、两张相片、签证申请表	15
14	印度尼西亚	一年以上有效期的护照原件及复印件并有足够的签证空白页、两张二寸彩色相片、签证申请表、单位担保函	2
15	埃及	半年以上有效期的护照原件并有足够的签证空白页、一张相片、签证申请表、机票复印件	7
16	土耳其	半年以上有效期的护照原件并有足够的签证空白页、一张相片、签证申请表、所在单位英文担保函（旅游者返回后须销签）	7
17	尼泊尔	半年以上有效期的护照原件并有足够的签证空白页、一张相片、签证申请表	

续表

序号	国家	所需资料	所需时间（工作日）
18	德国	半年以上有效期的护照原件并有足够的签证空白页、四张相片、签证申请表、本人身份证及全家户口簿复印件、所在单位英文担保函、所在公司营业执照复印件、提供申请人3万元人民币或等值外币银行存款证明、离退休人员提供退休证、父母一方携子女出行的,需有另一方委托公证书	3
19	老挝	六个月以上有效期的护照原件、三张照片、身份证复印件	2

有些友好国家和地区之间,为了促进和方便双方居民的相互往来,提供免签证和落地签证服务。

免签证,即从一个国家到另外一个国家不需要签证,可停留7天至6个月不等。通常是双边的。

落地签证,即从一个国家到另外一个国家不需要签证,但需要在到达机场申请进入许可,通常是单边的。

目前对中国大陆护照提供免签的有马尔代夫、尼泊尔、斯里兰卡、叙利亚等16个国家和地区。有巴林、孟加拉、柬埔寨、古巴、伊朗、约旦等28个国家和地区在一定条件下给于免签或落地签待遇。如菲律宾,停留7天以内,需有美国、加拿大、日本、澳大利亚或申根签证的一次有效签证记录。泰国、尼泊尔、老挝、坦桑尼亚、肯尼亚、赞比亚等需要有任一有效签证或从第三国入境可落地签,韩国只给于赴济州岛旅游免签待遇。

给予香港特别行政区护照免签或落地签的有英国、法国、加拿大、德国、韩国、巴西等149个国家和地区。给予澳门特别行政区护照免签或落地签的有葡萄牙、英国、法国、韩国、加拿大、日本等76个国家和地区。

给予我国台湾地区普通护照免签或落地签的有德国、法国、巴西、加拿大等138个国家和地区。

给予免签或落地签待遇常常并不是对等的:有130多个国家和地区给予持普通护照的美国公民免签或落地签待遇,而美国仅给予英国、法国、德国、意大利、西班牙、瑞典、瑞士、澳大利亚、日本、新加坡等27个国家免签或落地签待遇。

五、往来港澳特别行政区证件的办理

内地居民赴港澳特别行政区旅游一般须参加国家旅游局批准的特许经营港澳游的旅行社组织的旅游团,办理往来港澳通行证和往来港澳旅游签注,在旅游团规定的时间内统一进出港澳地区。在国家特许的部分地区,亦可自行办理前往港澳的证件。

（一）往来港澳通行证的办理

1. 领取《中国公民往来港澳地区申请审批表》。

2. 填写《中国公民往来港澳地区申请审批表》，填写要求与申办因私护照基本相同。

3. 提交申请并备齐相应的资料：户口簿、身份证原件及复印件，拍摄专用照片。

4. 由自己或旅行社统一领取《往来港澳通行证》。

持往来港澳通行证赴港澳地区旅游必须签注。如果参加旅游团，往来港澳旅游签注手续由旅行社代办。旅游签注分往返签注和单程签注两种，往返签注即由香港去澳门再返回香港，单程签注即从香港去澳门，由澳门经珠海拱北海关回内地。

广东省及内地28个城市的居民，可以申请港澳自由行。如以个人身份来港观光旅游，必须取得由内地有关公安机关可供一次或两次有效的个人旅游签注。28个城市是上海、北京、南京、苏州、无锡、杭州、宁波、台州、福州、厦门、泉州、天津、重庆、成都、济南、沈阳、大连、南昌、长沙、南宁、海口、贵阳、昆明、石家庄、郑州、长春、合肥和武汉。

（二）往来台湾地区通行证的办理

前往台湾旅游的旅游者都需要办理两个证件：一是大陆居民往来台湾通行证（又称赴台证），二是《台湾地区入出境许可证》（又称入台证）。前一份由大陆官方签发，后一份由台湾地区签发。

1. 大陆居民往来台湾通行证的办理

《大陆居民往来台湾通行证》是一本浅紫色封面的大陆居民往来台湾的旅行证件，同港澳通行证办理流程基本相同。

准备赴台自由行的旅游者办理《大陆居民往来台湾通行证》需要提交的材料（G签注）：

（1）在出入境部门的社会服务照相点采集出入境证件照。

（2）提交填写完整并贴有申请人近期正面免冠彩色（背景为白色）2寸照片（48×33mm）的《大陆居民往来台湾通行证申请表》。

（3）提交本市居民户口簿（或户籍证明原件）和居民身份证（或临时居民身份证）的复印件，并交验原件。

（4）下列（特定身份）人员，还需提交单位意见：

①在职和退（离）休的市管干部；

②各级机关包括工、青、妇等人民团体和各民主党派机关中处级领导干部；

③涉及国家政治、经济、安全、商业秘密以及金融、财税、科研、教学等机关、

国有企事业单位的重点岗位工作人员；
　　④参照以上规定的在沪中央直属单位，外省市自治区驻沪单位的工作人员。
　　(5)已持有《往来台湾通行证》的，提交《往来台湾通行证》。
　　(6)提交公安出入境管理部门认为必要的其他证明。
　　首次申请、过期申领、换发、补发证件的，申请人须亲自办理。证件有效期内再次申请签注和未满16周岁或70周岁以上的申请人，可委托代办（代办人须提交身份证）。
　　G签注的有效期为半年，可以在台湾逗留最长不超过15天。公安机关办理《大陆居民往来台湾通行证》，一般情况下应在15个工作日内办结；急件应在5个工作日内办结。公安机关对再次申请往来台湾签注的，一般情况下应在10个工作日内办结；急件在5个工作日内办结。
　　2.办理《大陆居民往来台湾通行证》收费标准
　　(1)《大陆居民往来台湾通行证》每证30元。
　　(2)《大陆居民往来台湾通行证》加注，每项次20元。
　　(3)大陆居民往来台湾一次有效签注，每件20元；多次有效签注，每件100元。
　　3.入台证（台湾地区入出境许可证）办理
　　入台证是台湾方面发放的供大陆居民进入台湾地区的纸质证件，必须通过有资质的大陆旅行社代办，不得自行办理。
　　办理入台证需要提交的材料（在职人员、自由职业者和退休人）：
　　(1)照片2张要求如下：
　　①1年内拍摄；
　　②2寸(87.5px×112.5px)，脸部需占据整张照片的70%~80%（脸部长度在80px~90px)（注：px指像素）；
　　③需白色背景拍摄，相纸冲印；
　　④对焦需清晰且鲜明，自然显现出皮肤的色调，有合适的亮度及对比；
　　⑤五官需清晰可见，不可被头发遮盖，且脸型两侧、两耳轮廓及眉毛需清楚呈现，表情自然、双唇紧闭，相片不修改；
　　⑥不能用合成、翻拍、自行电脑打印的照片；
　　⑦光源需均匀且不能有影子或闪光反射在脸部，不能有红眼；
　　⑧提供的照片，不能过度PS失真；
　　⑨2张照片需保持一致；
　　⑩在照片背后用铅笔注明姓名，正面必须无污渍。
　　(2)身份证复印件：16周岁以上（包含16周岁）人员请提供身份证正、反面复印件2份,正反面复印在一张纸上;团队回国后仍在有效期内的临时身份证复印件可接收。16周岁以下人员如无身份证,则必须提供有其身份号码的户口本页复印件。

(3)大陆地区人民来台观光申请书:本人用黑色水笔完整填写表格,并在签名栏处中文签名。此表格可用简体字填写。

(4)大陆居民往来台湾申请表:如申请人在特定单位工作需填写完整申请表并在背面的"单位意见栏"中签字盖章(公司公章或人力资源章均可),普通人群无需提供此材料。

(5)个人信息表:请按照列表用黑色水笔填写完整信息,并本人签字。

自由行者办理入台证需要提供的材料:

(1)照片1张要求如团队游。

(2)户口簿复印件:

①户口本整本复印件(到第一页空白页)。

②如是集体户口,请提供集体户口本人页复印件或户籍证明复印件(户籍证明有效期必须涵盖截至收材料后13个工作日)。

(3)身份证复印件:请提供身份证正、反面复印件1份(正反面需复印在一张纸上,如16周岁以下还未领取到身份证,可不用提供),人脸需清晰可辨。

(4)财产证明(三选一):

①银行开具的相当于人民币5万元(含)以上定期存款证明原件。存款证明请至银行开具(必须有存款证明开具的日期,存款应在交材料之前至少一个月存入,且冻结至旅行归来后一周,并请加盖银行红章)。不接受任何理财产品证明。

②近三个月内,由所在公司开具的年收入在12万5千元(含)以上证明(加盖公司公章)原件,需要写清收入的具体金额、币种,并标注此证明的开立日期。

③大陆地区银行核发的金卡信用卡证明文件(须盖银行红章)及金卡正反面彩色扫描件(卡片背后必须签名),或白金及以上等级信用卡 Platinum、无限卡 Infinite 正反面彩色扫描件(卡片背面必须签名)。

最近三年内曾办理个人游入台证参加赴台湾旅游且无违规情形者,再次申请赴台个人游,则无需再提供财力证明(是否符合第二次入台免附财力证明的要求,以移民署最终审核结果为准)。

(5)亲属关系证明文件:

①如父母/子女同行,户口簿可体现出亲子关系的,请提供户口簿全本复印件。

②如父母/子女同行,不在同本户口簿上或户口簿无法直接推断出亲子关系,则须开具出生证明等亲属关系证明文件(务请提供原件)。

③如夫妻同行,须附结婚证原件、户口簿全本复印件(如双方不在同一本户口簿上,双方的户口簿全本复印件均需附上)。

(6)大陆居民往来台湾通行证:请提供大陆地区所发且有六个月以上有效期的《大陆居民往来台湾通行证》正本(本人须签名),并加注个人旅游签注(G签注)。

(7)大陆地区人民从事个人旅游申请书:申请人本人用黑色水笔完整填写表格,表格可使用简体字,并在签名栏处中文签名。

(8)大陆地区人民紧急联络人资料要求:年满20周岁以上,大陆户籍,与申请人为亲属或同事关系。请提供居民身份证正反面复印件、户口簿全本复印件(身份证正反面复印件和户口簿全本复印件无需在联络人表中粘贴直接交给我处即可)、个人担保函(亲笔签名原件)。

(9)大陆地区人民申请来台从事个人旅游行程表:申请人本人用黑色水笔完整填写表格。请详细填写往返程日期、航班信息、在台简要行程(必须写清每天所在城市及观光内容)、所住酒店(如尚未安排,须写预计下榻之酒店、民宿名称)、在台联系人(如有)等信息。如果您报名台湾私家团行程,则无需提供此项。

(10)大陆地区随同亲属名册(同一申请人的随同亲属,只需提供一份):如客人家庭出行,直系血亲(即亲生父母、祖父母、外祖父母、子女)及配偶可作为"随同亲属"申请,填写《大陆地区随同亲属名册》,由申请人本人提供一份财力证明即可。18周岁以下人士与直系血亲一同出行的,若出行人中不包含其亲生父母中任何一方,则必须附上亲生父母的委托同意书。旁系亲属、朋友必须分开申请,分别提供本人财力证明及其他相关材料。

(11)保险保单:您必须已经投保旅游平安险,提供保单或证明文件(可提供电子保单)。保险内容应包含医疗及善后费用,总保险额度最低不得少于新台币200万元(相当于人民币50万元)。

(三)往来台湾签注办理

持《大陆居民往来台湾通行证》前往台湾旅游的大陆旅游者都需要事先由当地公安机关办理签注。

签注有很多种,同旅游相关的主要是:

L签注:旅游团队,适合所有地区,凭旅行社的预约单,在规定的时间前往办理;

G签注:个人旅游(自由行),由自己前往出入境管理处办理,目前开放36个城市:北京、上海、厦门、天津、南京、重庆、成都、广州、杭州、深圳、福州、济南、西安、武汉、宁波、青岛、沈阳、郑州、苏州、长春、石家庄、昆明、南宁、长沙、合肥、泉州、哈尔滨、大连、南昌、太原、贵阳、无锡、烟台、温州、漳州、中山。

第二节 通关与边防检查

一、出境检查程序和内容

旅客入出境检查实际包含四项内容：边检（边防检查）、安检（安全检查）、关检（海关通关）和卫检（卫生检疫）。

（一）边防检查

我国边防检查由公安部门实施，多数国家由移民局负责。

边防检查主要查验出入境合法证件，包括护照、签证和出入境卡。通过航班出入境，出入境卡一般在候机厅或飞机上填就。陆路出入境在双方边检厅现场填写。有时边防检查官还会进行简单的问询。

从2007年10月1日始，我国公民出入中国国境免填出境卡和入境卡。

（二）安全检查

为保证旅客安全，防止劫机事件和其他安全事故的发生，各国对登机和乘车旅客都进行严格的安全检查。

首先是身检。通过安全门，再用手持移动探测器检查。

其次是行李检查。对随身携带的行李通过红外线透视或开包面检。

通过检查，禁止携带武器、凶器和爆炸物出入境。烟酒、文物、货币限量进出境。禁止活体动植物、水果、毒品进出境。新加坡还禁止口香糖和槟榔入境。

（三）海关通关

通关系指入出境旅客向海关申报，海关依法查验行李物品并办理进出境物品征税或免税验放手续，或其他有关监管手续之总称。

所谓申报系指进出境旅客为履行中华人民共和国海关法规，对其携运入出境的行李物品实际情况依法向海关所作的书面申明，即需填写和交验《中华人民共和国海关行李物品申报单》。

实行双通道制的海关，设置申报通道（即红色通道）和无申报通道（即绿色通道）。

从2008年2月1日起，中国公民入出境如果没有可申报物品，可不再填写上述的行李物品申报单。

(四)出入境卫生检疫

出入境卫生检疫主要是查验预防接种证书,俗称黄皮书。

外国人进入中国,或中国公民由境外入境应根据国境检疫机关的要求如实填报健康申明卡,传染病患者隐瞒不报,按逃避检疫论处。一经发现,禁止入境;已经入境者,让其提前出境。

来自传染病疫区的人员须出示有效的有关疾病的预防接种证书(俗称黄皮书);无证者,国境卫生检疫机关将从他离开感染环境时算起实施6日的留验。

来自疫区被传染病污染或可能成为传染病传播媒介的物品,须接受卫生检疫检查和必要的卫生处理。

二、进出境携带物品限制

为了乘机乘车旅客的安全,防止走私贩毒等不法活动,各国各地区都对旅客进出境携带的行李物品作出种种限制。

(一)我国海关的规定

1. 中国海关禁止进境的物品有,武器、弹药和爆炸品,伪造的货币和有价证券,烈性毒药,麻醉品,带有危险性病菌、害虫及其他有害生物的动植物及其制品,危害人畜健康的来自疫区的以及其他能传播疾病的食品、药品或其他物品,对中国政治、经济、文化道德有害的印刷品、胶卷、激光视盘等储存载体。

2. 中国海关禁止出境的物品有,列入禁止进境的所有物品,内容涉及国家机密的手稿、印刷品及各种储存载体,珍贵文物,濒危和珍贵动植物活体及标本、种子等。

3. 中国海关限制进出境的物品主要有,货币、烟酒、金银等贵重金属制品,贵重中药材,一般中药材,价值较高的电子产品。

(二)其他国家和地区的一些规定

其他国家和地区由于法律法规和习惯的不同,规定各有区别。

如泰国,携带任何冒犯王室的录音或书面材料会遭到逮捕或驱逐出境。

对于携带烟酒进出境的数量,各国和地区都有详细的规定,不可违反。

携带货币进出境,各国和地区的规定差别很大。中国香港是自由金融中心,携带任何种类和数量的钱币入出境都没有限制。泰国对泰铢携入无限制,但携出只限2000铢(约合人民币400多元)。我国海关对旅客入出境携带现钞人民币以20000元、外币以折合美元5000元为限,超过者必须申报,凭证放行。

(三)登机随身携带物品规定

2008年3月14日和4月8日,我国国家民航局发布公告,禁止旅客随身携带液体物品和打火机、火柴乘坐飞机。液体禁带范围包括:所有液体、浆状、膏状、凝胶及喷雾类物品,如矿泉水、饮料、汤及糖浆、乳霜、护肤液、护肤油、香水、剃须泡沫、香体喷雾、牙膏、隐形眼镜药水、头发定型及沐浴用的凝胶产品等。若旅客带有上述物品,必须放入托运行李内交付托运或提前丢弃。

(四)注意双关规则

旅客通过海关,由于各国和地区海关规则不一,所带行李物品虽然能够通过甲海关,却不一定能通过乙海关。旅客携带的行李物品,必须全部符合相邻两个海关的不同规则才能顺利通关,这就是双关规则。实际上,旅客在一个海关出境后,必然接着会在另一海关入境。空中出入境两个海关可能相隔数千公里,陆路出入境两个海关可能近在咫尺,或者数百米乃至一两公里。旅客从香港可携带机械相机、电视机等大件电器自由出境,但进入内地海关则必须依法办理申报登记,缴纳关税。中国各航空公司对持有普通客票的旅客免费交运的行李限量为30公斤,而韩国海关免课税的行李限重却只有20公斤。菲律宾可免税携带1.4升酒类出境,到马来西亚却只能携带1.0升酒类入境。泰国可携带1万美元出境,无须申报;我国海关却只能携入5000美元,超者必须申报。

三、边境旅游

边境旅游是指我国边境地区的市、县,经中央政府批准与相邻国家的边境地区之间开展的本方居民有组织地前往对方旅游的业务。

边境旅游实际上是由国内旅游和出境旅游两部分组成,它既增进了边境地区两国人民的交流和友谊的发展,也促进了我国边境地区经济文化的发展。

我国的边境旅游1987年始于辽宁省丹东市。丹东市与朝鲜新义州市之间在每年互派友好参观团的交流计划基础上,由两市旅游部门协商,经国家旅游局批准,改为组织各自城市的旅游者开展"一日游"活动。后来,边境旅游活动逐步发展到现在的边疆七省(黑龙江、辽宁、吉林、内蒙古、广西、云南、新疆)和相邻八国(俄罗斯、蒙古、朝鲜、越南、缅甸、哈萨克斯坦、塔吉克斯坦、吉尔吉斯斯坦)。

国家对边境旅游采取特许经营制,由经批准的国际旅行社实行团进团出的办法经营。边境旅游领队是边境旅游团队的负责人和管理人员,由开展边境旅游的省、自治区旅游局负责培训、考核和发证(边境旅游领队证)工作。

边境旅游证件采用护照、中华人民共和国公民出入境通行证或边境地区通行证。除哈萨克斯坦一国外,与其他国家开展的边境旅游均互免签证。

边境旅游入出境同样必须通关和边检。

第十章 其他知识

本章提要

本章要求掌握各种交通运输知识,熟悉货币知识,掌握急救护理知识。

第一节 交通运输知识

交通运输业,是人类利用各种运输工具,使人或货物沿特定线路实现空间位置移动的物质生产部门,是区域之间及内部经济联系的纽带。旅游交通,是旅游者利用交通工具,主要有航空、铁路、公路、海洋、内河和各类民间运输等形式,实现空间转移的过程。它是整个交通运输业的组成部分,是旅游者客源地和旅游目的地之间的联系纽带。

一、航空客运

目前,航空是世界上远程旅游中最主要的运载工具。1903年美国的莱特兄弟试制成功世界上第一架飞机。1913年2月,德国开办了柏林至魏玛的民用航班,这是世界上民用定期航班。同年3月,世界上第一条国际民航航线也在法国巴黎至比利时的布鲁塞尔之间开通。一个国家或地区空中交通方式的发展状况,成为衡量其国际旅游发展水平的标准之一。航空运输具有飞行速度快、节省时间、乘坐舒适、飞行灵活性大、安全系数高等优点。

航空交通大概是20世纪最重要的交通创新。它在最短的时间内完成乘客的转移,而且拉动了长距离旅行的需求。事实上,世界上任何两个地方都可以在24小时之内抵达。航空交通在过去的几十年中赢得了非常重要的市场份额;尤其是超过500千米的旅程。当新型飞机,如波音747-400系列投入使用,空中旅行的直达航行距离扩大到15 000千米。

机场是航空飞行的基本条件。跑道的性能及相应的设施决定了什么等级的飞机可以使用这个机场,机场按这种能力分类,称为飞行区等级。飞行区等级用两个部分组成的编码来表示,第一部分是数字,表示飞机性能所相应的跑道性能和障碍物的限制。第二部分是字母,表示飞机的尺寸所要求的跑道和滑行道的宽度,因而对于跑道来说飞行区等级的第一个数字表示所需要的飞行场地长度,第二位的字母表示相应飞机的最大翼展和最大轮距宽度,它们相应数据据如下:

第一位数字表示飞行场地长度(即机场跑道长度),1——小于800米,2——800米至1200米,3——1200米至1800米,4——1800米以上。

第二位是字母,表示翼展和轮距宽度。前面的数字是飞机翼展宽度,后面是着陆架轮距宽度:A——小于5米—小于4.5米,B——5米至24米—4.5米至6米,C——24米至36米—6米至9米,D——36米至52米—9米至14米,E——52米至60米—9米至14米。

我国大部分开放机场飞行区等级均在4D以上。北京首都、沈阳桃仙、大连周水子、上海虹桥、上海浦东、南京禄口、杭州萧山、广州白云、武汉天河、重庆江北、成都双流、西安咸阳、乌鲁木齐地窝铺等20多个机场拥有最高飞行区等级4E。

20世纪80年代初,我国民航业发生了重大的历史性转折,开始走向企业化道路。1987年起,我国先后成立了中国国际航空公司、中国东方航空公司、中国西南航空公司、中国北方航空公司、中国南方航空公司和中国西北航空公司6家国家级骨干航空公司。2002年,以原6家骨干航空公司为基础,组建了三大航空集团公司,即中国国际航空公司(联合中国西南航空公司等)、中国东方航空公司(联合中国西北航空公司、云南航空公司)和中国南方航空公司(联合中国北方航空公司、新疆航空公司)。20世纪90年代以来,民航的发展步伐逐步加快,我国航空客运量以年平均20%以上的速度增长,航空公司已发展到46家,客机达2200多架,机场193个,通航城市188个。国际航线通达50个国家91个城市。2013年我国民航客运量75430万人次。民航计算机管理信息系统1996年已同世界上最大的6家计算机预订系统,即亚太地区的ABACUS、欧洲的AMADE-

US、美国的 SABRE、GETS 和欧洲、美洲的 WORLDSPAN、GALILEO 实现联网，使国外旅游者通过这些系统可预订民航的机座。此外，民航还加大了对外开放的力度，目前已有 50 多家外国航空公司的飞机飞抵我国的一些主要城市。

（一）航班、班次

民航的运输飞行主要有三种形式，即班期飞行、加班飞行和包机飞行。其中，班期飞行是按照班期时刻表和规定的航线，定机型、定日期、定时刻的飞行；加班飞行是根据临时需要在班期飞行以外增加的飞行；包机飞行则是按照包机单位的要求，在现有航线或以外的航线上进行的专用飞行。此外，还有不定期航班与季节性航班飞行。

航班分为定期航班和不定期航班，前者是指飞行定期自始发站起飞，按照规定的航线经过经停站至终点站，或直接到达终点站的飞行。在国际航线上飞行的航班称为国际航班，在国内航线上飞行的航班称为国内航班。航班又分为去程航班与回程航班。

班次是指在单位时间内（通常用一个星期计算）飞行的航班数（包括去程航班与回程航班）。班次是根据运量需求与运能来确定的。

定期航班提供安全、便利、可靠、定时和消费者导向的交通服务；航空交通的快速和灵活，尤其在一些热点路线上对商务旅游者有很大的吸引力。航空交通吸引休闲旅游者的原因是可以快速抵达目的地，旅游者不用将时间和金钱花在路途中。航空交通的地面服务和机场设备通常要比任何其他交通方式更先进和复杂，因此也为旅游增添了更多的体验。机上服务的质量和舒适性已经被其他交通方式作为新的行业标准。最后，航空公司还制定了一系列的奖励措施，通过各种旅客计划来激励忠实的旅客。航空是最贵的交通方式，尤其是短途路线，例如在欧洲，由于城市间的距离近，所以达不到经济型巡航速度。因此，出现了廉价航空公司，以吸引更多的旅客。

廉价航空公司提供廉价和最简捷服务来降低成本。这类航空公司是美国在 1978 年航空自由化政策推行之后发展起来的，其先驱者是美国西南航空公司。20 世纪 90 年代的早期，这种航空公司才开始在欧洲出现。1995~1998 年间，欧洲一些航空公司模仿了美国西南航空公司的营运方法。1999 年之后，加拿大、澳大利亚、南非和拉丁美洲的一些国家也相继出现了廉价航空公司，但所占市场份额很小。我国的春秋航空公司就属于廉价航空公司。

包机是帮助旅游经营商运行包价旅游的一种常用的交通方式，被称为"只提供机位"的航空旅行方式，仅提供最基本的飞行服务。有时包机公司属于纵向一体化经营的旅游经营商，实施垂直整合经营方式，如英国的不列颠尼亚航空公司和汤姆森假日旅游公司。包机公司提供特别的交通服务，一般直飞最终目的地而乘客无需中转。我国多家航空公司均提供旅游包机运营服务。

包机的载客量一般为90%或更多,而定期航班的载客量一般比包机低20%。由于两者的单位运营成本有极大的差异,所以机票价格也相对较低,为旅行社降低成本、运营较低价位的旅游产品提供了可能。

（二）航班号

目前国内航班的编号是由执行任务的航空公司的两字母英语代码和4个阿拉伯数字组成。其中,第一个数字表示执行该航班任务的航空公司的数字代码,如1表示中国国际航空公司,3表示南方航空公司,5表示东方航空公司。第二个数字表示该航班的终点站所属的管理局或航空公司所在地的数字代码,第三和第四个数字表示该航班的具体编号。并且,第四位数字若为单数,表示去程航班（即由飞机基地出发的航班）,双数则为回程航班（即飞机返回基地的航班）。如CA1501是中国国际航空公司自北京至上海的航班,MU5302是指东方航空公司担任的由长沙至上海的回程航班。

我国国际航班的航班号是由执行该航班任务的航空公司的两个英文字母代码和3个阿拉伯数字组成。其中,中国国际航空公司的第一个数字为9,其他航空公司第一个数字以执行航班任务的该航空公司的数字代码表示。前者如中国国际航空公司北京至新加坡为CA977,至东京为CA919;后者如中国东方航空公司上海至新加坡为MU545,至大阪为MU515。目前,我国航空运输飞国际航线的航空公司有中国国际航空公司、中国东方航空公司、中国南方航空公司。

（三）民航发展基金

机场建设费1980年在北京一地试行,1981年在全国推广。

开始是面向出境国际旅客征收,后为了建立旅游发展基金,征收对象扩展到除下述旅客外的所有旅客:在国内机场中转未出隔离厅的国际旅客;乘坐国际航班出境和乘坐中国香港和澳门的航班出港持外交护照的旅客;持半票的12周岁以下的儿童;乘坐国内航班在当日（与机票所到的下一航班起飞时间间隔8小时以内）中转的旅客。

2012年4月18日,机场建设费改名为民航发展基金。

（四）购票

机票为记名式客票,只限票上所列姓名旅客使用,不得转让或涂改,否则机票无效,机票费用不退。中国国内、国际机票的有效期均为一年。

国内旅客按折扣价购票,国外旅客,华侨,港、澳、台胞按公布价购票。客票价是指由出发地点机场至到达地点机场的航空运输票价,不包括机场与市区间的地面运输费用。客票价格还常常以油价上涨为由收取燃油附加费。

（五）座位再证实

外国旅游团抵达后，导游员要核实机票：是否有国内段国际机票，有无返程、出境机票；要弄清出境机票是 OK 票还是 OPEN 票。所谓 OK 票，即已订妥日期、航班和机座的机票。持 OK 票的旅客若在该联程或回程站停留 72 小时以上，国内机票须在联程或回程航班起飞前两天中午 12 时以前，国际机票须在 72 小时前办理座位再证实手续，否则，原定座位不予保留；持有国际机票的旅客如在续程或回程停留时间在 72 小时以内，无须办理座位再证实。OPEN 票则是不定期机票，旅客乘机前须持机票和有效证件（护照、身份证等）去民航办理订座手续。

（六）客票遗失

旅客遗失客票，应以书面形式，向承运人或其代理人申请挂失，并需提供足够的证明。在申请挂失前，客票如已被冒用或冒退，承运人不负责任。

（七）乘机

乘国内航班的旅客应在班机起飞前 90 分钟到达机场，乘坐国际航班或去沿海城市的旅客须在 120 分钟前抵达机场，凭机票和个人有效证件办理登机手续。飞机离港前 30 分钟停止办理乘机手续。

乘坐民航班机的旅客及携带的行李物品，除经特别准许者外，在登机前都必须接受安全技术检查。旅客须通过安全检查门，行李物品须经仪器检查，也可进行人身检查和开箱检查，拒绝检查者不准登机。

二、铁路客运

铁路是人类发明的首项公共交通工具，在 19 世纪初期便在英国出现。直至 20 世纪初发明汽车，铁路一向是陆上运输的主力。二次大战以后，汽车技术得到改进，高速公路亦大量建成，加上民航的普及，使铁路运输慢慢走向下坡。特别是在美国，政府的投资主要放在公路的建设上，不少城市内的公共交通曾一度被遗弃。

中国第一条铁路建于上海，由英国人兴建，后被清朝地方官员买回并拆毁。而正式使用的第一条铁路和蒸汽机车则是由李鸿章兴办的开滦公司煤矿所建。

目前，我国铁路等级分为普速铁路和高速铁路两种。

普速铁路已基本形成以北京为中心，以四纵、三横、三网和关内外三线为骨架，联接着众多的支线、辅助线、专用线，可通达全国的省市区的铁路网。四纵是指京广普速线、京九线、京沪普速线、北同蒲－太焦－焦柳线；三横是指京秦－京包－包兰－兰青－青藏线、陇海－兰新普速线、沪杭－浙赣－湘黔－贵昆普速线；三网是指东北铁路网、西南铁路网和台湾铁路网；关内外三线是指京沈普速线、京通线和京承—锦承线。普铁上的列车一般时速在200千米以下。至2013年底,我国有普速铁路8.8万千米。

根据UIC(国际铁道联盟)的定义,高速铁路是指营运速率达每小时200千米的铁路系统(也有时速250千米的说法)。目前,我国高速铁路已建成运营的达12000千米。世界上首条出现的高速铁路是日本的新干线,于1964年正式营运。日系新干线列车由川崎重工建造,行驶在东京—名古屋—京都—大阪的东海道新干线,营运速度超过每小时200千米。

高速铁路的优点是载客量非常高。倘若旅程非以大城市中心为出发地及目的地,使用高速铁路加上转乘的时间可能只跟驾驶汽车相若。但高速铁路毋须自行驾车会较为舒适。虽然高速铁路的速度比不上飞机,但距离稍短的旅程(650千米以下),高速铁路因为无需到一般是颇为遥远的机场登机,因而较为省时。而且高速铁路的班次较为频密,总载客量亦远高于民航。高速铁路的顾客对象多数以商务旅客为主。旅游者是居第二的重要客户。以法国高速铁路为例,它连接了海岸的度假区,并且在长程路线上减价以跟飞机竞争。因为高速铁路的出现,不少以距巴黎低于一小时车程的地区开始成为通勤的住宅区。不少本来是偏远的地区亦得到较快的发展。

2008年为迎接北京奥运会,首先建设北京至天津的城际高铁线,全长120千米。目前运行C字头列车,运行时速250千米。2010年,为迎接上海世博会,建设上海至南京的城际高铁线,全长301千米。目前运行G字头列车,运行最高时速300千米。

我国高速铁路目前主要有京沪高铁线、京广高铁线、陇海—兰新高铁线(尚未全部建成)、沪宁汉蓉高铁线、宁杭甬高铁线、宁安(庆)高铁线、沿海高铁线(宁波—温州—汕头—深圳)、沪昆高铁线(已建成杭长段)、成渝高铁线、京沈高铁线和哈大高铁线等。上述高铁线路因地形条件和经济发达程度的不同,线路标准和客车运行密度有很大差异。线路建设标准从时速200千米至350千米,实际运行最高时速在300公里左右。北京至天津间,上海至南京间,已实现公交化运行,每5分钟就有一趟高铁客运列车。宁沪杭三角之间高铁密度最大并已放射成形,环形成网。例如从南京出发,有放射状通向八个方向的高铁,是目前我国汇集高铁线路最多的城市。南京通向东、南方向的有通向上海的双高铁线(京沪高铁沪宁段、沪宁城际高铁),还有宁杭甬高铁线、宁通城际高铁线,筹建中的苏南沿江高铁线;通向北、西方向的,有京沪高铁线、宁汉蓉高铁线、宁安高铁线。

为了配合高速铁路的运行,各主要城市新建或改建了多座高铁专用车站,如北京南站、南京南站、上海虹桥站、杭州东站、郑州东站、西安北站等。这些车站高大敞亮,规模巨大,自动化程度高。车站数十台自动售票机可出售磁性车票。

持有磁性车票的旅客可通过自动检票机自行进出站。

(一)旅客列车的种类

旅客列车按国籍分为国际旅客列车(如北京至莫斯科的国际列车)和国内旅客列车。

中国铁路总公司目前采用路局制进行管理,即总公司下设 16 个铁路局和广州铁路公司、青藏铁路公司进行分地区管理。我国旅客列车采用字母加数字的办法进行分类和编号。跨两三个铁路局运行的旅客列车称为跨局列车,只在一个铁路局管辖范围内运行的旅客列车称为管内列车。

列车的号段资源由总公司统一确定和分配。如高速动车组列车,北京局:

1. G 字头为高速动车组列车,分为一等车和二等车,不设卧铺。高速动车组旅客列车编次为 G1—G9998,其中:跨局 G1—G5998,管内 G6001—G9998。

2. C 字头为城际动车组列车,分为一等车和二等车,不设卧铺。城际动车组旅客列车编次为 C1—C9998,其中:跨局 C1—C1998,管内 C2001—C9998。

3. D 字头为动车组旅客列车,动车组列车全列软座,分为一等车和二等车,一般不设卧铺,少数列车设有软卧。动车组旅客列车编次为 D1—D9998,其中:跨局 D1—D3998,管内 D4001—D9998。

4. Z 字头为直达特快旅客列车。直达特快旅客列车 Z1—Z9998,特快旅客列车编次为 T1—T9998,其中:跨局 T1—T4998,管内 T5001—T9998。

5. T 字头为特快旅客列车(列车行驶速度每小时 140 公里以上)。编次为 T1—T9998,其中:跨局 T1—T4998,管内 T5001—T9998。

各局车次按下述范围划分:

哈尔滨 T5001—T5300,沈阳 T5301—T5600,北京 5601—T6000,太原 T6001—T6300,呼和浩特 T6301—T6400,郑州 T6401—T6700,武汉 T6701—T7000,西安 T7001—T7300,济南 T7301—T7600,上海 T7601—T8000,南昌 T8001—T8300,广州 T8301—T8700,南宁 T8701—T8800,成都 T8801—T9000,昆明 T9001—T9200,兰州 T9201—T9400,乌鲁木齐 T9401—T9600,青藏 T9601—T9800。其他类同,均不再详列。

6. K 字头快速旅客列车:编次为 K1—K9998,其中:跨局 K1—K6998,管内 K7001—K9998。

7. 普通旅客列车编次为 1001—7598(列车行驶速度每小时 120 公里以下)。

(1)普通旅客快车编次为 1001—5998,其中:跨三局及其以上 1001—1998,跨两局 2001—3998,管内 4001—5998。

(2)普通旅客慢车编次为 6001—7598,其中:跨局 6001—6198,管内 6201—7598。

临时旅客列车和临时旅游列车，字头一般为 L 和 Y。

（二）旅客列车的编次

我国铁路旅客列车的编次（即车次）是以北京为中心，凡驶离北京方向的列车称为下行列车，列车编次为单数，如北京南开往南京南的 G201 次，北京南开往上海虹桥的 G1 次。驶向北京方向的列车称为上行列车，列车编次为双数，如南京南开往北京南的 G202 次，上海虹桥开往北京南的 G2 次。

有些列车中途改变运行方向，则车次也要随着改变，如上海虹桥—青岛间的高速列车，从上海虹桥站发车是上行，为 G222 次，至济南西站后变为下行，车次亦变为 G223 次；反之，从青岛发车是上行，为 G224 次，到济南西站后变成下行，为 G221 次至上海虹桥站，亦即上海虹桥—济南西站间为 G221/G222 次，济南西—青岛站间为 G223/G224 次。列车编次上、下行和变次规则，便于铁路部门的统一调度指挥，有利于保证安全行车。

高铁客运列车和动车组列车通常由一等座席和二等座席组成，仅少数线路特长的动车组列车增设软卧车厢。

普通客运列车一般由软卧车厢、硬卧车厢、软座车厢、硬座车厢、餐车、行李车等组成。有些列车还挂有邮政专用车厢。

（三）车票

车票是旅客乘车的凭证，同时也是旅客加入铁路意外伤害强制保险的凭证。车票通常分为软座、硬座、卧铺票（高级软卧、软卧、包房硬卧、硬卧）等。G 字头高铁、C 字头城际高铁和 D 字头动车车票分为一等座票和二等座票。

身高 1.1 米至 1.4 米的儿童乘车时，应随同成人购买座别相同的半价客票。每一位成人旅客可以免费携带身高不够 1.1 米的儿童一名。

正规院校没有工资收入的学生和研究生，家庭居住地和院校不在同一城市，凭附有加盖院校公章并加贴磁条的"减价优待证"的学生证每年寒暑假可购买 4 次院校和家庭之间的往返车票。

学生从实习地点回家，或从家去实习地点，凭附有"减价优待证"的学生证和院校的书面证明，可购买学生票。

车票的有效期按乘车里程计算，500 公里以内为两日，超过 500 公里时，每增加 500 公里增加一日，不满 500 公里的尾数也按一日计算。

卧铺须按票面日期和车次乘车，不能改签，如中途下车卧铺票作废。

从 2014 年 12 月 10 日开始，我国各类高铁车票、动车组车票预售期为 60 天。提前 15 天可以免费退票和改签。48 小时内可以改签，如退票则收取原票价 20% 的退票费。

三、公路客运

(一)普通公路

随着交通运输业的发展,公路建设也随之日益加快,公路客运量也在快速增长。公路按行政管辖机关可分为:国家公路、省公路、县公路和乡公路(简称为国、省、乡道)以及专用公路五个等级。一般把国道和省道称为干线,县道和乡道称为支线。

国道是指具有全国性政治、经济意义的主要干线公路,包括重要的国际公路,国防公路,连接首都与各省、自治区、直辖市首府的公路,连接各大经济中心、港站枢纽、商品生产基地和战略要地的公路。国道中跨省的高速公路由交通部批准的专门机构负责修建、养护和管理。

省道是指具有全省(自治区、直辖市)政治、经济意义,并由省(自治区、直辖市)公路主管部门负责修建、养护和管理的公路干线。

县道是指连接县城和县内主要乡(镇)、主要商品生产和集散地的公路。乡道是指主要为乡(镇)村经济、文化、行政服务的公路。

我国现有普通公路总长 424 万公里。

(二)高速公路

高速公路是经济发展的必然产物。高速公路是专供汽车分道高速行驶并全部控制出入口的公路,我国现有高速公路 10.4 万公里。高速公路路网的形成,为我国旅游业的发展提供了快速的公路交通,极大地节省了旅游者的在途时间。

第一,高速公路适应工业化和城市化的发展。城市是产业与人口的集聚地,其汽车的增长远比乡村快得多,成为汽车的集聚中心,因此高速公路的建设多从城市的环路、辐射路和交通繁忙路段开始,逐步形成以高速公路为骨干的城市交通。

第二,汽车技术的发展,对高速公路建设提出客观要求。目前汽车已成为人类社会必不可少的交通工具。因此需要高速公路等基础设施的配合。汽车的轻型化和载重化是两大发展趋势,前者要求速度保障,后者要求承载力,而高速公路恰能使二者有机结合。

高速公路按其功能可分为城市内部高速公路和城市间高速公路两大类;按其距离长短可分为近程高速公路(500 千米以内)、中程高速公路(500~1000 千米)和远程高速公路(1000 千米以上)三类;按其布局形式分为:平面立体交叉高速公路、路堤式高速公路、路堑式高速公路、高架高速公路和隧道高速公路。20 世纪 30 年代西方一些国家开始修建,60 年代以来世界各国高速公路发展迅速。高速公路设计行车速度,在野外大多按地形的不同,分为时速 80、100、120 和

140千米四个等级;通过城市大多采用时速60和80千米两个等级。高速公路平面线形大多以圆曲线加缓和曲线为主,并重视平、纵的立体交叉。

(三)我国公路技术等级

我国公路按技术等级分为汽车专用公路和一般公路两大类。汽车专用公路又分为高速公路、一级公路和二级公路。高速公路是专供汽车分道高速行驶并全部控制出入口的公路。一般公路有三级公路、四级公路和乡村公路,通常机动车、非机动车混行。

(四)我国公路编号

1.高速公路编号规则

中国每条国家高速公路以"G"为标志,"G"是"国"字拼音的首写字母,意思是国家路网,后加阿拉伯数字,按序列进行编号,汉语名字以最初的起点和终点命名。

目前共有7条放射线,9条南北纵线,18条东西横线,称为"7918"路网。

首都放射线编号为1位数,由正北开始按顺时针方向升序编排,编号区间为1～9。如北京—上海高速公路编号为G2,命名为京沪高速公路。

南北纵向路线编号为2位奇数,由东向西升序编排,编号区间为11～89。沈阳—海口高速公路编号为G15,命名为沈海高速公路。

东西横向路线编号为2位偶数,由北向南升序编排,编号区间为10～90。如上海—成都高速公路编号G42,命名为沪蓉高速公路。

并行路线的编号采用主线编号后加英文字母E、W、S、N组合表示;E、W、S、N分别表示并行路线在主线的东、西、南、北方位。并行线常州—台州的常台高速公路,标号为G15W,表示在主线之西。

地区环线的编号按照由北向南的顺序排列,编号区间为91～99。如海南环线G98。

联络线的编号为4位数,由主线编号+"1"+联络线顺序号组成。联络线的顺序号按照主线前进方向由起点向终点顺序排列。城市绕城环线的编号为4位数,由主线编号+"0"+城市绕城线顺序号组成。主线编号为该环线所连接的纵线和横线中编号最小者,如该主线所带城市绕城环线编号空间已全部使用,则先用主线编号次小者,依此类推。如该环线仅有放射线连接,则在1位数主线编号前以"0"补位。同一条国家高速公路穿越多个省(区、市),所连接的城市环线的编号在各个省(区、市)单独排列。在不同省(区、市)允许出现相同的城市绕城环线编号。

国家高速公路出口编号一般为阿拉伯数字,其数值等于该出口所在互通立交中心里程桩号的整数值;桩号值超过千位时,仅保留后三位的数值。如某出口处桩号为 K15+700,则该出口编号为 15;某出口处桩号为 K2036+700,则该出口编号为 36。

同一枢纽式互通立交在同一主线方向有多个出口时,该枢纽互通立交所有主线出口统一编号,采用出口编号后加英文字母组合表示。出口编号按照桩号递增方向逆时针排列,英文字母按照 A、B、C、D……序列排序。

2. 国道编号规则

国道是国家干线公路的简称,是在国家公路网中具有全国性政治、经济意义,并经确定为国家干线的公路。

根据地理走向,我国国道分为三类:第一类以首都北京为中心,呈扇面辐射的公路;

第二类是我国版图之内南北走向的公路;

第三类是我国版图之内东西走向的公路。

目前全国共有 70 条国道。每一条公路干线均采用三位数字表示,其中第一位数字表示国道的类别。

1××代表第一类国道,现有 12 条,按顺时针方向编号(101~112),例如从北京到沈阳的 101 国道。

2××代表第二类国道,现有 28 条,从东向西进行编号(201~228),例如从大连到黑河的 202 国道。

3××代表第三类国道,现有 30 条,从北往南编号(301~330),例如从上海到新疆伊宁的 312 国道。

(五)营运客车种类与旅游客车星级标准

1. 按乘坐舒适程度,分为普通客车、中级客车和高级客车。

普通客车是指车辆无特殊的舒适装置,车内设有分隔货仓的客车。其座位排列紧凑,座椅较硬,没有温度调节装置,舒适性差。

中级客车是指不含分隔货仓的客车,其座位排列较宽松,有较软的高靠背座椅,舒适性较好,在寒冷地区装有采暖设备。目前我国公路运输中的长途直达班车多属此类。

高级客车是指车窗大、视野开阔、密封性好、有高级软座椅和空调设备的舒适性好的客车,俗称豪华客车。公路运输中的旅游车、长途直达快班车多属此类,现在大量的带卧席的长途班车也属此类车。

2. 按车内设置座位的多少及装置形式,分为小型客车、中型客车和大型客车。

3. 我国《旅游客车设施与服务标准》规定,旅游客车分为五个等级:一星级至五星级。其对应关系是高三等级的客车可以申请评为五星级,高二等级的客车可以申请评为四星级,高一等级的客车可以申请评为三星级,中级客车可以申请评为二星级,普通客车可以申请评为一星级。

四、水上客运

我国有1.8万多公里的海岸线,5800多条流域面积在100平方公里以上的河流和900多个大小湖泊,为发展水上运输创造了条件。2006年船舶载客位106万,客运量为2.20亿人次,旅客周转量73.58亿人公里。近年随着陆上、航空运输的发展,水上客运量逐年下降,目前主要经营游船。为使内河游船规范运营,从1996年起,实施了《内河旅游船星级划分及评定》国家标准,对于规范游船企业的市场形象,提高旅游船服务质量起了积极的推动作用。

(一)水上客运种类

中国的水路交通分为沿海航运和内河航运两大类。

海外旅游者在中国水上旅游时大多乘坐豪华游轮。

航行在沿海和江湖上的客轮大小不等,船上的设备差异很大。大型客轮的舱室一般分五等:一等舱(软卧,1～2人)、二等舱(软卧,2～4人)、三等舱(硬卧,4～8人)、四等舱(硬卧,8～24人)和五等舱(硬卧),另外还有散席(包括座席)。豪华客轮设有特等舱(由软卧卧室、休息室、卫生间等组成)。

(二)船票

船票分普通船票和加快船票,又分成人票、儿童票(1.10～1.40米的儿童)和残废军人优待票。

身高1.10米以下的儿童免票。每一成人旅客可免费携带1.10米以下儿童一名。身高1.10～1.40米的儿童应购买儿童半价票。持有"革命伤残军人证"的现役军人和退役军人可凭证购买半价票。

(三)邮轮与游轮

游轮旅游是现代旅游的重要方式。我国长江上已有多家游轮公司经营从南京至重庆的长江水上旅游业务。

邮轮是一种提供享乐旅程的客轮,船上的娱乐设施及奢华服务,被视为旅程中不可缺少的重要部分。广义上邮轮还指航行于大洋的班轮、邮船。大型邮轮是一座漂浮的水上城市。

游轮是用于搭载乘客从事旅行、参观、游览活动的各类客运机动船只的统称,又称游船、旅游船。游轮是一种提供享乐旅程的客轮,船上的娱乐设施及奢华服务,被视为旅程中不可缺少的重要部分。

但跟远洋邮轮不同的是,游轮通常不会横渡海洋,而是以最普遍的绕圈方式行驶,起点和终点港口通常亦是同一港口。

我国在2008年颁布《内河旅游船星级的划分与评定》新国家标准，对内河旅游船定义为："具有24小时连续航行营运能力，以经营接待度假、休闲、观光、商务等游客为主，并为其提供娱乐、食宿、上岸游览和导游服务的内河水域客运船舶。"新标准还将内河旅游船的英文翻译为rivercruise。

标准强调旅游船的主体建造、航行设施、服务项目和航行管理应符合交通、安全、消防、卫生、环境保护等现行的国家有关法规和标准，并取得相应的营运证书。

标准借鉴旅游饭店星级标准，把旅游船划分为五个星级，从一星级至五星级。五星级为最高星级。把旅游船设备设施与服务分为必备项目和选择性项目两类。一星级和二星级旅游船要求有50间客房，12~18小时供应热水；三星级至五星级要求60间客房，24小时供应热水。标准对旅游船外观、前厅、客房与房型种类、餐厅、厨房、酒吧、公共区域等都提出了具体要求。

五、旅游口岸

旅游口岸是由一国规定的允许外国旅游者入境和出境的地点，一般分为航空口岸、港口口岸和陆地口岸。开放旅游口岸是发展国际旅游业的基本条件之一。旅游口岸一般位于经济文化水平比较发达、国际国内交通条件便利的城市，拥有相当规模的旅游者集散能力和供应接待能力。旅游口岸的数量分布情况对一国旅游业实际接待国际旅游者的数量、旅游者的国别构成、旅游者的流向和分布都有重大影响。我国国际旅游业的初期阶段，仅有北京、上海和广州三个旅游口岸。随着对国际旅游市场的开拓和对外开放政策的落实，旅游口岸的数量正在不断增加，布局也更加合理。目前我国对外开放口岸已达258个（参见表10-1）。

表10-1　中国对外开放一类口岸一览表

地区	空港	陆港	水港
北京	北京		
天津	天津		天津、塘沽
河北	石家庄		秦皇岛、唐山
山西	太原		
内蒙	呼和浩特、海拉尔	二连浩特、满洲里	
辽宁	沈阳、大连	丹东	营口、锦州、大连、丹东、大连
吉林	长春	集安、珲春、图门	大安
黑龙江	哈尔滨、佳木斯、齐齐哈尔、牡丹江	逊克、抚远、密山、漠河、绥芬河	哈尔滨、佳木斯
上海	上海		上海

续表

地区	空港	陆港	水港
江苏	南京		连云港、南通、镇江、张家港、南京、扬州、江阴、常熟
浙江	杭州、宁波、温州		宁波、镇海、舟山、温州
安徽	合肥、黄山		芜湖、铜陵
福建	福州、武夷山、厦门		福州、厦门、漳州、泉州、莆田
江西	南昌		九江
山东	济南、青岛、烟台		威海、青岛、烟台
河南	郑州、洛阳		
湖北	武汉		汉口、黄石
湖南	长沙		岳阳
广东	广州、深圳、湛江、梅州	广州、皇岗、佛山、文锦渡、罗湖、沙头角、笋岗、拱北、常平、端州、三水	广州、黄浦、惠州、茂名、南海、番禺、潮州、汕头、深圳蛇口、湛江、肇庆、中山
广西	南宁、桂林、北海	友谊关、凭祥、东兴、水口	北海、防城、福州、钦州
海南	海口、三亚		海口、三亚
重庆	重庆		
四川	成都		
贵州	贵阳		
云南	昆明、西双版纳	畹町、瑞丽	思茅、景洪
西藏	拉萨	聂拉木、普兰、吉隆、日屋、亚东	
陕西	西安		
甘肃	兰州		
新疆	乌鲁木齐、喀什	巴克图、阿拉山口、红其拉甫、霍尔果斯、红山嘴、老爷庙	

资料来源：国家旅游局网站。

第二节　邮电通信知识

1998年，我国邮政与电信正式分开。为适应市场经济发展的需要，邮政部门在原有业务的基础上开展了一些新的业务,如特快专递。电讯业的发展非常迅速。随着电信装备水平的提高,电话普及率稳步增长,通讯服务水平稳定提高。我国固定电话和移动电话用户总数已居世界首位。

一、邮件

邮件分为函件和包裹两大类,其中函件又分为信函、明信片、印刷品、印刷品专袋、航空邮件、小包、挂号信函、商业信函和保价信函。包裹分为普通包裹、脆弱包裹和保价包裹。

按处理时限划分,邮件又分为普通邮件和特快专递邮件。

邮政特快专递业务(Express Mail Service,EMS)是各国邮政部门为用户提供的一项传递速度最快的邮递类业务。该业务在各国邮政、海关、航空部门均享有优先处理权,能用最快速有效的方式完成收寄、运输和投递整个传递过程。目前,我国国际特快专递业务已与世界200多个国家和地区建立了业务关系;国内已有近2000个大、中、小城市办理EMS业务。使用EMS业务既可以到各邮电局交寄,也可以拨打EMS"185"服务电话,即有专人专车上门收寄。EMS选用最快捷的交通运输工具赶班发运并由专人专车投递到用户手中。此外,EMS还提供代客包装、代客报关、代收货款、代上保险等一系列综合延伸服务。

EMS业务类型及服务内容如下:

1. 全球邮政特快专递。它是邮政部门以高速度、高质量为用户传递国际、国内的紧急信函、文件资料、金融票据、商品货样等各类文件资料和物品的业务。

2. 国内超常规特快专递邮件。它是指重量、尺寸超过国内特快专递邮件一般规定的一种特快专递业务。其邮件单件最大长度为1.5米,最大重量为60千克。目前全国已有206个城市可办理此项业务。

3. 国内特快专递代收货款。它是邮政速递部门推出的一项邮政速递延伸业务,是邮政速递部门与邮购公司签订协议,邮购公司将客户订购的货品交付邮政速递部门寄递,邮政速递部门人员在上门投递时,代邮购公司向客户收取货款,邮政速递部门定期代收的货款结付给邮购公司。这项业务既可降低消费者和销售企业的邮购风险,又可使消费者足不出户购到本地、异地或国际商品。

4. 国内特快专递收件人付费。它是邮政部门为分散交寄、集中纳费的大客户提供的一种特殊服务。因为许多公司、厂商在很多城市设有分公司、维修点等机构,其客户非常分散,产品的保修、返修邮费结算手续繁杂,费时又费力,直接影响到产品的销售和售后服务质量。开办此项业务可减轻大客户,特别是一些全资、独资企业和境外大厂商的负担。

5. 国际特快专递收件人付费。它是传递国际特快专递邮件所需的各种费用

（包括邮资、海关费用等）由收件人支付的业务。但是，寄件人在交寄邮件时必须填写一份"信誉保证单"，承诺在遇有收件人拒收邮件或拒付邮资的情况时，由寄件人承担全部邮寄费用及所产生的一切相关费用。此项业务简称为国际特快到付业务。

6.邮政电子信函业务。邮政 EMS 与现代电信传输技术结合的一项新型邮政速递业务。它的交寄和投递均采用邮政特快专递服务方式，中间运递过程被高速电子信息传输所取代，所以全程时限一般仅需几个小时。

7.国际特快送款业务。EMS 为满足国内外客户临时急需中、小额外汇或人民币现金而提供的一种新型速递业务。无论在国内还是国外，客户都可以享受通过先进的计算机网络提供的快速汇款服务。

各类邮件禁止寄有爆炸性、易燃性、腐蚀性、毒性、酸性和放射性的危险物品，麻醉药物和精神药品，以及国家法令禁止流通或寄递的物品等。

邮件资费因邮件性质、重量、寄达地区等不同而各不相同。

8.快递公司。近年来，我国各种快递公司如雨后春笋，蓬勃发展，遍布中华大地。一般说来，快递公司价格合理，传递速度快。但无可否认，众多快递公司良莠不齐，有时传递质量不尽如人意。

二、电子通信

（一）电话业务

电话是深受人们喜爱的快速通讯手段。电话费用一般打电话者自理。但也有"收话人付费电话"（Collect Calls），即指发话人挂号时申明受话人支付话费的电话。目前，该业务原则上只对与我国有直达电路的国家和地区开放。经常使用的电话业务有：

1.手机。目前我国手机已经普及，智能手机所占份额越来越大，极大地方便了旅游业高频率的联系工作。

2.IP 电话业务，是指在 IP 网上通过 TCP/IP 协议实时传送语音信息的应用。它采用了压缩编码及统计复用等技术，节省了网络的带宽，降低了通信成本，所以 IP 电话可以为用户提供更经济的电话服务。

3.IC 卡电话业务，是用 IC 电话卡控制通话和付费的公用电话业务。

（二）长途电话

1.国际长途电话，包括国际直拨电话和国际人工、半自动电话。国际直拨电话号码组成如下：国际字冠＋国家代码＋地区代码＋对方用户电话号码。如您要直拨美国纽约某电话号码为"8866229"的用户，应拨 0012128866229。其中：00 为国际字冠，1 为美国与加拿大国家代码，212 为纽约地区代码。拨叫时要连续拨号,中途不要停顿。即将"001－212－88662299"连续一气拨完。有些国家的地区代码第一位数是"0",例如日本东京的电话区号是"03"等,但在打国际直拨电话时不用拨前面"0",只需拨"3"即可。

我国香港、澳门的直拨电话拨叫方法与拨打国际直拨电话相同。

2.国内长途电话。在国内打长途直拨电话时,只需连续拨叫对方城市的长途直拨区号和对方用户的电话号码即可。例如,拨叫南京某电话号码为"66553358"的用户时,应连续拨"02566553358"(其中,"0"是国内长途字冠,"25"是南京的长途直拨区号并即将扩大为南京都市区号)。

(三)传真

传真是当前旅游联系最普遍的快捷通讯方式,它可把团体签证以及有领导人签字的文件、照片、图纸等真迹由远处传送到对方。它克服了电报、电传等只能传递文字但不能传递文件原样的缺点。发国际、国内传真方法与打国际、国内长途电话一样,先拨通对方国家、地区传真代码(同国际、国内长途电话的代码),然后发出传真即可。计费同电话。

(四)电子邮箱

电子邮箱(E－Mail)的正式名称是"电子函件",电子函件是计算机与通信相结合的产物,主要用于计算机用户之间交换电子信件。电子邮箱的突出优点是快速、便捷、安全、保密,而且不受时间的限制。用户也可以把一封电子函件投送给国内外的非电子邮箱用户,如打印机、传真机和用户电报终端及分组网上的计算机终端。

电子邮箱提供的主要业务功能有收(转)发信件、处理信件、布告栏、电子格式程序等。

(五)微信

微信是一款手机通信软件,是一款快速发送文字照片、支持语音对讲的手机沟通软件。支持通过手机网络与Wifi发送语音短信、视频、图片和文字,可以单聊及群聊,还能根据地理位置找到附近的人,带给朋友们全新的移动沟通体验。可以显示简体、繁体、英文三种界面。可以使用微信在手机上快速发送消息,即时拍照分享,发起多人会话,进行语音对讲,随时随地与旅游者相互联系。

我国公共场所正在逐步设置免费公用Wifi网络,微信的电脑版也已推出,微信作为联络工具将更加方便。

第三节 货币金融知识

货币是旅游活动得以顺利进行的最重要保障。在不同时期,各国有不同的外汇政策和汇率,既保证本国金融市场的稳定,又有利于旅游业的发展。

一、外汇

外汇是指以外币表示的可以用作国际结算的支付手段,它包括外国货币(纸币、铸币等)、外币有价证券(政府公债、国库券、公司债券、股票、息票等)、外币支付凭证(票据、银行存款凭证、邮政储蓄凭证等)以及其他外汇资金。

(一)我国的外汇政策

中国对外汇实行由国家集中管理、统一经营的方针。根据我国现行的外汇管理法令规定,在中华人民共和国境内禁止外币流通、使用、质押,禁止私自买卖外汇,禁止以任何形式进行套汇、炒汇、逃汇。

(二)外币兑换

外币兑换是指银行及兑换点办理外币兑入和兑出的业务。在中国境内,为了方便来华旅游的外宾和港澳台胞用款,中国银行及其他外汇指定银行受理外币兑换业务。

目前,我国外汇指定银行有以下三类:

国有商业银行:中国人民银行、中国国家开发银行、中国农业发展银行、中国进出口银行。

全国性的股份制商业银行:中国银行、中国建设银行、交通银行、中国民生银行、华夏银行、中国光大银行、中信实业银行、恒丰银行、上海浦东发展银行、浙商银行、兴业银行、深圳发展银行、招商银行、广东发展银行。

两家全国性的独资商业银行:中国工商银行、中国农业银行。

此外,为了尽量对持兑人给予方便,一些宾馆、饭店或商店也可办理外币兑换人民币的业务。

现在我国外币现钞的兑换币种有英镑、美元、瑞士法郎、新加坡元、瑞典克朗、丹麦克朗、挪威克朗、马来西亚林吉特、日元、加拿大元、澳大利亚元、菲律宾比索、泰国铢、欧元等外国货币及香港元、新台币、澳门元,并受理外币旅行支票、外国信用卡兑换人民币的业务。2002年7月1日开始,欧洲联盟有11个国家货币停止流通,由欧元完全取代。以后又有一些国家陆续加入欧元区。至2015年1月1日,欧元区共有19个国家。他们是德国、法国、意大利、荷兰、比利时、卢森堡、爱尔兰、希腊、西班牙、葡萄牙、奥地利、芬兰、斯洛文尼亚、塞浦路斯、马耳他、斯洛伐克、爱沙尼亚、拉脱维亚、立陶宛。

外汇兑换时,旅游者要持本人身份证、护照等有关法律、行政法规规定的有效证件,填写外汇兑换水单。兑换后,要保存好银行出具的外汇兑换证明(俗称水单)。兑换后未用完的人民币在离境前可凭6个月内有效期的外汇兑换水单及护照兑换成外汇,其兑换金额不能超过水单注明金额。最后经海关校验申报单后可将未用完的外币和票证携带出境。

旅游者出境旅游兑换外汇除向银行提交本人户籍证明及工作单位(无工作单位的由户口所在地街道办事处或者乡以上人民政府)的证明文件外,还必须提交已办妥前往国家有效入境签证的护照和出境证明。凡出境旅游的居民可按规定手续向银行办理兑换一定数量的外汇。根据现行规定,中国居民每人每年兑换外汇不得超过5万美元或相当于5万美元的限额。

不同情况兑换时使用不同的牌价:兑换旅行支票、信用卡、汇款使用买入价;兑出外汇,包括兑出外币现钞,使用卖出汇价;兑入外币现钞,使用现钞买入价。

(三)携人民币和外币现钞出入境的规定

中国旅游者出境旅游,我国海关规定的上限是人民币20000元,美元5000元。携带金额折合超过5000美元(含5000美元)应向银行申领"携带证"。携出金额特别巨大的,须向当地外汇管理局申请核准,银行凭核准文件签发"携带证"。出境时,海关凭"携带证"放行。

海外旅游者来华时,携入的外币和票据金额没有限制,但入境时必须据实申报。

二、旅行支票

旅行支票是银行或旅游支票公司为方便旅行者旅行期间安全携带和支付旅行费,在旅行者交存一定金额后签发的一种面额固定的、没有指定付款人和付款地点的定额票据。购买旅行支票后,旅游者可随身携带,在预先约定的银行或旅行社的分支机构或代理机构凭票取款,比带现金旅行安全便利。旅行支票不慎丢失或被盗,可办理挂失、理赔和紧急补偿;遇有意外,还可申请旅行支票发行机构提供的医疗等紧急援助服务。

购买旅行支票时,购买人除向银行交纳票面金额款,还要交纳票面金额1%的手续费。旅行者要当场签字,作为预留印鉴。兑换旅行支票时,旅行者必须持本人有效护照或港澳台通行证及购买协议兑付旅行支票,并当面即时复签旅行支票，填写外汇兑换水单，付款单位将复签与初签核对无误后方可付款，以防假冒。因兑付旅行支票需先期垫款，故旅行支票兑付现金或存款时，需扣除票面金额7.5‰的贴息，按支票面额货币支付。旅行支票使用方便，世界通行，可在世界各大银行、兑换网点兑换现金，可在国际酒店、餐厅、学校及其他消费场所直接付账，而无须支付任何费用。旅行支票没有期限，永久有效。一次购买后未使用完毕，还可留待下次出境使用。兑现旅行支票的汇率，通常比兑换现金的汇率优惠，并有多种币别可供选择，旅行者可根据前往的不同国家和地区，选择不同的币别。

在国内常见的旅行支票有英国通济隆、巴克莱银行、美国运通、花旗银行、日本住友银行、三菱银行、东京银行、富士银行等银行出售的旅行支票。美国运通国际股份有限公司发行的 AMERICAN EXPRESS 旅行支票，主要币种有：美元、日元、加拿大元、澳大利亚元、英镑、欧元、瑞士法郎。

有出境需求的单位和个人均可使用旅行支票。

个人客户可以凭本人有效身份证件、前往国家或地区的有效签证的护照或港澳地区的通行证及相关证明材料，用个人外汇账户/外币现钞、人民币账户/人民币现钞在中国银行指定网点购买一定额度的外币旅行支票。

在中国银行，购买旅行支票的费用通常为购买金额的1‰~0.5%，用外币现钞购买需支付汇钞差价费。旅行支票代兑服务受理网点众多，2000余家国内分支机构及大多数海外分行均可办理旅行支票代兑业务；中国银行在国内的外币代兑机构也可提供旅行支票兑换人民币的服务。

受理品牌众多，中国银行可接受17家旅行支票发行机构发行的149种版面的旅行支票，其中美国运通、通济隆、VISA、MASTERCARD等品牌旅行支票，均可办理代兑业务。

受理方式灵活，通常持票人本人持有效身份证件及完好无损且初复签相符的票据，我行即可在指定网点为您办理一定金额以下的旅行支票买汇业务；如超出规定限额，中国银行将为您办理光票托收。

受理费用低廉，兑现手续费为兑现金额的0.75%（以原币扣收）。托收手续费为托收金额的0.1%，最低50元/笔，最高250元/笔，另收邮费；退票费10元/笔。

温馨提示：

1. 旅行支票的购买协议与旅行支票要分开保管。
2. 在购买旅行支票时应在银行柜台当面立即进行初签。
3. 出国在外，切记务必携带购买协议，以便紧急情况时办理挂失理赔。
4. 旅行支票挂失及补偿：

如果您的旅行支票不慎丢失或被窃，请尽快致电旅行支票发行机构或前往当地银行申报挂失，以便获得相应补偿。

美国运通公司旅行支票挂失、补偿服务电话：
10800 440 0106　　中国电信服务区域（免费服务）
10800 744 0106　　中国网通服务区域（免费服务）

5. 兑现等值 5000 美元（含）～10000 美元（不含）的外币旅行支票，托收金额超过等值 10000 美元以上（含）的外币旅行支票，持票人除提供本人有效身份证件外，还需提供购买合约、消费凭据或购物发票；如兑现金额超过等值 10000 美元（含），办理托收；不接受任何已转让的旅行支票。

中国银行是境内第一家代理国外旅行支票业务的银行，业务范围包括银行支票的代售、代兑、托收及补偿业务。目前已有近 800 余家国内分支机构办理国外旅行支票代兑业务，有近 174 家国内分支机构办理国外旅行支票代售业务。私人旅行支票到中行及其他专业银行各地市分行信用卡部即可办理，无需任何证明。收取 4%（美元）的手续费。如果是用国外汇款办理旅行支票，则收取 1%（美元）的手续费。

人民币旅行支票（Traveller's Cheque In RMB）是为了适应我国旅行事业迅速发展的需要，为了满足港澳地区人民探亲访友的方便，从 1978 年 1 月起，由中国银行在港澳地区发行人民币旅行支票，由港澳地区中国银行机构出售。国内由各地中国银行的分支行、处以及指定的人民银行分支行、处和旅馆、饭店、友谊商店等兑换点兑付。

人民币旅行支票的发售对象为港澳和途径港澳来我国的国际旅游者，其面额有 50 元、100 元和 500 元三种。1979 年 4 月 1 日起，中国银行总行和北京、天津、广州、上海分行办理出售人民币旅行支票业务。它只限在中国境内兑付，不能转让，总付兑期为 6 个月。超出时间可向原出售行办理兑还。人民币旅行支票在兑取时，每张必须一次兑完，出境时未用完可兑退。如有丢失，可向有关机关挂失。

目前其他各专业银行也办理人民币旅行支票业务。

三、信用卡

信用卡是指银行或信用卡公司为提供消费信用而发给客户在指定地点支取现金、购买货物或支付劳务费用的信用凭证，实际上是一种分期付款的消费者信贷。信用卡上印有持卡者姓名、持卡者账号及每笔赊购限额、签字有效期和防伪标记等内容。

信用卡的种类很多，按持卡人的资信程度分为普通卡、金卡和白金卡（其资信程度依次递增);按发卡机构的性质分为旅游卡(由商业、旅馆、服务等部门发出)和信用卡(银行或金融机构发出);按使用地区分为世界通用卡和地区用卡;根据清偿方式分为贷记卡和借记卡。贷记卡的持卡人无需事先在发卡机构存款就可享用一定额度的使用权,即"先消费,后还款",境外发行的信用卡一般为贷记卡;借记卡的持卡人必须在发卡机构存有一定的款项,使用时以所存款额为依据,一般不允许透支,即"先存款,后消费",我国国内各银行发行的信用卡有部分为借记卡。为了避免风险,发卡机构对其发行的信用卡规定使用期限一般为1～3年,并规定一次取现或消费的最高限额。

我国部分银行发行的主要信用卡有:中国工商银行的牡丹卡、中国农业银行的金穗卡、中国银行的长城卡、交通银行的太平洋卡、中国建设银行的龙卡、广东发展银行的广发卡等。

我国目前受理的主要外国信用卡有:万事达卡、维萨卡、运通卡、龙卡和发达卡。

我国公民出境旅游,应尽量使用信用卡,既安全又省去携带现钞的许多麻烦。

第四节 卫生急救知识

导游员在陪同旅游者旅游的过程中,为使旅游活动得以顺利进行,预防和保护好旅游者的安全,应学习、掌握必要的卫生和急救、护理知识。在旅游中,旅游者通常可能出现的卫生与人身安全的问题主要有:

一、晕车(机、船)

晕车、晕机、晕船者旅行前不应饱食,需服用药物(最好让其服用自备药或医生提供的药);可能时让其坐在较平衡的座位上;长途旅行中旅游者晕机(车、船),导游员可请乘务员协助。

二、中暑

中暑的主要症状是大汗、口渴、头昏、耳鸣、眼花、胸闷、恶心、呕吐、发烧,严重者会神志不清甚至昏迷。人长时间处在曝晒、高热、高湿热环境中容易中暑,所以盛夏旅游,导游员在带团时要注意劳逸结合,避免旅游者长时间地在骄阳下活动。若有人中暑,可置患者于阴凉通风处,平躺,解开衣领,放松裤带;可能时让其饮用含盐饮料,对发烧者要用冷水或酒精擦身散热,服用必要的防暑药物;缓解后让其静坐(卧)休息。严重中暑者做必要治疗后立即送医院。

三、水土不服

旅游在外,气候、水质、饮食等条件都有变化,一些人往往不习惯,会出现头昏无力、胃口不好、睡眠不佳等现象,这是水土不服的表现。患了水土不服,需要多食果蔬,少吃油腻,还可服用一些多酶片。

四、隐性肠胃炎

由于旅途中食物或饮水不洁,极易引起各种肠道疾病,如出现呕吐、腹泻和剧烈腹痛等症状。同伴们应立即将病人送附近医院诊治,并将其吐、泻物按防疫要求进行清毒处理,以防传播扩散。

五、食物中毒

食物中毒对人体的危害很大,其症状是上吐下泻,特点是起病急、发病快、潜伏期短,若救治不及时,会有生命危险。发现旅游者食物中毒,让其多喝水缓解毒性,严重食物中毒者立即送医院抢救。食物中毒都由饮食不卫生引起,导游员应带领旅游者在定点餐馆用餐,并随时提醒旅游者不要食用小摊上的食品。

六、胆绞痛

旅游途中若摄入过多的高脂肪和高蛋白饮食,容易诱发急性胆绞痛疾病。发病时首先应让患者静卧于床,迅速用热水袋在患者的右上腹热敷,也可用拇指压迫刺激足三里穴位,以缓解疼痛。

七、胰腺炎

有些人在旅游时喜欢走到哪里就吃到哪里,暴饮暴食而诱发胰腺炎。发病后,应严格禁止饮水和饮食。然后,用拇指或食指压迫足三里、合谷等穴位以缓解疼痛减轻病情并及时送医院救治。

八、晕倒昏厥

有人晕倒昏厥千万不可随意搬动,首先应观察其心跳和呼吸是否异常。如发现心跳、呼吸正常,可轻拍患者并大声呼唤使其清醒。如无反应则说明情况比较复杂,应使患者头部偏向一侧并稍放低,取后仰头姿势,然后采取人工呼吸和心脏按压的方法进行急救。

九、骨折

旅游者发生骨折，须及时送医院救治，但在现场，导游员应做力所能及的初步处理：

1. 止血。有人骨折，应及时止血。止血方法常用的有：手压法，即用手指、手掌、拳在伤口靠近心脏一侧压迫血管止血；加压包扎法，即在创伤处放厚敷料，用绷带加压包扎；止血带法，即用弹性止血带绑在伤口近心脏的大血管上止血。

2. 包扎。包扎前最好要先清洗伤口，包扎时动作要轻柔，松紧要适度，绷带的结口不要在创伤处。

3. 夹板。就地取材上夹板，以求固定两端关节，避免转动骨折肢体。

十、心脏病猝发

旅游者心脏病猝发，切忌急着将患者抬或背着去医院，而应让其就地平躺，头略高，由患者亲属或领队或其他旅游者从患者口袋中寻找备用药物，让其服用；同时，地陪应主动到附近的医院找医生前来救治，病情稍稳定后送医院。

十一、蝎、蜂蜇伤，蛇咬伤

若旅游者被蝎、蜂蜇伤，导游员要设法将毒刺拔出，用口或吸管吸出毒汁，然后用肥皂水，条件许可时用5％苏打水或3％淡氨水洗敷伤口，服用止痛药。导游员、旅游者如识中草药，可用大青叶、药荷叶、两面针等捣烂外敷。严重者要送医院抢救。

蛇咬伤处如在手臂或腿部，可在咬伤处上方5～10厘米处用一条带子绑住，但不要切断血液循环。在医疗人员治疗之前，用肥皂和水清洗咬伤处或用消毒过的刀片在毒牙痕处切一道深约半厘米的切口，切口方向应与肢体纵向平行，然后用嘴将毒液吸出吐掉。

十二、其他特急处理

当旅游团中有人中暑、食物中毒、骨折、心脏病猝发、被蝎蜂严重蜇伤、被蛇咬时，导游员应报告旅行社，严重者送医院抢救与治疗。

此外医学研究认为，下列人员不宜乘飞机：传染性疾病患者、精神病患者、心血管疾病患者、脑血管病人、呼吸系统疾病患者、严重贫血的病人、耳鼻疾病患者、临近产期的孕妇。做过胃肠手术的病人，一般在手术10天内不能乘坐飞机。

思 考 与 练 习

一、单项选择题

1. 地陪在结束当天活动离开饭店之前,应当与(　　)商定第二天的叫早时间,并请(　　)通知全团。
   A. 领队　全陪　　　B. 领队　领队　　　C. 全陪　领队　　　D. 全陪　全陪

2. 对于乘飞机离境的旅游团,地陪应提醒或协助领队提前(　　)确认机票。
   A. 12 小时　　　　B. 24 小时　　　　C. 48 小时　　　　D. 72 小时

3. 办理旅游团乘国内航班(车、船)的离开手续时,地陪必须向全陪移交交通票据和行李票,按规定办理财务拨款结算手续并妥善保管好单据,等(　　),地陪方可离开。
   A. 办理好财务结算手续后　　　　B. 行李交接完以后
   C. 旅游团全部登机(车、船)后　　　D. 旅游团所乘交通工具起动后

4. 全陪在首站接团时,应提前(　　)到接站地点准备迎候旅游团。
   A. 20 分钟　　　B. 30 分钟　　　C. 60 分钟　　　D. 90 分钟

5. 旅游团进入饭店后,一般由(　　)分配住房。
   A. 地陪　　　　　　　　　　　B. 全陪
   C. 领队　　　　　　　　　　　D. 旅游者自行决定

6. 游览活动中,全陪要提醒旅游者注意人身和财物安全,如突发意外事故,应依靠(　　)妥善进行处理。
   A. 组团社　　　B. 地方接待社　　　C. 地方领导　　　D. 地方旅游局

7. 地陪应提前(　　)到达机场,迎接乘飞机而来的旅游者或小包价旅游团。
   A. 15 分钟　　　B. 20 分钟　　　C. 30 分钟　　　D. 45 分钟

8. 散客旅游服务中,导游员在帮助旅游者办理饭店入住手续后,应按(　　)中的服务项目做相应工作。
   A.《旅游委托书》　　　　　　　B.《导游质量服务规范》
   C. 导游员所在旅行社的具体规定　D. 旅游局有关管理部门的规定

9. 散客旅游服务中,对于未在机场或车站接到旅游者的导游员来说,应(　　)。

A. 立即与组团社联系

B. 立即与接待社联系

C. 回到市区后,前往旅游者下榻的饭店前台确认旅游者是否已入住饭店

D. 继续在机场或车站等待,并请机场或车站人员帮助寻找

10. 用"世界上规模最大的宫殿建筑群"来形容北京故宫的宏伟,而不是面面俱到去描述,这种讲解技巧是(　　)。

A. 突出重点法　　B. 概述法　　C. 虚实结合法　　D. 触景生情法

11. 接待个体旅游者时,游览路线应(　　)。

A. 由接待社提供建议,旅游者选择

B. 由旅游者自行决定

C. 由接待社根据情况制订

D. 由导游员提供建议,旅游者自行选择

12. 旅游者在旅行途中突患重病需做手术,如果其亲属不在,需由(　　)同意并签字,导游员应提醒领队及时通知患者亲属。

A. 地陪　　　　B. 全陪　　　　C. 旅行社　　　　D. 领队

13. 现代旅行社全程陪同最早是 1841 年 7 月 5 日托马斯·库克开始的,他是(　　)人。

A. 荷兰　　　　B. 英国　　　　C. 德国　　　　D. 美国

14. 导游在讲解过程中,若涉及政治内容,要(　　)。

A. 根据自己的了解,充分发挥,可表明个人观点

B. 本着旅游者至上的原则,附和旅游者的观点

C. 讲完即收,绝不参与争论、辩论

D. 转移话题

15. 在旅游接待服务中,居于主导地位的是(　　)。

A. 住宿服务　　B. 餐饮服务　　C. 导游服务　　D. 购物服务

16. 导游方法的运用原则包括:以客观现实为依据的原则、灵活性原则和(　　)。

A. 广泛性原则　B. 具体性原则　C. 针对性原则　D. 综合性原则

17. 旅游者乘坐国内航班离站,导游应安排旅游者提前(　　)到达机场。

A. 半小时　　　B. 1 小时　　　C. 1 个半小时　　D. 2 小时

18. 旅游者在旅游期间丢失有效证件,补办必要的手续时,所需费用由(　　)承担。

A. 导游员　　　B. 旅行社　　　C. 旅游者本人　　D. 接待社

19. 在游览活动中如有旅游者走失,全陪、地陪和领队要密切配合,一方面要寻找走失旅游者,同时安排好其他旅游者的游览活动,一般由(　　)带领其他旅游者继续游览。

　　A. 全陪　　　　　　　　　　B. 领队
　　C. 旅行社派出的另一位导游员　　D. 地陪

20. 外国旅游者如对食用中餐不习惯,要求换餐,应在用餐前(　　)提出换餐要求。

　　A. 3 小时　　B. 4 小时　　C. 3.5 小时　　D. 2 小时

21. 民航中的班次是指在单位时间内飞行的航班数,其单位时间通常用(　　)计算。

　　A. 1 天　　B. 1 个星期　　C. 半个月　　D. 1 个月

22. 国内、国际飞机票的有效期均为(　　)。

　　A. 3 个月　　B. 半年　　C. 1 年　　D. 2 年

23. 一位外国旅游者在离境前,请导游员将一盒精美的巧克力转交给其居住在南京的朋友,导游员应(　　)。

　　A. 欣然同意　　　　　　　B. 予以婉拒
　　C. 请旅行社代为转交　　　D. 不置可否

24. 新中国成立后,随着发展的需要,经周恩总理提议和当时政务院的批准,1954 年 4 月 15 日成立了(　　)。

　　A. 中国旅行社　　B. 中国青年旅行社　　C. 中国国际旅行社　　D. 华侨服务社

25. 乘火车随同大人购买座别相同的半价票的儿童,其身高不得超过(　　)

　　A. 1 米　　B. 1.2 米　　C. 1.4 米　　D. 1.5 米

26. 旅游者必须随团前往和离开旅游目的地,但在旅游目的地的活动则是完全自由的,如同散客。这种包价旅游称为(　　)。

　　A. 团体包价旅游　　B. 半包价旅游　　C. 小包价旅游　　D. 零包价旅游

27. 旅游产品是向旅游者销售的旅游项目,其特征是(　　)成为产品构成的主体。

　　A. 生产　　B. 服务　　C. 销售　　D. 路线

28. 人们的旅游动机是多种多样的,其中从事公务活动属于(　　)。

　　A. 经济动机　　B. 休闲动机　　C. 社会动机　　D. 文化动机

29. 导游语言是思想性、科学性、(　　)、趣味性的综合体。

　　A. 广泛性　　B. 综合性　　C. 娱乐性　　D. 知识性

30. 导游语言的"四原则"是指(　　)、生动、正确、清楚。

A. 灵活　　　　　B. 娱乐　　　　　C. 比喻　　　　　D. 精悍

31. 下列选项中属于导游服务的旅行生活服务范围的是(　　)。

A. 在访问、座谈时向旅游者提供翻译服务

B. 在旅行途中向旅游者介绍所经过城市的概况

C. 在市内游览时提供开车服务

D. 安全服务及上下站联络

32. 地陪是指受接待旅行社委派,代表接待社实施接待计划,为旅游团(者)提供(　　)旅游活动安排、讲解、翻译等服务的工作人员。

A. 当地　　　　B. 具体景点　　　C. 全程　　　　D. 每天

33. 导游证的有效期为(　　)。

A. 2 年　　　　B. 3 年　　　　C. 4 年　　　　D. 5 年

34. 导游员在接团前,应与(　　)落实旅游车辆事宜。

A. 旅行社计调部　　　　　　　B. 旅行社接待部

C. 司机　　　　　　　　　　　D. 旅游汽车公司或车队

35. 导游员在迎候散客时,应在接站牌上写上(　　)。

A. 旅游者姓名　B. 全陪姓名　C. 旅行社名称　D. 领队姓名

36. 参加出境游的中国旅游者所持有的普通护照是由(　　)部门签发的。

A. 外交　　　　　　　　　　　B. 公安

C. 司法　　　　　　　　　　　D. 目的地国家的驻华使、领馆

37. 在商定、核对日程时,如遇领队(或全陪)手中的旅行计划与地陪的接待计划有出入时,地陪首先应(　　)。

A. 婉言拒绝　　　　　　　　　B. 请领队向全团说明情况

C. 及时报告旅行社　　　　　　D. 向全体旅游者表示歉意

38. 导游员在讲解苏州园林中,将中国古代园林的造园艺术概括为"抑、透、添、夹、对、借、障、框、漏"九个字,这种讲解方法是(　　)。

A. 画龙点睛法　　　　　　　　B. 突出重点法

C. 触景生情法　　　　　　　　D. 类比法

39. 旅游团队结束了当地参观游览活动,送行前,地陪应提前(　　)核实飞机票。

A. 1.5 小时　　B. 2 小时　　　C. 3 小时　　　D. 1 天

40. 导游员在天主教教堂里,不应讲(　　)的事情。

A. 欧洲文化　　B. 天主教　　　C. 佛教　　　　D. 西方建筑

41. 遇到有旅游者要求亲友随团活动时,导游员应(　　)。

A. 征得领队同意后,方可答应

B. 征得旅行社同意后,方可答应

C. 征得其他旅游者同意后,方可答应

D. 征得领队和其他旅游者同意后,方可答应

42. 导游员在送乘坐火车离开的旅游团时,应在火车启动前(　　)到达送站地点。

A. 120 分钟　　　B. 90 分钟　　　C. 60 分钟　　　D. 30 分钟

43. 在带团过程中,接待方导游与领队对某些问题意见不一,导游应持的正确态度是(　　)。

A. 澄清原因,消除误解　　　　　B. 请求全陪解决

C. 不予理会　　　　　　　　　D. 请旅行社领导出面解决

44. 旅行社在接到外地旅行社代办的散客来本地旅游通知时,如本旅行社无法提供散客所委托的服务项目,应在(　　)小时内通知外地委托社。

A. 2　　　　　B. 12　　　　　C. 24　　　　　D. 48

45. 与团体包价旅游的接待相比,选择性旅游团队的接待工作难度大,具有明显的特点,其中不属于选择性旅游服务特点的是(　　)。

A. 品种多　　　　　　　　　　B. 范围广

C. 旅游者来自同一单位　　　　　D. 订购时间短

46. 如所接待的散客乘坐火车离站,导游员应使客人提前(　　)到达车站。

A. 30 分钟　　　B. 40 分钟　　　C. 60 分钟　　　D. 90 分钟

47. 到饭店接送小包价旅游团的旅游者,导游员应按与旅游者约定的时间提前(　　)到达旅游者所下榻的饭店。

A. 5 分钟　　　B. 10 分钟　　　C. 20 分钟　　　D. 30 分钟

48. 因客观原因造成旅游者必须提前一天结束本地的游览活动,导游首先应(　　)。

A. 向旅游者实事求是地说明困难,希望得到谅解

B. 制订应变计划并报告旅行社

C. 与全陪协商取得一致意见

D. 找到领队及团中有影响的旅游者说明困难,诚恳致歉,以求谅解

49. 在距火车离站还有 3 小时,旅游团即将离开本地之前,有一位旅游者提出到市中心购物的要求,导游员应(　　)。

A. 对该旅游者进行劝阻,不答应其要求

B. 向该旅游者说明可以前去市中心购物,如发生误车事故责任自负

C.对该旅游者进行劝阻,如不听,则事先将车票交给旅游者,让其自行赶往车站

D.同意该旅游者的要求

50.在游览过程中,如遇有旅游者病重需要立即抢救,在抢救过程中,导游员应要求患者亲友或(　　)在场,并详细记录患者患病前后的症状及治疗情况。

　　A.医院相关专科负责人　　　　　B.旅行社领导

　　C.部分旅游者　　　　　　　　　D.领队

51.交通事故的报警电话是(　　)。

　　A.120　　　　B.119　　　　C.110　　　　D.122

52.在旅行中,为了防止治安事故的发生,离开游览车时,导游员应提醒旅游者将证件和贵重物品(　　)。

　　A.留在车内,由司机照看　　　　B.交给领队保管

　　C.随身携带　　　　　　　　　　D.交给全陪保管

53.下列关于导游员处理旅游者对餐饮方面要求的正确做法是(　　)。

　　A.对旅游者临时提出的要求,餐厅暂时无法满足时,导游员可告知旅游者在以后的餐饮中予以满足

　　B.临近用餐时,旅游者提出换餐要求,导游员应予以拒绝

　　C.旅游者要求单独用餐,导游员应告知用餐费用由旅游者自理

　　D.旅游者提出品尝风味餐,导游员应告知旅游者综合服务费不退

54.下列关于导游员处理旅游者对住房要求的正确做法是(　　)。

　　A.旅游者提出要求住高标准的客房,导游员可直接与饭店联系,如有空房可予以满足,但房费差价由旅游者支付

　　B.旅游者提出要求住高标准的客房,导游员可直接与饭店联系,如有空房可予以满足,但退房损失费和房费差价都由旅游者支付

　　C.旅游者要求住单间,如饭店有空房可予以满足,但房费差价由提出方支付

　　D.旅游者要求调换不同朝向同一标准客房,导游员可安排解决

55.若遇到有旅游者无理的中途退团要求,导游员应做耐心解释,旅游者若坚持己见,则(　　)。

　　A.不予答应

　　B.让领队处理

　　C.报告旅行社,让旅行社处理

　　D.答应其要求,但综合服务费不予退还

56.半包价旅游是在全包价旅游的基础上扣除行程中每日(　　)费用的一种旅游包价形式。
　　A.住房　　　　　B.午、晚餐　　　C.午餐　　　　　D.晚餐
57.由公安部门颁发的中国公民因私护照的有效期为(　　)。
　　A.1年　　　　　B.2年　　　　　C.3年　　　　　D.5年
58.我国国际航班的航班号是由执行该航班的航空公司的(　　)英语代码和三个阿拉伯数字组成。
　　A.三个　　　　　B.两个　　　　　C.一个　　　　　D.四个
59.导游员应学会分析旅游者在各阶段的心理变化。一般来说,到了旅游中期阶段,旅游者表现出的心理特征是(　　)。
　　A.求安全　　　　B.求全　　　　　C.求新　　　　　D.忙于个人事务
60.在导游语言的"八要素"中,"言之有据"体现了导游语言的(　　)。
　　A.科学性和知识性　B.思想性　　　　C.趣味性　　　　D.道德性
61.旅游服务中最具代表性的服务是(　　)。
　　A.导游服务　　　B.导游讲解服务　C.旅行生活服务　D.市内交通服务
62.社会主义道德的本质特征是(　　)和全心全意为人民服务的精神。
　　A.遵纪守法　　　B.集体主义　　　C.热爱祖国　　　D.高尚情操
63.全程陪同导游员是指受(　　)委派,作为其代表,在领队和地方陪同导游员的配合下实施接待计划,为旅游团(者)提供全程陪同服务的工作人员。
　　A.接待旅行社　　B.组团旅行社　　C.导游服务公司　D.领队
64.全陪、地陪和领队的共同工作任务是(　　)。
　　A.导游讲解服务　　　　　　　　　B.旅行生活服务
　　C.游览服务　　　　　　　　　　　D.执行该团队旅游计划
65.旅游者抵达饭店后,地陪要协助领队和全陪办理住店登记手续,由(　　)分发住房卡。
　　A.全陪　　　　　B.领队　　　　　C.饭店经理　　　D.地陪
66.地陪服务应努力使旅游团参观游览全过程(　　)。
　　A.安全顺利　　　B.质优价廉　　　C.合乎协议要求　D.完全满意
67.参观游览开始,旅游团队在由饭店前往景点途中,地陪首先应介绍的内容是(　　)。
　　A.沿途风光　　　　　　　　　　　B.当日新闻
　　C.当日活动安排　　　　　　　　　D.所参观景点特色
68.导游带领旅游者参观雄伟壮观的故宫太和殿时,生动地向旅游者描述了

末代皇帝登基时的场面。这种导游讲解方法称为(　　)。

A. 虚实结合法　　B. 画龙点睛法　　C. 触景生情法　　D. 突出重点法

69. 如地陪未接到应接的旅游者或小包价旅游团,一定要与司机配合,在尽可能的范围内寻找至少(　　)。

A. 1 小时　　B. 40 分钟　　C. 30 分钟　　D. 20 分钟

70. 接待个体旅游者游览景点时,导游员可采用(　　)的形式讲解,以显得亲切自然。

A. 简短介绍　　B. 详细介绍　　C. 对话、问答　　D. 轻松、随意

71. 当旅游者中有一定比例出现腹痛、腹泻时,应视作食物中毒,导游除要参与救护外,还应通知医院(　　)。

A. 做好后期护理工作

B. 查找病因,以便索赔

C. 让旅游者留院观察 1 天以上,防止复发

D. 组织专家会诊,防止误诊

72. 在旅游者旅行游览过程中,因人力不可抗拒的因素造成的延误,(　　)。

A. 旅游者应自理费用　　B. 旅行社承担全部责任

C. 导游承担全部责任　　D. 旅行社与旅游者各承担一半责任

73. 导游服务技能分为操作技能和(　　)两类。

A. 智力技能　　B. 沟通技能　　C. 讲解技能　　D. 应急技能

74. 为预防误机(车、船)事故的发生,导游员要安排充裕的时间去机场(车站、码头),乘国内航班要保证旅游团提前(　　)到达机场。

A. 2 小时　　B. 1 个半小时　　C. 1 小时　　D. 半小时

75. 一旅游者在旅游期间丢失了身份证,将影响登机返回,可由当地旅行社核实后开具证明,(　　)持证明到当地公安局报失,经核实后开具身份证明。

A. 领队　　B. 全陪　　C. 地陪　　D. 失主

76. 导游在带团中不应参与旅游者间的看相、算命、测字等迷信活动,如有旅游者参与,(　　)。

A. 要加以劝阻　　B. 一般不予干涉

C. 要澄清自己的观点　　D. 要提出批评

77. 由于宗教信仰、生活习惯、身体状况等原因,有的旅游者会提出饮食方面的特殊要求,导游员应(　　)。

A. 尽可能满足　　B. 给予满足　　C. 予以婉拒　　D. 按协议办

78. 旅游途中,有旅游者生病需做手术,须征得患者亲属的同意,如亲属不

在,需由( )同意并签字。
　　A. 地陪　　　　B. 领队　　　　C. 全陪　　　　D. 两名以上团友
　　79. 同一团队的旅游者对于文娱活动各有爱好,不应强求统一。旅游者提出种种要求,导游员应本着( )的原则,视具体情况妥善处理。
　　A. 服务至上　　B. 宾客至上　　C. 不卑不亢　　D. 合理而可能
　　80. 由 10 名(含 10 名)以上旅游者组成,采取一次性预付旅费的方式,有组织地按预定行程计划进行的旅游形式称( )。
　　A. 团体包价旅游　B. 半包价旅游　C. 小包价旅游　D. 零包价旅游
　　81. 在中国境内,外国旅游者不得进行危害国家安全、损害公益事业、破坏公共秩序的活动。违法者按情节受( )的制裁。
　　A. 旅游者所属国法律　　　　B. 中国法律
　　C. 国际法　　　　　　　　　D. A 和 B
　　82. 我国对导游员实行计分管理,实行年度( )分制。
　　A. 10　　　　　B. 12　　　　　C. 13　　　　　D. 15
　　83. 用人的动作、表情来传递信息的无声语言称为( )。
　　A. 体态语言　　B. 微笑语言　　C. 口头语言　　D. 书面语言
　　84. 中国国际航空公司某架自北京飞往上海的飞机航班号应该 是( )。
　　A. CA 919　　　B. MU 515　　　C. CA 1501　　　D. MU 231
　　85. 导游员与领队之间的关系实质上是接待旅行社与组团旅行社之间( )的关系。
　　A. 建立互信　　B. 接待与被接待　C. 业务协作　　D. 执行合同
　　86. 建立在理解人、体贴人基础上的富有人情味的导游服务是( )。
　　A. 尊重旅游者　B. 个性化服务　C. 超值服务　　D. 心理服务
　　87. 旅游者欲购某一商品,但当时无货,旅游者离去前想请导游代为购买并托运,对此要求,导游一般应( )。
　　A. 认真办理委托事宜　　　　B. 请示领导后接受委托
　　C. 婉拒　　　　　　　　　　D. 收取足够的钱款后办理
　　88. 导游员运用语言时要遵循"正确、清楚、灵活、( )"的原则。
　　A. 严谨　　　　B. 生动　　　　C. 谦虚　　　　D. 高雅
　　89. 导游服务就其行为特征属于( )。
　　A. 服务型　　　B. 接待型　　　C. 讲解型　　　D. 组织型
　　90. 古代的向导,乃至近代旅游活动开始时的导游,其导游行为常常表现出较大的( )。

A. 盈利性　　　　B. 专业性　　　　C. 随意性　　　　D. 稳定性

91. 在旅行社的各项服务中,(　　)是其中的核心。

A. 导游服务　　　B. 讲解服务　　　C. 接待服务　　　D. 导购服务

92. 按照职业性质划分,可以把导游员分成(　　)。

A. 全陪、地陪、领队　　　　　　　B. 专职导游员和兼职导游员

C. 中文导游员和外语导游员　　　　D. 高级导游员和中级导游员

93. 在一些经济发达地区的旅游区域内,已逐渐取消地陪,组团社委派的导游员将地陪与全陪工作兼于一身,这样的导游被新称为(　　)。

A. 领队　　　　　B. 区陪　　　　　C. 线陪　　　　　D. 段陪

94. 导游服务需要的技能,主要是(　　)。

A. 操作技能　　　B. 带团技能　　　C. 智力技能　　　D. 讲解技能

95. 旅行社对导游接待过程做规范化、标准化处理,在一定程度上可以约束导游员的接待行为,减少导游工作的(　　)。

A. 随意性　　　　B. 可变性　　　　C. 主观性　　　　D. 盲目性

96. 对导游员实施年审制度,是导游计分管理办法的(　　)制度。

A. 双重监督　　　B. 配套管理　　　C. 实际管理　　　D. 规范管理

97. 导游服务集体的任务是(　　)旅游接待计划。

A. 制定　　　　　B. 实施　　　　　C. 修改　　　　　D. 完善

98. 接待计划是组团社委托各地方接待社组织落实旅游团活动的(　　)文件。

A. 法规性　　　　B. 意向性　　　　C. 委托性　　　　D. 契约性

99. 导游员应在旅游团抵达的(　　),与各有关部门或人员一起检查、落实旅游团的交通、食宿等事宜。

A. 当天　　　　　B. 前一天　　　　C. 前二天　　　　D. 前一周

100. 一般情况下,在旅游者入住饭店的(　　)之内,导游员不要离开,以便及时提供服务,满足要求。

A. 30 分钟　　　B. 45 分钟　　　C. 60 分钟　　　D. 90 分钟

101. 在导游讲解中将典故、传说与景物介绍有机结合的导游手法是(　　)。

A. 分段讲解法　　B. 突出重点法　　C. 触景生情法　　D. 虚实结合法

102. 导游语言的生动,是指导游员用具有活力的语言去打动人心,引起旅游者的(　　)。

A. 好感　　　　　B. 好奇　　　　　C. 共鸣　　　　　D. 高兴

103. 导游员在对年老体弱的旅游者进行讲解时,应力求(　　)。

A. 热情洋溢　　　　B. 活泼流畅　　　　C. 通俗易懂　　　　D. 简洁从容

104. 在下列国家的旅游者中,用伸出食指往下弯曲表示"偷窃"的是(　　)。

A. 英国旅游者　　　B. 美国旅游者　　　C. 日本旅游者　　　D. 中国旅游者

105. 在旅游过程中,当旅游团(者)提出变更路线或日程的要求时,导游员原则上应(　　)。

A. 满足旅游者的要求　　　　　　　B. 立即请示旅行社领导

C. 先征求全体旅游者意见后决定　　D. 按合同执行

106. 导游员在工作中需要旅游者的证件时,要经由(　　)收取,用毕立即归还,不要代为保管。

A. 地陪　　　　　　B. 全陪　　　　　　C. 领队　　　　　　D. 地陪和全陪

107. 外国旅游者在乘飞机来华途中丢失行李,失主可向(　　)索赔。

A. 客源地组团社　　B. 目的地机场　　　C. 有关航空公司　　D. 出发地机场

108. 旅游者在旅游过程中患一般疾病,如有需要,导游员应陪同患者前往医院就医,所需的医疗费用应由(　　)。

A. 旅游者自理　　　B. 组团社支付　　　C. 接待社垫付　　　D. 保险公司代付

109. 旅游者在华旅行期间病故,其亲属要求解剖尸体,应由死者亲属或领队提出书面申请,并经(　　)同意后方可进行。

A. 组团社　　　　　B. 接待社　　　　　C. 公安局　　　　　D. 医院

110. 进住饭店后,导游员应建议旅游者将贵重财物(　　)。

A. 随身携带　　　　　　　　　　　B. 存入饭店保险柜

C. 放在房间内　　　　　　　　　　D. 交给饭店保安部

111. 导游员在处理旅游者的要求时,一定要以尊重(　　)为前提,不得让任何与之相抵触的要求得到满足。

A. 计划　　　　　　B. 合同　　　　　　C. 法律　　　　　　D. 规定

112. 旅游者在用餐时要求加饮料,导游员应(　　)。

A. 予以满足,并垫付费用　　　　　B. 婉言拒绝,并耐心解释

C. 尽力安排,以满足要求　　　　　D. 予以满足,但费用自理

113. 旅游者要求去不健康的娱乐场所或过不正常的夜生活,导游员应(　　)。

A. 不置可否　　　　B. 断然拒绝　　　　C. 不予理睬　　　　D. 帮助寻找

114. 参加团体旅游的旅游者出于种种原因,要求自由活动或单独活动,导游员应根据不同情况,按(　　)原则妥善处理。

A. 服务第一　　　　B. 旅游者至上　　　C. 合理而可能　　　D. 灵活机动

115. 女性旅游者的个性心理和行为表现主要有谨慎、好倾听、好购物和（　）。

A. 表现欲强　　　B. 情感丰富　　　C. 开朗随便　　　D. 自主感强

二、多项选择题

1. 导游服务的作用有（　　）。

A. 纽带作用　　　B. 标志作用　　　C. 反馈作用　　　D. 宣传作用

2. 地陪在参观游览服务前，应做好出发前的各项准备工作，包括（　　）。

A. 准备胸卡、小旗和必要的票证　　　B. 督促司机做好各项准备工作
C. 核实餐饮落实情况　　　　　　　　D. 提前10分钟到场

3. 导游带团时，在导游中应该规避一些问题，概括起来要注意的是（　　）。

A. 处理好宗教与迷信的关系　　　B. 避免缄默冷淡
C. 不改变餐饮标准　　　　　　　D. 不准拿小费

4. 导游带团时，在服务中应规避的问题有（　　）。

A. 随便离开饭店　　　　　　　B. 迟到早退
C. 自行改变参观游览项目　　　D. 擅自离团

5. 下列不属于地陪的工作是（　　）。

A. 与司机结账　　　　　　B. 分发住房卡
C. 收取护照　　　　　　　D. 商定出行李时间

6. 面对个别旅游者的苛求和挑剔，导游员要（　　）。

A. 认真倾听　　　B. 微笑对待　　　C. 耐心解释　　　D. 尽可能拒绝

7. 旅客入境检查主要包括以下（　　）内容。

A. 边防检查　　　B. 海关通关　　　C. 卫生检疫　　　D. 安全检查

8. 导游应该知识全面，涉猎广泛，除语言、政策法规等必要知识外，还应具有（　　）。

A. 史地文化知识　　　　　　B. 旅行知识
C. 国际知识　　　　　　　　D. 心理学和美学知识

9. 地陪送旅游团到达车站，下车前应做的工作包括（　　）。

A. 提醒旅游者带齐随身行李物品　　　B. 照顾全团旅游者下车
C. 检查车内有无旅游者遗漏的物品　　D. 分发车票

10. 旅游团队导游服务集体中的全陪、地陪和领队之间，只有（　　），才能建立友好合作关系。

A. 主动争取各方配合　　　　B. 彼此尊重、相互学习、勇担责任

C. 建立友情关系　　　　　　　　D. 尊重各方权限和利益

11. 下面讲解方法中属于突出重点法的是(　　)
   A. 突出景点的特征及与众不同之处　　B. 突出旅游者感兴趣的内容
   C. 突出"……之最"　　　　　　　D. 突出景点的特殊物产

12. 下列有关导游服务特点的叙述中,正确的是(　　)。
   A. 高度的脑力劳动　　　　　　　B. 独立性强
   C. 复杂多变　　　　　　　　　　D. 跨文化性

13. 散客旅游的特点是(　　)。
   A. 批量大、批次少　　　　　　　B. 预订期短
   C. 消费水平高　　　　　　　　　D. 活动计划不容易变化

14. 导游员在接团前的接待计划准备包括(　　)等。
   A. 熟悉团队基本情况
   B. 注意衣着打扮
   C. 商定活动日程
   D. 熟悉全程旅游线路,掌握交通票据情况

15. 地陪导游员在上团之前要做好充分的准备工作,主要包括(　　)
   A. 语言和知识的准备　　　　　　B. 物质准备
   C. 心理准备　　　　　　　　　　D. 形象准备

16. 下列说法中,不正确的是(　　)。
   A. 在带团进行景点游览过程中,如遇旅行社不包门票,则地陪可在讲完有关游览注意事项后,让旅游者自行游览
   B. 因地陪接受下一旅游团接待任务,与本次送团时间有冲突,则可向领队或全陪做必要交代后,不必送别到机场
   C. 守时是导游的职业要求,导游要永远早于旅游者到位,最低时限是五分钟
   D. 在游览过程中,全陪偶尔可不随团活动

17. 为了防止旅游团队错接事故的发生,导游员应在接到旅游团后,认真核实(　　)。
   A. 组团社名称　　　　　　　　　B. 旅游团代号、人数
   C. 旅游者姓名　　　　　　　　　D. 领队姓名

18. 旅游团内部分旅游者要求更换原定娱乐项目,并要求接待方派车接送时,导游员的正确处理方法是(　　)。
   A. 告知部分旅游者原娱乐项目的费用不退,所要求娱乐项目的费用自理
   B. 婉言拒绝安排车辆的要求,由旅游者自行安排车辆,车费自理

C. 提醒安全注意事项

D. 有可能的情况下，最好与全陪分头陪同观看

19. 旅游团到某一游览点后，若有个别旅游者因个人爱好，希望不按规定的线路游览，导游员应（   ）。

A. 一般不答应其要求，以免影响旅游计划的实施

B. 若环境许可，可以答应，但要提醒其集合时间、地点及车号

C. 只要旅游者提出均可以答应

D. 若环境许可，可以答应，但告知旅游者具体日程安排，以防走失，可在下一景点与团队汇合

20. 在游览过程中，发生旅游者走失事故，导游员应采取的正确做法是（   ）。

A. 与领队、全陪一起分头去寻找走失者

B. 由领队、全陪分头寻找，地陪继续带团游览

C. 必要时请示领导，向公安部门报案

D. 找到走失者后，应对其提出警告，以免再犯类似错误

21. 导游员向旅游者提供的（   ）是旅游接待服务的重要组成部分。

A. 旅行生活服务　　　　　　　B. 市内交通服务

C. 娱乐陪同服务　　　　　　　D. 导游讲解服务

22. 导游服务在各项旅游服务中起纽带作用，具体表现在（   ）。

A. 承上启下　　B. 反馈信息　　C. 负责协调　　D. 连接内外

23. 领队（或全陪）手中的旅行计划与地陪的接待计划有部分出入时，（   ）。

A. 要及时报告旅行社查明原因，分清责任

B. 以地陪手中的接待计划为准

C. 听取团队旅游者意见，从而决定采用哪份计划

D. 若是接待方的责任，地陪应实事求是地说明情况，并向领队和全体旅游者赔礼道歉

24. 上团前，全陪要做好必要的物质准备，携带必备的证件和有关资料，其中必带的证件包括（   ）。

A. 本人身份证　　B. 导游证　　C. 边防通行证　　D. 经理上岗证

25. 导游员必须在送站前 24 小时与旅游者或散客小包价旅游团确认送站的（   ）。

A. 时间　　　　B. 费用　　　　C. 方式　　　　D. 地点

26.因客观原因、不可预料的因素需要变更旅游团的旅游计划、路线和活动日程时,导游员一般可采取以下应变措施( )。
　　A.制定应变计划并报告旅行社　　B.做好旅游者工作
　　C.被迫改变部分旅游计划　　　　D.适当地给予物质补偿
27.中文导游员是指能够使用( ),从事导游业务的人员。
　　A.普通话　　　B.地方话　　　C.少数民族语言　　D.家乡话
28.为防止错接的发生,导游员( )。
　　A.接站前要认真阅读接待计划
　　B.应提前到达接站地点迎接旅游团
　　C.接团时要认真核实
　　D.要提高警惕,严防社会其他人员非法接走旅游团
29.导游讲解应亦庄亦谐,但讲野史时必须把握住( )的原则。
　　A.不歪曲正史　　B.不反动　　C.不诲盗诲淫　　D.不迷信
30.在旅游初期阶段,旅游者的旅游心理主要表现为( )。
　　A.忙于个人事务　　　　　　B.希望有更多的时间
　　C.求安全　　　　　　　　　D.求新
31.大众旅游时期的导游服务主要呈现以下特征( )。
　　A.导游职业自由化　　　　　B.导游服务商品化
　　C.导游手段科学化　　　　　D.导游服务规范化
32.世界各国的导游服务均具有经济性、服务性、( )等共同属性。
　　A.大众性　　B.文化性　　C.社会性　　D.涉外性
33.从内涵上看,"导游"这一概念包含( )的含义。
　　A.导游者　　B.导游方法　　C.导游活动　　D.导游队伍
34.在迎接服务中,当旅游团抵达后,导游员应提供的服务包括( )。
　　A.迎候旅游团　　B.认找旅游团　　C.核实人数　　D.集合登车
35.导游员的语言能力主要包括以下内容( )。
　　A.对语言知识的储备与把握
　　B.对语言演化的历史过程的了解与洞察
　　C.对语言演变的熟悉与掌握
　　D.对语言运用的具体环境的熟悉与调适
36.导游服务集体的合作共事基础,是指全陪、地陪和领队有共同的( )。
　　A.工作对象　　B.经济利益　　C.工作任务　　D.努力目标
37.要带团到新的旅游景点或不熟悉的景点参观游览,导游员应事先了解其

概况,如( )。
　　A.开放时间　　　B.厕所位置　　　C.景点容量　　　D.最佳游览路线
38.节奏是导游语言艺术性的要求之一,一般是指导游讲解的( )。
　　A.音量　　　　　B.语速　　　　　C.声调　　　　　D.音质
39.导游词的创作技巧包括( )。
　　A.景点主题要正确、明确　　　　　B.语言运用要体现高雅气质
　　C.写作内容要新颖、有特色　　　　D.景点揭示要有文化内涵
40.导游讲解技巧中的"概述法"分为( )。
　　A.简述　　　　　B.赘述　　　　　C.描述　　　　　D.详述
41.旅游故障是旅游过程中各种阻碍旅游活动正常进行并有可能造成损害的( )。
　　A.倾向　　　　　B.问题　　　　　C.事故　　　　　D.过程
42.导游员在处理旅游故障时,应遵循以下基本原则( )。
　　A.损失最小化原则　　　　　　　　B.确保旅游日程原则
　　C.按规章办事原则　　　　　　　　D.维护企业形象原则
43.作为旅游者,尽管扮演着不同的角色,但其行为表现一般体现为( )。
　　A.谨慎行为　　　B.求异行为　　　C.放任行为　　　D.从众行为
44.饭店主要接待部门是指直接从事宾客接待、服务等业务活动的部门,包括( )。
　　A.市场部　　　　B.前厅部　　　　C.客房部　　　　D.餐饮部
45.旅游景区的基本特征包括( )。
　　A.整体性　　　　B.地域性　　　　C.文化性　　　　D.可创性

三、简答题

1. 导游服务有哪些特点?
2. 地陪的沿途导游要注意哪些方面?
3. 欢迎辞和欢送辞各自有哪些内容?
4. 导游员的基本职能有哪些?
5. 地陪提供迎接服务时,在旅游团抵达前的服务安排有哪些?
6. 简述旅游团队导游服务集体的组成。
7. 简述散客旅游的特点。
8. 地陪在提供入住服务时应做好哪些工作?
9. 旅游者要求亲友随团活动,导游员应如何处理?

10. 简述旅游故障及所具有的特点。
11. 处理旅游故障应遵循哪些原则？
12. 旅游故障的成因是什么？
13. 怎样预防漏接（空接、错接）？该类故障发生后导游员应怎样处理？
14. 造成旅游日程变更的原因有哪些？针对这些原因如何采取应对措施？
15. 怎样预防和妥善处理旅游者丢失证件、钱物事件？
16. 国外旅游者来华途中丢失行李，导游员如何协助处理？
17. 旅游过程中旅游者走失怎样处理？如何预防走失的发生？
18. 在车前往景区的途中，一位老年旅游者突发心脏病且较为严重，应怎样处理？
19. 在旅行途中所乘车辆发生交通事故，导游员应怎样妥善处理？
20. 在带团过程中应采取哪些措施预防治安事故的发生？
21. 怎样预防和处理食物中毒？
22. 导游员要树立什么样的带团理念？
23. 导游员带团主要有哪些技巧？
24. 导游员如何同旅游者沟通？
25. 怎样利用旅游者的心理变化规律提供相应的导游服务？
26. 中老年旅游者有什么特征？
27. 图文声像导游有哪些类型？
28. 实地口语导游有哪些特点？
29. 什么是导游语言？它有哪些特点？
30. 导游讲解应遵循什么原则？
31. 如何正确运用体态语言？
32. 运用导游讲解技巧时要掌握哪些要点？
33. 什么是导游讲解的风格？如何培养自己的讲解风格？
34. 出境领队应如何开好行前说明会？
35. 处理旅游者个别要求需要遵循哪些原则？
36. 旅游者和旅游经营者发生纠纷，应通过什么途径解决？
37. 熟悉我国高速公路和国道的编号规则与命名方法。
38. 熟悉我国铁路客运列车的字母代号和客车等级。
39. 说说我国铁路客运列车的编号规则、上行下行和变次。
40. 说说我国台湾地区的旅游业分类和业务类型。

四、案例分析题

1. 某旅游团结束了 N 市的游览,将于下午 2 时乘火车离开。因旅游者均为手提行李,所以地陪张某于中午 12:30 至饭店办理旅游者退房手续,半小时后上了车。张某询问全陪得知客人已到齐,遂让司机开车送旅游团去火车站。在车上,张某为了调节气氛,讲了一些善意的玩笑,接着希望各位将来有机会再来 N 市旅游。最后,张某给大家献了一支歌,祝大家一路顺风。当车子抵达火车站后,张某和大家道别,结束了整个地陪工作。请问:

(1)按导游服务程序,地陪张某在送站服务中存在哪些不妥之处?

(2)正确的欢送辞应包括哪些内容?

2. 某旅游团在某餐馆用完晚餐,按计划安排,晚上为自由活动时间。到晚上 10 点钟,有两位旅游者反映浑身冷,且上吐下泻。导游小王取出随身携带的感冒药、止泻药让两位旅游者服下,并安慰旅游者说没事,吃点药就会好。岂料过了一会儿又有不少客人也有此症状。导游小王感觉事情不妙,怀疑有可能是在餐馆晚餐引起食物中毒。请问:

(1)食物中毒症状是什么?

(2)如果是一般疾病,小王在处理中有哪些不妥之处?

(3)如果是食物中毒,小王应该怎样处理?

3. 小张是 W 旅行社的导游员。一次,他受该旅行社接待部委派,在当地接待从 Y 市来的一个旅游团,当他将旅游团由火车站接至该团所下榻的饭店,将客人安顿好后,团内李小姐神情紧张地跑来告诉小张:她的行李没有送到她的房间,很可能丢失了,里面有一架高级相机。

(1)在分析原因后,小张应采取什么措施?

(2)作为导游员应如何防止行李丢失事故的发生?

4. 导游员小王所接待的旅游团,计划乘坐 SZ4301 航班于 10 月 3 日 15:00 离开 A 市前往 B 市。由于正值黄金周旅游高峰,机票紧张,只能改乘 10 月 4 日 9:00 的 CA1501 航班。

请问:当导游员得知这一情况后应采取什么措施?

5. 导游员小王接待的某旅游团原计划于 12 月 23 日 16:00 由 A 市飞往 B 市。22 日晚餐后,小王突然接到内勤通知,该团因故必须乘 23 日 8:00 的航班提前离开。第二天早上,当该团即将抵达机场时,团员怀特夫人神色慌张地告诉小王,她将一条钻石项练忘在宾馆了。

(1)小王接到内勤通知后,应该做哪些工作?

(2)得知怀特夫人遗忘物品后,小王应该如何处理?

6.某旅游团一行12人,没有全陪。在行程中,团队成员林某与吴某发生矛盾。林某找到导游小李,提出不愿再与吴某同睡一间房,还要求单独用餐,决不与吴某同桌吃饭。请问:

(1)导游处理这些个别要求的基本原则是什么?

(2)导游小李应怎样正确处理这件事情?

7.某旅行社导游员小李带领一个来自日本的旅游团,前往当地的一个著名旅游景点游览。在整个游览期间,绝大多数旅游者都跟随着小李,但是团内的一名旅游者山本一郎先生却只顾找自己喜欢的地方照相。小李多次提醒他,一定要和大家在一起,以免走失。但是,在游览结束,准备返回饭店时,小李发现山本一郎先生不见了。在等候了15分钟后,依然不见山本先生的踪影。显然,山本先生走失了。请问小李应该如何处理旅游者的走失事故?

8.2003年4月25日,某旅行社委派导游员小刘接待一个来自广东的旅游团。该团在当地游览了两天后,拟于第三天早上7:15乘飞机前往北京。然而,由于负责接送该旅游团的司机张师傅将日程表看错,比预定时间延迟了半小时才赶到饭店接旅游团前往机场。尽管张师傅想尽一切办法赶路,但是仍未能按时到达机场,错过了航班,旅游团及其领队对此十分不满。请问小刘应该如何妥善处理这次误机事故?

9.旅游团队抵达餐厅用餐时,地陪导游员小王按照旅游协议书规定给旅游者订餐,上菜后,这时有两个客人提出他们是来此烧香的,不吃荤菜,要求小王另外安排,并说他们报名参团时就已经提出,小王该如何处理?

10.某旅行社导游员小郭接待了一个来自美国旧金山的旅游团,该团原计划9月27日飞抵西安,26日晚餐后回到房间不久,领队陪着一位女士找到小郭说:"玛丽小姐刚刚接到家里电话,她的母亲病故了,需要立即赶回旧金山处理丧事。"玛丽小姐非常悲痛,请小郭帮助。请问小郭应如何处理?

五、近程导游训练(一日游)

结合当地实际,设计一次一日游——近程导游训练活动。完成后写出《旅游专业近程导游训练实习报告表》。

旅游专业近程导游训练报告表

学号		姓名		班级	
训练地点		训练日期			
模拟社名		职务		任务	
履行职务报告					
收获与体会					
遵守纪律情况					
备记					
小组评定成绩		教师评定成绩			签名：

六、远程导游实习

设计一次远程导游实习，结束后要求学生填写《远程导游实习报告书》。

远程导游实习报告书

班级_____

学号_____

姓名_____

成绩_____

思考与练习

远程导游实习指导书

远程导游实习日程表

主要参考文献

1. 国家旅游局人事劳动教育司编.导游业务.北京:旅游教育出版社,1999.
2. 范黎光.导游业务.北京:机械工业出版社,2003.
3. 赵湘军.导游学原理与实践.长沙:湖南人民出版社,2003.
4. 马伯健.导游业务.大连:东北财经大学出版社,2000.
5. 戴斌,杜江.旅行社管理.北京:高等教育出版社,2000.
6. 陶汉军,黄松山.导游服务学概论.北京:中国旅游出版社,2002.
7. 屠如骥.旅游心理学.天津:南开大学出版社,1986.
8. 阎纲.导游实操多维心理分析案例100.广州:广东旅游出版社,2003.
9. 侯志强,等.导游服务实训教程.福州:福建人民出版社,2003.
10. 付钢业.导游入门到提高.广州:广东旅游出版社,2003.
11. 王连义.怎样做好导游工作.北京:中国旅游出版社,1997.
12. 赵湘军.导游语言技巧与实践.长沙:湖南师范大学出版社,2002.
13. 蒋炳辉.旅游案例分析与启示录.北京:中国旅游出版社,2003.
14. 王新军.领队业务.北京:旅游教育出版社,2001.
15. 童一秋.饭店、旅游纠纷处理对策及典型案例评析.乌鲁木齐:新疆科技卫生出版社,2003.
16. 陈永发.导游学概论.上海:上海三联书店,1999.
17. 国家旅游局人事劳动教育司编.模拟导游教程.北京:中国旅游出版社,1996.
18. 金祖良.旅游危机处理指南.杭州:浙江大学出版社,2006.

19. 黎泉.导游促销技巧.北京:中国旅游出版社,2004.
20. 中国公民出境旅游自助手册.北京:人民交通出版社,2004.
21. 肖潜辉,等.特级导游论文点评.北京:中国旅游出版社,2002.
22. 倪小钢.中国公民出境游全程指南.北京:中国轻工业出版社,2007.
23. 张建融,等.导游服务实务.杭州:浙江大学出版社,2005.
24. 田欣.中国边境旅游必备.北京:中国旅游出版社,2003.
25. 郭赤婴.新导游必备手册.北京:中国旅游出版社,2005.
26. 游伍洲,晨翔.导游员实用手册.北京:金盾出版社,2004.
27. 王有路.导游艺术.广州:广东旅游出版社,2004.
28. 牛延超,范保宁.导游理论与实务.北京:中国旅游出版社,2007.
29. 国家旅游局质量规范与管理司编.出境旅游法规文件汇编.北京:中国旅游出版社,2005.
30. 王连义.导游技巧与艺术.北京:旅游教育出版社,2003.
31. 乐艳娜,等,译.北京:中国水利水电出版社,2005.
32. 王健民.一本书搞定出境旅游.北京:旅游教育出版社,2006.
33. 杨连学.导游服务实训教程.北京:旅游教育出版社,2010.
34. 王建民.出境旅游领队实务.北京:旅游教育出版社,2007.
35. 仇向明,黄恢月.出境旅游领队工作案例解析.北京:旅游教育出版社,2008.
36. 周晓梅.计调部实操手册.北京:旅游教育出版社,2007.
37. 周彩萍.模拟导游实训.北京:中国劳动社会保障出版社,2008.
38. 林明.导游实务精修(一)(二).台北:大东海文化事业公司,2012.
39. 邓德智,傅林放,张建融.旅行社诉讼案例精选.北京:旅游教育出版社,2013.
40. 程新造.导游接待案例选析.北京:旅游教育出版社,2013.
41. 李娌.导游服务案例详解.北京:旅游教育出版社,2014.

附　录

一、各国签证价格表

国　家	签证种类	价　格
澳大利亚	旅游	790
	商务访问	790
	医疗签证	0
	过境签证	0
泰国	过境签证	180
	旅游签证	230
	商务签证	450
韩国	单次签证	260
	商务签证	390
	两次签证	455
	多次签证	585
比利时	短期停留（少于90天）	510
	长期停留（多于90天）	1530

菲律宾	旅游签证	167.5
	商务签证	167.5
	过境签证	134
法国	过境签证(1~5天)	476
	短期申根国家签证(1~90天)	476
	长期签证(90天以上)	786
新加坡	旅游签证	153
德国	过境签证(1~5天)	490
	短期申根国家签证(1~90天)	490
越南	旅游签证(1个月,一次往返)	400
	商务签证(1个月,一次往返)	500
	商务签证(3个月,一次往返)	550
	商务签证(3个月,多次往返)	950
	商务签证(1个月,一次往返)	1100
老挝	旅游签证	200
	落地签	20美元

说明:凡未注明币种的均为中国人民币元

二、部分航空公司代码

CA 中国国际航空公司　Air China
MU 中国东方航空(集团)公司　China Eastern Airlines
CZ 中国南方航空(集团)公司　China Southern Airlines
FM 上海航空公司　Shanghai Airlines
3U 四川航空公司　Sichuan Airlines
GP 中国通用航空公司　China General Aviation
3Q 云南航空公司　Yunnan Airlines
HU 海南航空公司　Hainan Airlines
ZH 深圳航空公司　Shenzhen Airlines
WU 武汉航空公司　Wuhan Airlines
MF 厦门航空有限公司　Xiamen Airlines

CI(台湾)中华航空公司　China Airlines
SC 山东航空公司　Shandong Airlines
GW 长城航空公司　Great Wall Airlines
3W 南京航空公司　Nanjing Airlines
AF 法国航空公司　Air France
BA 英国航空公司　British Airways
AC 加拿大国际航空公司　Canadian Airlines International
JL 日本航空公司　Japan Airlines
KA 港龙航空公司　Dragon Air
KE 大韩航空公司　Korean Air
LH 德国汉莎航空公司　Lufthansa German Airlines
NH 全日本空输株式会社　All Nippon Airways
OZ 韩亚航空公司　Asiana Airways
QF 澳洲航空公司　Qantas Airways
SR 瑞士航空公司　Swissair
SU 俄罗斯国际航空公司　Aeroflot Russian International
TG 泰国国际航空公司　Thai Airways International
UA 美国联合航空公司　United Airlines
SQ 新加坡航空公司　Singapore Airlines

三、重要城市时差表

北京时间 12 时(格林尼治标准时为 4 时)与其他城市时间对照：

城市	日期	时间
纽约	上一天	23:00
芝加哥	上一天	23:00
墨西哥城	上一天	22:00
洛杉矶	上一天	20:00
悉尼	当天	16:00
东京	当天	13:00
汉城	当天	13:00
新加坡	当天	11:30
新德里	当天	9:30
莫斯科	当天	7:00
开罗	当天	6:00
柏林	当天	5:00

巴黎	当 天	5:00
日内瓦	当 天	5:00
伦敦	当 天	4:00

四、学生实习专用证明标准示例

按照铁路客运规程,学生实习可以购买从实习地至家庭所在地的优惠学生火车票。因购票专用证明购票后即被收走,要有乘车证明学生才能顺利乘车和出站。"证明"必须要素齐全:有编号,有学生家庭所在地和铁路起止车站。起点站必须是实习地火车站,终到站必须是靠学生家庭所在地最近的火车站。

供购票用:　　　　　　××××××××**大学**

学生实习火车购票专用证明

××学旅专字学号后三位号

按照教学计划,我院旅游管理专业××级学生(共72人)于××××年7月1日至7月中旬在青岛、济南等地分组进行远程导游课程训练实习,实习结束后就地放暑假。

学生_____家庭所在地为_____省(市)_____市(县),火车到站为_____。请按铁道部旅客运输规程关于学生自实习地回家可以购买半价火车票的规定,凭学生证和本证明售给自青岛/济南站至_____站半价学生票一张。

特此证明,谢谢合作。

　　　　　　　　　　　　　　　　　××××××大学(学校公章)
　　　　　　　　　　　　　　　　　20　　年7月1日

供出站用:　　　　　　××××××××**大学**

学生实习乘车专用证明

按照教学计划,我院旅游管理专业××级学生于××××年7月1日至7月中旬在青岛/济南等地分组进行远程导游训练课程实习,实习结束后就地放假。学生_____家庭所在地为____省(市)_____市(县),铁路到站为_____铁路部门已按铁道部有关规定,凭学生证售给自青岛/济南站至_____站半价学生票一张,请按规定查验学生证后准予乘车和出站。

特此证明,谢谢合作。

　　　　　　　　　　　　　　　　　××××××大学(学校公章)
　　　　　　　　　　　　　　　　　20　　年7月1日

(注意:为防止学生使用时出错,两张证明设计字体有异)

后　记

　　导游服务技能是导游员操作的基本能力。培养导游员导游服务技能的课程初始称为"导游业务"。本书初版名为《导游服务技能》，为了更贴近实际，这次再版改称《导游服务实务教程》。本书特别注重学生的实际操作和运用能力，增加了相关内容，设计了一些学生操作实训及实训中必须用到的表格和文件样式，以方便教师应用。书中的表格等只是缩略版，在南开教育云网站虚拟光盘中均有正规的电子版可供下载。

　　本次再版修改，根据2013版《旅游法》和2009版《旅行社条例》的有关规定和精神，参考了已经出版的教材、专著和论文，采纳了旅行社一些部门的运行文件和表格，进一步体现了教材的实用性和时代性。

　　本书第一版邢夫敏、于德珍、王琰、高雯雯、马洪元曾经参与部分工作，为本书奠定了基础，在此衷心表示感谢。因为《旅游法》的公布，和原参编人员工作岗位的变化，这次修改责任和分工有了较大变化。

　　本版修改时编撰分工为：
　　叶骁军（苏州科技学院）　　　　策划与总纂
　　温一慧（登云科技职业学院）　　策划/电脑事务
　　丁乙欣（苏州科技学院）　　　　上篇（第一、二、三章）
　　李　晓（苏州科技学院）　　　　中篇（第四、五章）及思考与练习补正
　　叶骁军（苏州科技学院）　　　　下篇（第六、七、八、九、十章）
　　曹灿明（苏州大学应用技术学院）　Frongpage制作
　　刘　华（苏州科技学院）　　　　Frongpage制作等

叶抒韵(威斯康星大学)　　　　英文校正/国际资料查核

由于我们水平所限,错误和不当之处在所难免,竭诚欢迎使用本书的教师和学生不吝赐教。

本书的虚拟光盘请从南开教育云网站下载。

总主编联系方式

叶骁军　yxjsz2012@163.com　　13861333856

微信　观音山叶居士

南开大学出版社网址：http://www.nkup.com.cn

投稿电话及邮箱： 022-23504636　　QQ：1760493289
　　　　　　　　　　　　　　　　　QQ：2046170045(对外合作)
邮购部：　　　　022-23507092
发行部：　　　　022-23508339　　Fax：022-23508542

南开教育云：http://www.nkcloud.org

App：南开书店 app

　　南开教育云由南开大学出版社、国家数字出版基地、天津市多媒体教育技术研究会共同开发，主要包括数字出版、数字书店、数字图书馆、数字课堂及数字虚拟校园等内容平台。数字书店提供图书、电子音像产品的在线销售；虚拟校园提供 360 校园实景；数字课堂提供网络多媒体课程及课件、远程双向互动教室和网络会议系统。在线购书可免费使用学习平台，视频教室等扩展功能。